Herderbücherei INITIATIVE 13
Band 9513

Bereiten wir den falschen Frieden vor?

Vom Gestaltwandel internationaler Konflikte

Herderbücherei INITIATIVE 13

Herausgegeben von
Gerd-Klaus Kaltenbrunner

Herderbücherei

Originalausgabe
erstmals veröffentlicht als Herder-Taschenbuch

Verlag Herder Freiburg · Basel · Wien
Freiburger Graphische Betriebe 1976
ISBN 3-451-09513-0

Dieses Zweimonatstaschenbuch kostet im Einzelverkauf 9.90 DM,
im Abonnement 7.90 DM zuzüglich Versandspesen
(Preisstand vom 1. Oktober 1975)
Eine entsprechende Preisvergütung für Abonnenten
bleibt auch für den Fall garantiert, daß der Verlag infolge allgemeiner
wirtschaftlicher Verhältnisse gezwungen ist,
den Listenpreis der Serie zu überprüfen.
Abonnementsbestellungen nimmt jede Buchhandlung entgegen.

Inhalt

7 Vorwort des Herausgebers

Julien Freund
17 Friedensforschung – Kriegsforschung
Lerne den Krieg kennen, um ihn zu vermeiden

Helmut Ibach
38 Klassenkampf – friedliche Koexistenz – Weltkleinkrieg
Was motiviert die Soldaten?

Otto Kimminich
61 Von der Bändigung des Krieges zum Postulat des Friedens
Wandlungen des Völkerrechts

Henning Jäde
78 Vom unentbehrlichen Feind
Über eine Kategorie des politischen Überlebens

Klaus Hornung
94 Der Politisch-Revolutionäre Krieg der Gegenwart
Abschied von den Illusionen der Entspannung

Walter Hildebrandt
117 Weltzusammenhang und Weltinnenpolitik

Ernst Topitsch
132 Kapituliert der Westen?

Heinz Trettner
140 Die Strategie der Zersetzung
Unpopuläre Bemerkungen eines Generals a.D.

153 Dokumentation
Matthias Claudius – Daniel Patrick Moynihan – Claus D. Kernig

177 Kurzrezension

179 Weiterführende neuere Literatur

191 Notizen über die Autoren

Vorwort des Herausgebers

Der Krieg als die äußerste Weise des Kampfes scheint älter als die Menschheit selbst zu sein; er hat zumindest analoge Vorformen in der tierischen Welt[1]. Am Anfang steht die Gewalt, der Brudermord: Set tötet Osiris, Kain tötet Abel, Romulus tötet Remus. Die Ursprünge menschlicher Kultur scheinen verflochten in den bis heute dauernden Kampf des Menschen gegen seinesgleichen. Schon dem primitivsten Faustkeil kommt jene Doppeldeutigkeit zu, die auch ein Charakteristikum der erst in unserem Jahrhundert verfügbar gewordenen Atomenergie ist, nämlich nützliches Werkzeug und zugleich todbringende Waffe zu sein. Die Menschwerdung des Menschen durch zweckmäßige Bearbeitung seiner Umwelt und Organisation umfassender sozialer Ordnungen ist verschlungen in das blutige Drama des Kampfes zwischen Mensch und Mensch. Der Mythos erinnert daran, daß am Anfang aller Brüderlichkeit der Brudermord, am Anfang aller politischen Herrschaft das Verbrechen steht[2].

Uralt ist aber auch die Idee des Friedens. Die Ursprünge der Vorstellung, daß Kampf und Krieg nicht unaufhebbar zur menschlichen Natur gehören, verlieren sich nicht weniger im Dämmerlicht

[1] Vgl. Ernst Nolte: Deutschland und der Kalte Krieg. München 1974, S. 63ff.

[2] Vgl. Hannah Arendt: Über die Revolution. München o.J., S. 21.

mythischer Frühzeit wie die der archetypischen Sage vom mörderischen Kampf der Brüder und der Metapher vom Krieg als Vater aller Dinge. Schon in den ältesten Dokumenten religiöser Überlieferung finden wir die Botschaft von einem paradiesischen Zustand des Friedens, den es einmal gab und der einmal wiederkehren wird. Berühmt ist die Vision des Propheten Isaias. Im messianischen Endreich werden Streit, Gewalt und Blutvergießen nicht mehr sein. Nicht nur die Menschen werden friedfertig sein, sondern auch die Tiere. Für Isaias ist Friede keine politische, sondern eine kosmische Kategorie: „Da wird der Wolf zu Gast sein bei dem Lamme und der Panther bei dem Böcklein lagern. Kalb und Löwe werden miteinander weiden, und ein kleiner Knabe leitet sie. Kuh und Bärin werden sich befreunden und ihre Jungen beieinander werfen, und Stroh fressen gleich dem Rind wird der Löwe. In Otternhöhlen wird der Säugling spielen, ans Natternauge das kleine Kind die Hand hinstrecken. Nicht wirken Böses sie und nicht Verderb..." Unter dem messianischen Friedenskönig wird Gewaltlosigkeit und Versöhnung zwischen den Völkern sein: „Und sie werden ihre Schwerter zu Pflugscharen schmieden und ihre Spieße zu Winzermessern. Kein Volk wird wider das andere das Schwert erheben, und sie werden den Krieg nicht mehr lernen."
Dieser prophetische Pazifismus hat durch Jahrhunderte auf verschiedensten Wegen menschliche Friedenssehnsucht inspiriert. Aber auch der erhabenen, sämtlichen geschichtlichen Erfahrungen widersprechenden Vision vom ewigen Frieden eignet jene Zweideutigkeit, die die Signatur aller menschlichen Hervorbringungen ist. Die metapolitische Idee vom Ende aller Kriege vermag selber zu einem Kriegsgrund und zur Waffe zu werden. Das verheißene Friedensreich wird dann gleichbedeutend mit der Vorherrschaft einer konkreten Gruppe und der Niederwerfung anderer. Die Sehnsucht und das Streben nach Frieden haben sich nur zu oft mit Haß, Rachedurst und Fanatismus gegenüber angeblichen oder wirklichen Friedensstörern verbunden. Schon die Psalmisten und Propheten des Alten Testaments schwelgen sowohl in idyllischen Bildern vom Glück messianischen Friedens als auch in blutrünstigen Phantasien von Vernichtungsexpeditionen gegen „Gottlose und Heiden". Sie verkünden den göttlichen Frieden *und* den „heiligen Krieg". Sie haben sich seit ältesten Zeiten in gewalttätige

Unternehmungen eingelassen, Aufstände angezettelt und sogar Morde auf sich genommen. Kein Gott ist kriegerischer und rachedurstiger als Jahwe, der Herr der Heerscharen, mit seinen ganze Völker vertilgenden Ratschlüssen. „Der Ewige ist ein Krieger“, sagt Moses.

Der Krieg ist ein großes Unglück. In unserer Zeit schließt er die Möglichkeit einer Selbstvernichtung der Menschheit ein. Die Orientierung am utopischen Sternbild einer dauernden Friedensordnung erscheint als das Eine, das not tut. Nach dem Ende des Zweiten Weltkrieges sind zum erstenmal in der Geschichte Europas Generationen herangewachsen, für die Krieg keine mögliche Lebenserfahrung mehr bedeutet. Soldatischer Heroismus hat in der weithin gelebten Wertordnung der westlichen Welt heute ungefähr den gleichen Rang wie die Keuschheit. Wer soldatische Tugenden oder gar den Militarismus verteidigt, stellt sich außerhalb der menschlichen Gesellschaft. Georges Sorels These, daß nur „die keuschen Völker“ wahrhafte Revolutionen vollbringen können, wird kaum noch als altmodisch belächelt; sie ist schlechthin unverständlich geworden. Sorel war ein leidenschaftlicher Leser Proudhons, in dessen Buch „Guerre et Paix“ die Sätze stehen: „Der Krieg ist das tiefste und erhabenste Phänomen unseres moralischen Lebens. Kein anderes kann ihm verglichen werden, weder die großartigen Feiern des Kultus noch die Handlungen der souveränen Gewalt, noch die gigantischen Schöpfungen der Industrie. Der Krieg, in dem eine falsche Philosophie und noch mehr eine falsche Philanthropie uns nur eine schreckliche Geißel zeigen, ist der Ausdruck des Unverdorbensten in unserem Gewissen, die Tat, die uns, trotz allem und trotz aller unreinen Beimischungen, vor der Schöpfung und dem Ewigen ehrt. Der Krieg ist unsere ganze Geschichte, unser ganzes Leben, unsere ganze Seele: die Gesetzgebung, die Politik, die soziale Hierarchie, das Völkerrecht, die Poesie, die Theologie, mit einem Wort, er ist alles.“[3] Das klingt ebenso obszön wie Heinrich Leos Wort vom „frischen und fröhlichen Krieg, der das skrofulöse Gesindel hinwegfegen soll“[4]. Sorel,

[3] Vgl. Michael Freund: Georges Sorel. Frankfurt a.M. ²1972, S. 195f.
[4] Zit. bei Jacob Burckhardt: Weltgeschichtliche Betrachtungen. Pfullingen o.J., S. 204.

Proudhon und Leo mögen als abartige Einzelgänger erscheinen, doch sie sagen nur, was hochgeachtete Gestalten der Philosophie und Literatur ausgedrückt haben. „Jedermann fühlt und weiß“, behauptet Thomas Mann in seinen „Betrachtungen eines Unpolitischen“ (Berlin 1918, S. 471), „daß im Kriege ein mystisches Element enthalten ist: es ist dasselbe, das allen Grundmächten des Lebens, der Zeugung und dem Tode, der Religion und der Liebe eignet.“ Und in Hegels „Phänomenologie des Geistes“ (1807) heißt es: „Der Krieg ist der Geist und die Form, worin das wesentliche Moment der sittlichen Substanz, die absolute *Freiheit* des sittlichen *Selbstwesens* von allem Dasein, in ihrer Wirklichkeit und Bewährung vorhanden ist.“[5] In seiner Rechtsphilosophie (§ 324) führt Hegel diese Bestimmung näher aus, wenn er schreibt, daß im Krieg „die Idealität des Besonderen ihr Recht erhält und Wirklichkeit wird“. Im Kriege transzendiere das bürgerliche Individuum seine bornierten materiellen Interessen, um sich mit seinesgleichen zu einer die kollektive Gesundheit fördernden sittlichen Anstrengung zu vereinigen. In Friedenszeiten hingegen bestehe die Gefahr unsittlicher Verknöcherung und Versumpfung: „Im Frieden dehnt sich das bürgerliche Leben mehr aus, alle Sphären hausen sich ein, und es ist auf die Länge ein Versumpfen der Menschen; ihre Partikularitäten werden immer fester und verknöchern. Aber zur Gesundheit gehört die Einheit des Körpers, und wenn die Teile in sich hart werden, so ist der Tod da.“ Ungeachtet dessen, was Kant in seiner 1795 erschienenen Schrift „Zum ewigen Frieden“ sagt, finden sich bei ihm durchaus ähnliche Gedanken: der Krieg habe „etwas Erhabenes an sich“, während „ein langer Frieden den bloßen Handelsgeist, mit ihm aber den niedrigen Eigennutz, Feigheit und Weichlichkeit herrschend zu machen und die Denkungsart des Volks zu erniedrigen pflegt“ (Kritik der Urteilskraft, § 28).

Wenn Aussagen wie diese, denen man unzählige hinzufügen könnte, innerhalb weniger Jahrzehnte völlig unverständlich geworden sind oder geradezu pervers klingen, dann ist dies ein Indiz für einen tiefgreifenden Wandel nicht nur bloßer Ansichten und

---

[5] G. W. F. Hegel: Phänomenologie des Geistes. Nach dem Texte der Originalausgabe hrsg. von Johannes Hoffmeister. Hamburg 1952, S. 341.

Meinungen, sondern auch der Art und Weise, in der Menschen die Wirklichkeit wahrnehmen, deuten und bewerten. Hinter dieser Mutation steht ohne Zweifel die Erfahrung der Atombombe, die den großen Krieg als ultima ratio der Politik zumindest bis heute unmöglich gemacht hat. Hinzu kommt die Tatsache, daß seit dem Ersten Weltkrieg die traditionelle Unterscheidung zwischen Militär und Zivilbevölkerung nicht mehr aufrechtzuerhalten ist – aus technischen, ideologischen und in zunehmendem Maße auch aus demographischen Gründen. Die alte Grundannahme, daß die an der Front kämpfende Armee die im Hinterlande lebende Zivilbevölkerung zu schützen und zu verteidigen habe, ist obsolet. Die Vermutung ist begründet, daß in künftigen Kriegen die Streitkräfte erheblich weniger Verluste an Menschenleben aufweisen werden als die Zivilisten. Im Zusammenhang damit steht die bereits seit dem neunzehnten Jahrhundert zu beobachtende Tatsache, daß alle Regierungen und Staatsformen in zunehmendem Maße unfähig werden, verlorene Kriege zu überleben.

„Der Weltfriede ist Lebensbedingung des technischen Zeitalters", erklärt Carl Friedrich von Weizsäcker[6]. Die Bundeswehr habe kein Feindbild und brauche auch keines, erfährt man aus dem Verteidigungs-Weißbuch der Bundesregierung. Frieden, Abrüstung, Entspannung sind die großen Themen der internationalen Politik, die, wie uns versichert wird, sich in „Weltinnenpolitik" verwandle. Feinde zu haben gilt als rückständig; man spricht statt dessen von Konkurrenten, abweichenden Fällen, Konflikt-, Diskussions-, Tarif- und Sozialpartnern, schlimmstenfalls von gegnerischen Parteien, wie sie auch das bürgerliche Recht kennt.

Der Prophet Jeremias (6,14 n. LXX) schreibt: „Friede! Friede! Aber wo ist Friede?" Europa hat seit 1945 keinen großen Krieg erlebt. Doch leben wir deshalb im Frieden? Immerhin gab es 1953 die Niederschlagung des Ostberliner Aufstandes, 1956 die Liquidierung der ungarischen Revolution und 1968 die Okkupation der Tschechoslowakei durch sowjetische Truppen. Es gab den Krieg auf Zypern gegen die Engländer, später zwischen der griechischen und türkischen Bevölkerung und schließlich sogar die Landung türkischer Truppen auf der Insel. Bis 1950 tobte in Griechenland

[6] Der ungesicherte Friede. Göttingen 1969, S. 10.

der Bürgerkrieg; die Truppen der Kommunisten erhielten, in sowjetischem Auftrag, Unterstützung aus Albanien, Bulgarien und Jugoslawien. Es gibt den Bürgerkrieg in Irland, und auch anderwärts flammen alte, überwunden geglaubte Feindschaften wieder auf, wie die Beispiele der Bretonen, Basken, Flamen, Jurassier usw. beweisen. Und wenn wir über Europa hinausblicken, dann zeigt sich, daß seit 1945 über zwanzig „Kleinkriege" mit erbitterter Grausamkeit geführt wurden: im Nahen Osten, im Irak, in Nigeria, in Indochina und anderswo.
Drei Jahrzehnte nach dem Ende des Zweiten Weltkrieges, im Jahre der großen, von der UdSSR favorisierten Konferenz über Sicherheit und Zusammenarbeit in Europa (KSZE), hat der aus Rußland vertriebene Dichter Alexander Solschenizyn öffentlich erklärt, daß der *dritte* Weltkrieg bereits stattgefunden und der Westen ihn verloren habe. Es komme jetzt darauf an, den vierten zu verhindern[7]. Einige Monate nach Solschenizyns Warnung erklärte Teng Hsiao-ping, damals stellvertretender chinesischer Ministerpräsident, in Anwesenheit des amerikanischen Präsidenten Ford: „Das Land, das am eifrigsten den Frieden predigt, stellt heute die größte Kriegsgefahr dar." Ford hat diese Erklärung mit ungläubig versteinerter Miene quittiert, und ähnlich lautende Äußerungen chinesischer Politiker scheinen Bundeskanzler Schmidt, der Ende Oktober 1975 Peking besuchte, peinlich gewesen zu sein. Willy Brandt behauptete sogar, die Sowjetunion habe ihre weltrevolutionären Aspirationen aufgegeben, sei an einer stabilen Friedensordnung interessiert, beute die gegenwärtige Krise des Kapitalismus nicht aus, und überhaupt sei im letzten Viertel unseres Jahrhunderts Furcht vor einem größeren Krieg unangebracht.
Was der Friedensnobelpreisträger von 1971 den Amerikanern ausbreitete, war das Credo einer Epoche, in der als anständig nur gelten konnte, wer Entspannung um nahezu jeden Preis für die beste Voraussetzung eines dauernden Friedens hielt. Gegenteilige Annahmen wurden geradezu als Verstöße gegen die allgemeine

[7] Alexander Solschenizyn: Wie verhindern wir den vierten Weltkrieg? In: Die Welt, Nr. 145, 26. Juni 1975, S. 6 (der Aufsatz ist zuerst in der „New York Times" erschienen). Vgl. auch die Ansprache Solschenizyns vom 30. Juni 1975 in Washington, von der ein längerer Auszug in der Frankfurter Allgemeinen Zeitung, Nr. 173, 30. Juli 1975, S. 6f., publiziert wurde.

Friedenspflicht geahndet. Noch heute erregen die Warnungen Solschenizyns und der Chinesen bei vielen Zeitgenossen Ärgernis. Die Überbringer der Botschaft, daß der Friede weniger denn je gesichert ist, werden als Feinde des Friedens gebrandmarkt.
Die Entwicklungen und Ereignisse der letzten Jahre, ganz besonders aber seit 1975, bestätigen freilich die düstersten Prognosen sowohl der chinesischen Kommunisten als auch des russischen Antikommunisten. Den Vereinigten Staaten widerfuhr die erste militärische Niederlage in ihrer Geschichte, und der verlorene Krieg in Vietnam hat gezeigt, daß der sowjetische Expansionsdrang aggressiver denn je zuvor ist. In Angola hat die Sowjetunion durch Lieferung schwerer Waffen und Einsatz von ihr dirigierter kubanischer Söldner ein ihr genehmes Regime installiert. Die Regierung der USA hingegen, gelähmt durch den Kongreß, der dem Warschauer Pakt beigetreten zu sein scheint, hat im Fall Angola zum erstenmal seit 1945 versäumt, auf eine militärische Herausforderung von seiten der Sowjetunion überhaupt zu reagieren. Noch nie hat es in Friedenszeiten einen so gewaltigen Ausbau militärischer Stärke gegeben wie in der Sowjetunion unter der Führung des „Entspannungs“-Politikers Breschnew. Der frühere amerikanische Verteidigungsminister Schlesinger erklärte, daß die wachsende Militärmacht Moskaus die größte Gefahr für den Westen seit vierzig Jahren sei. General Alexander Haig bezeichnete in einem Interview die sowjetische Aufrüstung als „bedrohlicher denn je zuvor“: „Wir erleben, wie sich die Sowjetunion von einer geopolitischen Macht mit unaufhaltsamer Geschwindigkeit zu einer Supermacht entwickelt. Wir erleben den Eintritt der Sowjets in eine globale imperialistische Phase. Eine unaufhaltsame militärische Aufrüstung hat die Sowjets mit einer Schlagkraft ausgestattet, die weit über reine Verteidigungsnotwendigkeiten hinausgeht.“[8] Während die amerikanischen Verteidigungsausgaben zwischen 1968 und 1975 um 44 Prozent fielen, stieg das sowjetische Rüstungsbudget im vergangenen Jahrzehnt jährlich absolut um drei bis vier Prozent. Im gleichen Zeitraum wurden die Streitkräfte der USA von 3,6 Millionen auf 2,1 Millionen Mann verrin-

[8] Zit. in: Die Welt, Nr. 28, 3. Februar 1976, S. 1.

gert, während die sowjetische Rote Armee auf über vier Millionen Mann anwuchs[9]. Die Sowjetunion hat 1974 viermal mehr Geld für militärische Zwecke ausgegeben als im Jahr 1960, insgesamt 35 Prozent des Staatshaushalts[10]. Nach realistischen Schätzungen haben sechzig Prozent der sowjetischen Betriebe direkt oder indirekt mit militärisch bedeutsamen Aufgaben zu tun. Um den Rüstungswettlauf überhaupt zu bewältigen, stützt sich Breschnew auf große Kredite, Getreidelieferungen und moderne Technologie aus dem Westen[11].

Welche Motive bewegen die sowjetischen Führer, einerseits von fortschreitender Entspannung und friedlicher Koexistenz zu reden, andererseits aber eine offensive Aufrüstung zu betreiben und ihren Völkern drakonische Entbehrungen aufzuerlegen? Was den Amerikanern und Westeuropäern als militaristisch, imperialistisch und friedensfeindlich angekreidet wird, nimmt die UdSSR fortlaufend für sich in Anspruch. Kein westlicher General würde auszusprechen wagen, was Marschälle der Sowjetunion triumphierend sagen. Zum zwanzigsten Jahrestag der Gründung des Warschauer Paktes brüstete sich dessen Erster stellvertretender Stabschef, Generalleutnant Paschuk: „Den kräftigen Schritt der Sowjetmacht hört man in allen Ecken des Erdballs.“[12] Der Generalsekretär der KPdSU und Verteidigungsminister Gretschko bezeichneten zu wiederholten Malen die Erhöhung der Kampfstärke der sowjetischen Streitkräfte, die Modernisierung ihrer Ausrüstung sowie die Verbesserung der Kampfbereitschaft als unabdingbare Bestandteile der „aktiven friedensliebenden Außenpolitik der Sowjetunion“. Friedliche Koexistenz und Entspannung schließe weltweiten Klassenkampf und ideologischen Kampf nicht aus. „Détente“, erklärte die Moskauer Regierungszeitung „Iswestija“, „ist keine Schranke auf dem Weg der nationalen Befreiungsbewegungen und der fortschrittlichen gesellschaftlichen Änderungen.“[13] In seinem Rechenschaftsbericht vor dem 25. Parteitag der KPdSU wiederholte Breschnew, daß Entspannung weder eine Versöhnung mit

[9] Vgl. Die Welt, Nr. 42, 19. Februar 1976, S. 1.
[10] Die Welt, Nr. 272, 22. November 1975, S. 1.
[11] Vgl. Ernst-Otto Maetzke: Nato in der Talsohle. In: Frankfurter Allgemeine Zeitung, Nr. 46, 24. Februar 1976, S. 10.
[12] Zit. in: Neue Zürcher Zeitung, Nr. 141, 21./22. Juni 1975, S. 4. [13] Ebd.

nichtkommunistischen Ideologien noch den Verzicht auf Machtzuwachs für das eigene Lager bedeute. Die Politik der Koexistenz hat laut Breschnews Definition lediglich den Zweck, unter Verzicht auf direkte militärische Konfrontationen zwischen den Großmächten weiterhin eine am Endziel kommunistischer Weltherrschaft orientierte Strategie verfolgen zu können[14]. Wehe aber, wenn westliche Staaten sich das Recht herausnehmen wollten, ebenso zu verfahren wie die Sowjetunion und zum Beispiel ihre Ideologie in den kommunistischen Machtbereich zu exportieren, nationale Minderheiten im Kampf gegen die Moskauer Zentrale zu unterstützen oder sich gegen die Verletzung der Menschenrechte im gegnerischen System zu verwahren! Dies wäre in sowjetischer Sicht selbstverständlich eine subversive „Einmischung in die inneren Angelegenheiten", ein „Rückfall in den kalten Krieg" oder gar Schlimmeres.
Es stellt sich die Frage, ob der Westen diese hinter suggestiven Lyrismen wie „Friedenspolitik", „Entspannung" und „Détente" sich immer notdürftiger verbergenden Realitäten erkennen kann und will. Die katastrophalen Konsequenzen einer illusionären Entspannungspolitik sind offenbar. Der amerikanische Militärexperte Drew Middleton erklärte 1975, daß ein Krieg in Europa, den er für keineswegs ausgeschlossen hält, unter den gegenwärtigen Bedingungen vom Westen nicht gewonnen werden könne. Der Westen leide vor allem an zwei Schwächen: er weigert sich, in ausreichendem Maße materielle Opfer für seine Verteidigung zu leisten, und außerdem sei sein geistig-moralischer Selbstbehauptungswille unterhöhlt. „Unsere heutige Situation", schreibt Middleton, „kann mit der Großbritanniens zwischen 1936 und dem Ausbruch des Krieges (gegen Hitler) im Jahre 1939 verglichen werden ... Auf der einen Seite steht ein autoritärer Staat, der auf jedem Gebiet weit stärker aufrüstet, als es für die reine Selbstverteidigung notwendig ist. Auf der anderen Seite ist eine reiche ... Demokratie ... deren Führer aus politischer Kurzsichtigkeit zögern, ihr Land über die Größe der Gefahr aufzuklären." Was Amerika heute brauche, sei ein Winston Churchill, der die Nation aufzurütteln imstande sei: „Seine Aufgabe würde schwierig sein.

[14] Vgl. Neue Zürcher Zeitung, Nr. 46, 26. Februar 1976, S. 1.

Aber es wäre besser für die Vereinigten Staaten, wenn jemand begänne, über dieses Thema zu reden, und wenn er fortführe zu reden, trotz aller Schmähungen, mit denen er sicherlich überhäuft würde. Andernfalls kann es zu spät sein.“[15]

Im Zuge einer illusionären Entspannungspolitik nach außen und einer Emanzipationswelle im Innern sind in der Freien Welt gewisse elementare Wahrheiten in Verruf geraten. INITIATIVE 13 „Bereiten wir den falschen Frieden vor?“ ist ein Versuch zu später Stunde, den Blick von den bombastischen Schleiern der Ideologien wieder auf die Realitäten zu lenken. Die Autoren des Bandes – unter ihnen Völkerrechtler, Polemologen, Politikwissenschaftler und Soziologen – sehen der Möglichkeit, daß sie von gewissen Kreisen als „kalte Krieger“, „Entspannungsfeinde“ oder „Reaktionäre“ apostrophiert werden, gelassen entgegen. Keiner von ihnen will den Krieg. Doch sie kennen den Satz von Clausewitz und nehmen ihn im Lichte der Erfahrungen der letzten Jahre überaus ernst: „Der Eroberer liebt stets den Frieden. Er würde gern widerstandslos in unser Gebiet einziehen.“[16] In verschiedenen Beiträgen wird nachgewiesen, daß das Ausbleiben des „Großen Krieges“ noch nicht Frieden bedeutet. Der Krieg hat neue Gestalten angenommen. Er wird mit neuen Mitteln und Methoden geführt, und er hat zum Teil auch neue Träger. Drohung, Erpressung, ideologisch-moralische Zersetzung, Terrorismus und Subversion bestimmen die Szene. An Stelle der einen Supermacht führen kleinere Verbündete konventionelle Kriege, oder der Krieg geht über in den Bürgerkrieg, in den revolutionären Scharmützel- und Partisanenkrieg, der nicht mehr von Staaten geführt wird, sondern von weltweit kooperierenden Bewegungen, Parteien und politisch-ideologischen Faktionen. Dieser Krieg, an dem sich auch die meisten Staaten der Dritten Welt beteiligen, wird gegen die westliche Welt geführt. Der Westen hat im Laufe der letzten Jahre ganze Regionen verloren, und die Angriffe gegen ihn werden noch stärker werden, weil, nach einem Wort von Daniel Patrick Moynihan, „die Welt fühlt, daß die Demokratie in Schwierigkeiten steckt. Es ist Blut im Wasser, und die Haie werden rasend.“[17]

---

[15] Vgl. Die Welt, Nr. 210, 10. September 1975, S. 1.

[16] Vgl. dazu den Beitrag von Klaus Hornung im vorliegenden Band, S. 104.

[17] Zit. in: Frankfurter Allgemeine Zeitung, Nr. 259, 7. November 1975, S. 9.

JULIEN FREUND

Friedensforschung – Kriegsforschung

Lerne den Krieg kennen, um ihn zu vermeiden

Seit etwa zehn Jahren vermehren sich die Institute der Friedens- und der Kriegs- oder Konfliktforschung in aller Welt, vor allem in der westlichen. Im Prinzip erforschen sie dieselben Erscheinungen, die des Friedens und die des Krieges. Es erhebt sich die Frage, warum man die verschiedenen Bezeichnungen aufrechterhält, obwohl in beiden Fällen der Gegenstand der Untersuchung derselbe ist. Es erscheint mir, daß die Analyse des Krieges unter dem Aspekt des Friedens eine andere Auswahl der Tatsachen und Methoden mit sich bringt als die Analyse des Friedens unter dem Aspekt des Krieges. Diese Auswahl ist von verschiedener Natur, sowohl methodisch als auch erkenntniskritisch und manchmal sogar politisch. Der zu Beginn einer Forschung dem Frieden oder dem Krieg eingeräumte Vorrang schließt Gegensätzlichkeiten ein, die für den besonderen Stand einer Kriegs- oder Friedensforschung und für ein besseres Verständnis der Zweideutigkeiten sozialwissenschaftlicher Forschung im allgemeinen bedeutsam sind. Die Teilnehmer eines Gesprächs über Polemologie, das im März 1971 in Löwen stattfand, konnten sich klar darüber werden, daß diese Unterschiede nicht bloß formeller Art sind, sondern den Sinn der Forschung auf diesem Gebiet betreffen.

Ehe man im einzelnen auf die Untersuchung dieser Gegensätzlichkeiten eingeht, ist zuvor ein kurzer historischer Rückblick angebracht, der schon an sich aufschlußreich ist. Der Ausdruck „Polemologie“ im Sinn von Kriegswissenschaft wurde 1945 von dem französischen Soziologen Gaston Bouthoul geprägt, der damals auch das erste Institut für Polemologie gründete. In der Folge sind verschiedene Institute für Peace Research in den angelsächsischen und skandinavischen Ländern und anderswo, z.B. in Indien, entstanden. In jüngerer Zeit hat sich in Deutschland sowohl die Friedensforschung als auch die Konfliktforschung entwickelt, wobei die erstere mehr akademische Anerkennung fand als die letztere. Bezeichnend ist, daß die Institute für Polemologie sich eher in den romanischen Ländern befinden (in Frankreich, Italien und Spanien, aber auch in Holland), während Peace Research vorzugsweise in den angelsächsischen Ländern kultiviert wird. Man kann versuchen, die Schwierigkeiten aus dem Weg zu räumen, indem man *polemos* in seinem heraklitischen Sinn als Streit im allgemeinen auffaßt und davon ausgeht, daß der Krieg eine spezifische Form des Streits innerhalb der Gesellschaften ist und daß Frieden zwar das Ausbleiben von Krieg bedeutet, nicht aber das Ausbleiben von Konflikten. Diese neue Orientierung ist die des „Institut de Polémologie“, das ich 1969 mit der Einwilligung von G. Bouthoul an der Straßburger Universität gegründet habe. Man soll aber nicht glauben, daß diese neue Formulierung des Problems die Debatten, Polemiken und Spannungen innerhalb der Republik der Spezialisten der Kriegs- und Friedenswissenschaft zu beenden vermag.

Friedensforschung als Heilslehre

Es wäre unrecht zu glauben, daß notwendigerweise eine Unvereinbarkeit bestünde zwischen der Forschung, die sich vorzugsweise auf den Frieden, und der, die sich vorzugsweise auf den Krieg erstreckt, da die eine unmittelbar auf die andere hinweist. Es wäre unvernünftig, den Frieden als solchen und den Krieg als solchen zu erforschen. Eine Geisteswissenschaft, die den Hinweis auf die menschliche und geschichtliche Praxis vernachlässigt, wäre keine Wissenschaft mehr. Vielleicht gelangt man eines Tages dazu, diese beiden Orientierungen auszugleichen innerhalb einer zusammenfassenden, übergeordneten Disziplin. Dieser Wunsch kann uns nicht davon befreien, die Schwierigkeiten in Kauf zu nehmen, die gegenwärtig die Forschung stören. Tatsächlich kann man unter den heutigen Umständen nichts anderes tun als festzustellen, daß Uneinigkeit besteht zwischen den Spezialisten der Friedensforschung und denen der Kriegsforschung – ohne ein vorschnelles Urteil über eine mögliche Zusammenarbeit zu treffen und, vor allem, ohne von vornherein die eine oder die andere Orientierung zu verurteilen. Das mangelnde gegenseitige Verständnis beruht vielleicht nur darauf, daß systematische Forschungen auf diesem Gebiet überhaupt erst seit wenigen Jahrzehnten durchgeführt werden. Dennoch sollte man diesen Mangel an Verständnis nicht bagatellisieren, im Gegenteil, man muß ihn sogar unterstreichen, da er im Laufe der kommenden Jahre bei der Analyse der in Frage stehenden Erscheinungen ausschlaggebend werden kann. Man sollte also die Tatsache nicht vertuschen, daß die Studien, die sich von vornherein am Ziel des Friedens orientieren, mit denen, die den Krieg oder Konflikt zum Ausgangspunkt nehmen, nur wenig übereinstimmen. Es besteht somit ein Konflikt zwischen den Experten für menschliche Konflikte. Diese schwierige Situation ergibt sich daraus, daß auf theoretischer Ebene gewisse Entscheidungen wiederholt werden, die die Menschen auch in ihrem praktischen Verhalten trennen. Es gibt keinerlei Norm – auch keine wissenschaftliche –, die einer Wissenschaft verbieten könnte, polemogen, d. h. konfliktbegünstigend, zu sein. Nur eine unaufgeklärte Irenologie, eine blinde Friedensforschung, kann sich über dieses grundlegende soziologische Phänomen etwas vormachen.

Man kann eine wesentliche Beobachtung machen, die auf den ersten Blick oberflächlich erscheinen mag, obgleich sie besonders folgenschwer für die Friedens- und Kriegswissenschaft als solche ist. Es handelt sich um die Bezeichnung der Institute. Tatsächlich befassen sich die meisten Gremien, die sich als Institute für Peace Research bezeichnen, beinahe ausschließlich, wie schon ihr Titel ausdrückt, mit dem Frieden. Sie vernachlässigen nicht nur die phänomenologische Analyse des Kriegs, sondern verdammen von vornherein alle kriegerischen und konfliktstiftenden Handlungen – trotz der modernen Forschungen über die Aggressivität. Es kommt vor, daß eine pseudohumanitaristische Ethik das wissenschaftliche Anliegen völlig verdrängt und persönliche Meinung mit Wissenschaft verwechselt. Ohne Rücksicht auf das Gewicht der geschichtlichen Erfahrung richten bekannte Spezialisten der Peace Research ihre Aufmerksamkeit einseitig auf Scheinmöglichkeiten zum Frieden oder sogar auf pazifistische Utopien, als ob Krieg und Konflikt die einzigen Greuel in der Welt wären. Wie kann man zugleich ein Partisan des Klassenkampfes oder der Revolution *und* Friedenskämpfer sein? Diese Orientierung genießt in unseren Tagen die Vorteile intellektueller Vereinfachung, wie man ihr in allen Epochen begegnet. Von diesem Standpunkt aus hat die unsrige den anderen nichts voraus.

Auf den ersten Blick könnte man den Polemologen gegenüber denselben Einwand vorbringen, insofern sie ihre Institute als Institute für Polemologie und nicht für Friedenswissenschaft bezeichnen. Ihre Arbeiten jedoch beweisen, daß sie sich mit demselben Eifer mit dem Phänomen des Krieges wie dem des Friedens befassen – ohne diskriminierende ethische und ideologische Vorurteile. Der Vorwurf, den man gegen manche Experten der Friedensforschung erheben kann, ist folgender: sie opfern mehr dem ungewissen Geist der Zeit als dem Geist der Wissenschaft. Sie legen sich billig eine akademische Rechtschaffenheit zu, die den Segen der Theologen und Pastoren sowie des ganzen hochschulpolitischen Klerus findet. Die Institute für Peace Research sind zum Teil die Produkte einer intellektuellen Mode. Man kann in der Friedensforschung Karriere machen, ohne Forscher zu sein. Der echte Forscher unterwirft sich den Geboten der Forschung und nicht dem vorübergehenden Geist der Zeit. Es gehört Mut dazu, heute ein Polemologe zu sein, weil die Geisteswissenschaften von Endzielen wie Gerechtigkeit, Gleichheit, totale Emanzipation und Frieden geradezu trunken sind.

Für die Methodik ist es nicht gleichgültig, ob man vom Krieg ausgeht, um beide Erscheinungen – Krieg und Frieden – zu analysieren, oder, im Gegenteil, nur vom Frieden. Im allgemeinen bemüht sich im ersten Fall der Forscher, die gegebene historische Wirklichkeit zu verstehen – mit ihren Konflikten, Gewalttaten und Kompromissen –, und seine Ermittlung bleibt im beschränkten Rahmen des geschichtlich Erfahrbaren, während er im zweiten Fall die Wirklichkeit oft verläßt, um in eine Utopie des Friedens zu flüchten, in deren Namen er die verzerrt gesehene Wirklichkeit verurteilt. Mit anderen Worten: Experten für Friedensforschung machen sich öfters von vornherein eine Vorstellung vom Frieden, die irreal und idyllisch ist; sie heben die Elemente aus der Wirklichkeit heraus, die sie für gut und heilsam halten, und verwerfen die Grundlagen der Wirklichkeit, die ihnen schlecht und unheilvoll erscheinen, als unvereinbar mit ihren Vorstellungen. Auf diese Weise gehen sie so weit, keinen anderen Frieden anzuerkennen als den, der mit der vollkommensten Gerechtigkeit, mit dem Ausbleiben jeglicher Gewalt, mit einer vollkommenen Gleichheit usw. verbunden ist. Die Lehre von Galtung ist ein gutes Beispiel dafür. Es handelt sich also nicht mehr darum, die empirischen Bedingungen politischer, religiöser, wirtschaftlicher und anderer Ordnung zu analysieren, sondern ein Idealbild des Friedens zu entwerfen, wobei alles, was nicht seinem inneren Wesen nach friedlich erscheint, verworfen wird. Von der Methodik her gesehen, hört das Ziel auf, wissenschaftlich zu sein, da der Bereich der Forschung verlassen und schließlich ein subjektiv-persönliches Ideal von Frieden als Ziel einer praktischen Aktion verkündet wird.

Der Polemologe hingegen, der vom Krieg und einer Gesellschaft ausgeht, die immer Kriege gekannt hat, nimmt die konkreten Bedingungen zur Kenntnis und bemüht sich ausschließlich, die Elemente zu verstehen, die es den Menschen erlaubt haben und erlauben, einen Frieden herzustellen innerhalb von Gesellschaften, die konfliktträchtig bleiben, da ihnen Kampf und Gewalt unaufhebbar innewohnen. Seine Analyse erstreckt sich auf die sachlichen Bedingungen materieller und geistiger Ordnung, die den Frieden in einem historisch gegebenen Zusammenhang ermöglichen, unter Berücksichtigung der Schwierigkeiten und Hindernisse der sozialen Wirklichkeit und der idealen Bestrebungen der Zeit, welche die Arbeiten der Sozialwissenschaften augenscheinlich machen. Er bleibt ein Friedens*forscher,* er ist kein Friedens*macher.*

Dieses von der Methodik her verschiedene Angehen des Problems führt zu einer bestimmten Anzahl von Konsequenzen.

Der Experte für Friedensforschung wird leicht zum Futurologen oder Utopisten, nach dem Beispiel von Galtung oder Rapoport. Er projektiert sein Ideal von Frieden in eine Zukunftsgesellschaft, die er im allgemeinen auf der Grundlage einer harmonischen und mustergültigen Gesellschaft gründet, die von all den Widersprüchen, Fesseln und Widerständen befreit ist, welche die wirklichen und historischen Gesellschaften kennzeichnen. Schließlich verwirft er als ungültig den tatsächlichen Frieden, den die Politiker herstellen. Der Frieden hört auf, eine politische Angelegenheit zu sein – als ob Politiker und Staatsmänner nur Krieg machen könnten und der Frieden ein Werk sei, das nicht mehr in die Zuständigkeit der Staaten fiele. Es geht nicht mehr darum, Kompromisse zu finden und Vereinbarungen zu treffen zwischen auseinandergehenden Interessen und Bestrebungen: Diese Art von Frieden wird von vornherein abgelehnt unter dem Vorwand, daß er nicht dem Ideal oder der Utopie entspräche, da er, nach Galtung, die strukturelle Gewalt in den sozialen Beziehungen beibehält [1]. Man versteht, daß unter diesen Umständen Galtung die Untersuchung über den Frieden nur in Form einer „Aktion für den Frieden" begreifen kann, wobei er die Wissenschaft in eine „Aufgabe der Propaganda" verwandelt zum Zwecke der Bekämpfung der politisch Verantwortlichen. Infolgedessen fordert er die Experten für Friedensforschung auf, „Gruppen eines auszuübenden Drucks" – d.h. eine Art Lobby – zu bilden, die die Politiker belehren, indem sie zum Beispiel „Konter-Kongresse" in Städten abhalten, in denen Staatsmänner zu Friedensverhandlungen zusammentreffen. Ziel ist eine „außerregierungsmäßige Außenpolitik" [2]. Daraus ergibt sich für Galtung, daß man zuallererst die Politik in Mißkredit bringen muß. Dabei wird ihm nicht klar, daß er gleichzeitig jeden möglichen historischen Frieden in Mißkredit bringt, da allein diejenigen, die fähig sind, Krieg zu führen, auch fähig sind, Frieden zu schließen. Der Frieden hängt nicht von den theoretischen Kenntnissen der Friedensforscher ab, sondern von den Verhandlungen zwischen denen, die imstande sind, auch einen Krieg zu führen.

Das Verkennen der Grundregeln der wissenschaftlichen Methode führt zahlreiche Spezialisten der Friedensforschung dazu, kritische Analyse und ethische Normativität zu verwechseln und gewisse Gesichtspunkte der Phänomene, die sie untersuchen, willkürlich zu bewerten, während sie andere verwerfen: Sie werden zum Beispiel mit großem Redeaufwand die Vorteile des Friedens verherrlichen und systematisch die Realität des Krieges verleugnen. Sie ordnen von vornherein die wissenschaftliche Forschung ihrem politischen Engagement unter. Die Aufgabe der Wissenschaft besteht jedoch nicht darin, Voreingenommenheiten zu rechtfertigen, und auch nicht darin, zwischen dem Guten und dem Bösen zu unterscheiden. Sie hat in keiner Weise zu bestimmen, was individuell oder kollektiv gut oder schlecht sei. Wieder ist es Galtung, der sich zum Verteidiger dieser anti-wissenschaftlichen Haltung macht, da er sich vornimmt, „die Wirklichkeit zu verbessern" auf Grund einer Verbesserung der Friedenstheorien[3].

Ob wir wollen oder nicht, die soziale Wirklichkeit ist, was sie ist. Wir können versuchen, sie zu verbessern kraft moralischer, politischer oder technischer Forderungen, aber diese Ansprüche können nicht diejenigen der Wissenschaft sein, die die Aufgabe hat, die Gesellschaft in ihrer tatsächlichen Beschaffenheit zu untersuchen, ihre Hoffnungen und ihre Konflikte, ihre Zwänge und ihre Freiheiten, ihre Widersprüche und ihre Bereitwilligkeiten, ihre Spannungen und ihre Übereinstimmungen. Es wäre lächerlich seitens eines Gelehrten, im Namen der Ethik oder einer Ideologie, einen Vulkanausbruch oder das Fallgesetz zu verurteilen. Es ist ebenso lächerlich von einem Soziologen, im Namen der Wissenschaft den Konflikt oder die Gewalt zu verurteilen. Dieses aber tut Galtung, da er den Konflikt „grundsätzlich für schlecht" hält[4], ungeachtet all dessen, was uns die Geschichte und die menschliche Erfahrung lehren. Jedermann weiß – und Max Weber hat nicht aufgehört, es zu wiederholen –, daß die guten Absichten unheilvolle Folgen haben können, daß aus Bösem auch Gutes hervorgehen kann. Wer einen nicht-illusorischen Frieden will, darf nicht die Interessen, die materiellen Gegensätze und die geistigen Rivalitäten ignorieren. Es fehlt viel daran, daß der mögliche Frieden mit der vollständigen Gerechtigkeit, der totalen Freiheit oder dem vollkommenen Glück zusammenfällt. Der Frieden entspricht niemals unserem Wunschbild, denn er muß immer auch Notwendigkeiten und soziale Aspekte berücksichtigen, die wir als Individuen im Namen der Ethik verwerfen. *Der vollkommene Frieden ist der Frieden, der sozial nicht möglich ist.* Im Frieden zählt nicht die ethische Musterhaftigkeit der Klauseln noch die Übereinstimmung mit einem religiösen, ideologischen oder weltanschaulichen Ideal: er ist ein *politisches* Arrangement, das es den Menschen, Gruppen und Staaten auf Kosten von Unvollkommenheiten und Kompromissen erlaubt, unter den bestmöglichen konkreten Bedingungen zusammenzuleben – in Achtung der Eigenheiten eines jeden und unter Wahrung, innerhalb gewisser Grenzen, der Bestrebungen und Interessen des einen und des anderen.

Nur Feinde können Frieden schließen

Eine Methode ist nur wirksam unter der Bedingung, daß sie das zu untersuchende Objekt in den Griff bekommt. Da der utopische Frieden, den die Experten der Peace Research befürworten, nicht existiert, es sei denn als vager und unbestimmter Wunsch, wie sollte man ihn wissenschaftlich untersuchen können? Ständige Wunschträume von vollkommener Gerechtigkeit und Gleichheit ohne jegliche Gewalt lassen vergessen, daß der einzig mögliche Frieden nicht zwischen Freunden geschlossen wird, da diese von ihrer Bestimmung her bereits in Frieden leben, sondern zwischen Feinden. Er muß ex definitione zwischen denen, die sich nicht verstehen, geschlossen werden: zwischen denen, die in Uneinigkeit und Feindschaft leben oder versuchen, sich gegenseitig zu zerfleischen. Seltsamerweise entwerfen manche Friedensforscher einen Friedenstypus, von dem man nicht weiß, mit wem man ihn schließen soll, da sie das Problem des Feindes vollkommen außer acht lassen. Der Frieden fällt nicht vom Himmel, und er fließt auch nicht aus den Theorien, wann immer der Wunsch nach Vollkommenheit ihn sich vorstellt, sondern er wird ausgehandelt und ist Gegenstand von Verträgen, die die Regeln des Zusammenlebens jener bestimmen, welche ihn schließen. Leider kümmern sich die meisten Spezialisten der Peace Research nur wenig um diese Grundbedingungen. Beim Lesen der Arbeiten von Rapoport erfährt man verblüfft, daß nicht die Feinde den Frieden stören, sondern die Militärs[5]. Daher schlägt er im Hinblick auf die Gründung einer Friedensherrschaft nicht vor, die Feinde zu versöhnen, sondern die militärischen Einrichtungen abzuschaffen – als ob der Krieg von den hinterhältigen Machenschaften der Armeeführer abhinge und nicht vom *politischen* Willen der Staatsmänner oder solchen, die Staatsmänner sein wollen. Wenn es Kriege gibt, dann keineswegs, weil Armeen bestehen, vielmehr gibt es Armeen, weil die Menschen Kriege wollen und führen oder auch fürchten. Die These von Rapoport wird durch die neuzeitliche Erscheinung des *Partisanen* widerlegt. Im allgemeinen ist dieser nämlich kein Angehöriger des Militärs, sondern ein Zivilist, der aus verschiedenen Gründen beschließt, kriegerische Aktionen zu unternehmen, der Waffen sucht und findet und der sich mit seinesgleichen in einer paramilitärischen Formation zusammenfindet, weil er Krieg führen will, und erst später einen Militärapparat aufstellt.

Um das Problem des Friedens auf eine soziologisch gültige Art zu behandeln, darf man nicht nur die außenpolitischen Kriege betrachten; man muß auch die internen, revolutionären Kriege berücksichtigen. Das Phänomen des Partisanen führt uns die Wirklichkeit vor Augen, daß auch der *revolutionäre Krieg ein Krieg ist,* der den Frieden wie jeglicher andere Krieg auf die Probe stellt, manchmal sogar in internationaler Hinsicht. Die Theorie des *Klassenkampfes* ist, was man uns auch immer durch Propaganda oder Ideologie einzureden versucht, ein Aufruf zum Krieg und nicht zum Frieden. Was zur Debatte steht, ist ein Gesichtspunkt, den der Polemologe – im Gegensatz zu vielen Friedensforschern – nicht außer acht läßt: *die Revolution ist die moderne Art, Kriege zu führen und zu rechtfertigen,* in der gleichen Weise, in der sie früher durch die Idee der Nation oder die Erbfolgeschaft legitimiert wurden. Man kann vom wissenschaftlichen Standpunkt aus nur bedauern, daß viele Friedensforscher ihre Aufgabe darin sehen, apologetische Argumente für revolutionäre Ideologien zu erbringen, deren kriegerischer Charakter unbestreitbar ist. Es handelt sich nicht darum, den Revolutionär zu billigen oder zu mißbilligen, sondern darum, sich der Tatsache bewußt zu werden, daß unser Zeitalter wie die vorangegangenen den Krieg ebensosehr wie den Frieden begünstigt und *beide* jeweils rechtfertigt. Der gerechte Krieg ist heute für viele Intellektuelle der revolutionäre Krieg.

Auch auf der Ebene der wissenschaftlichen Erkenntnis gibt es Meinungsverscheidenheiten zwischen beiden Disziplinen. Es wird suggeriert, die Friedenswissenschaft sei in Anbetracht ihres Gegenstandes würdiger und ehrenhafter als die Kriegswissenschaft oder Polemologie. Daher machen sich die Anhänger der Irenologie schließlich ein allzu friedliches Bild dieser Wissenschaft und werfen, nach Art von Rapoport, den militärischen Führern vor, „Parasiten“ der Gesellschaft zu sein und sogar ein „Verbrechersyndikat“ zu bilden[6]. Man kann sich fragen, ob diese Selbstzufriedenheit des Friedens-Experten ihn nicht dahin führt, das erkenntnistheoretische Problem der Wissenschaft und das Ziel wissenschaftlicher Erkenntnis überhaupt zu verfälschen. Mit Recht warnt G. Bouthoul den Forscher vor der „Gefahr, aus neigung zur moralischen Bequemlichkeit und zum guten Gewissen – und auch aus Liebe zur gefälligen Rolle – sich in eine Pseudo-Forschung treiben zu lassen, deren Erkenntnisse schon vorbestimmt sind. Mit einem Wort, in vorfabrizierte Schlüsse, wobei man eher nach Argumenten und Zustimmungen als nach Beweisen sucht.“[7] Tatsächlich wird ein Verbrecher nicht durch wissenschaftliche Kriterien, sondern durch ein rechtsgültiges Gesetz definiert. Zweifellos ist Wissenschaft niemals ganz wertfrei, aber diese Feststellung darf dem Gelehrten nicht zum Vorwand dazu dienen, seine persönlichen Leidenschaften und Vorurteile als wissenschaftliche Beobachtungen auszugeben.

Man wird daher nicht erstaunt sein, wenn die Stellungnahmen zahlreicher Friedensforscher Anlaß zu mannigfachen Verwechslungen geben hinsichtlich der internen Kritik der wissenschaftlichen Erkenntnis. Diese Verwechslungen sind verschiedener Art.

Was diese Fachleute praktizieren, ist nicht *die* Wissenschaft im Sinne einer Forschung, deren Ergebnisse gültig sind aufgrund von Normen der Wissenschaft. Sie behaupten vielmehr, *angewandte* Wissenschaft zu betreiben. Selbst wenn der Polemologe diese Begrenzung anerkennt, kann er nur erstaunt sein über die wissenschaftliche Leichtfertigkeit bestimmter Versicherungen und über die mangelnde Vorsicht, die die sogenannte angewandte Wissenschaft nur in Mißkredit bringen kann. Näher betrachtet ist der Begriff, den viele militante Friedensforscher sich von der angewandten Wissenschaft machen, im allgemeinen zweideutig, manchmal sogar erbärmlich. Wenn z. B. Rapoport erklärt, daß „das Ziel der Friedenswissenschaft in ihrer Eigenschaft als angewandte Wissenschaft darin besteht, die Kriege zu vermeiden und den Frieden zu fördern“[8], so überschreitet er die Zuständigkeit seiner Disziplin, weil ein solches Ziel, wie schon gesagt, nur das Problem einer *politischen* Tätigkeit sein kann. Politik aber ist keine angewandte Wissenschaft; sie verlangt andere Eigenschaften als die des Forschers. Die Auffassung von Galtung ist ebenso anfechtbar. Nach seiner Meinung hängt die Gültigkeit der Ergebnisse der angewandten Friedenswissenschaft nicht mehr von den Normen innerhalb der Forschung ab, sondern von der Bedeutung der Werte, denen sie dienen will[9]. Er unterstellt die Forschung also einer Kontrolle, die außerhalb der Wissenschaft steht; d.h., das Ziel der Wissenschaft hört auf, wissenschaftlich zu sein, da es einer wertbestimmten Entscheidung und nicht mehr nachprüfbaren Kriterien untergeordnet wird. Gewiß, beide Friedensforscher anerkennen, daß es angewandte Wissenschaft nur auf der Basis reiner Wissenschaft geben kann, aber man sucht vergebens in ihren Werken nach den Aussagen reiner Wissenschaft, die ihre praktischen Behauptungen rechtfertigen würden. Dagegen findet man solche bei den Polemologen, z.B. in den Abhandlungen von Bouthoul über die statistische Regelmäßigkeit von Konflikten. Zu oft beschränkt sich die angewandte Wissenschaft auf die Gesamtheit der persönlichen Absichten oder Wertungen des Forschers, die nur wissenschaftlich sind, weil er sich selbst als Wissenschaftler betrachtet. Die politischen Ansichten eines Akademikers sind noch nicht wissenschaftlich, bloß weil er ein Akademiker ist. Im Extremfall gelangt man zu dem betäubenden Selbstvertrauen eines deutschen *Instituts für Friedensforschung,* das, kaum einige Monate nach seiner Gründung, sich für die Ostpolitik der Bundesregierung verbürgte, ohne zuvor ernsthafte Forschungen unternommen zu haben.

„Wenn du den Frieden willst, lerne vorerst den Krieg kennen!"

Es ist ebenfalls angebracht, sich Gedanken über das in der Auffassung der angewandten Wissenschaft enthaltene Vorurteil zu machen, daß wissenschaftliche Politik der gewöhnlichen Politik überlegen sei und daß allein wissenschaftliche Friedenspolitik den dauerhaftesten Frieden herstellen könne. Stellen wir zunächst fest, daß die Gelehrten als solche nicht die Meister des politischen Spiels sind, selbst wenn sie sich bereit fänden, „Berater der Fürsten" zu sein. Und wird ein Gelehrter zum Politiker, dann ist er gezwungen, als Politiker und nicht als Gelehrter zu handeln. Außerdem ist ein

Frieden nicht gesichert, weil er ethisch-gut, rechtlich-gerecht oder wissenschaftlich-wahr ist, sondern einzig deshalb, weil Völker und ihre Regierungen den Willen haben, ihn aufrechtzuerhalten.
Der Frieden hängt weder von einer peinlich gewissenhaften Beweisführung ab noch von dem gut durchgeführten Experiment einer angewandten Wissenschaft, noch von theoretischen Untersuchungen, sondern von Verhandlungen, von der gegenseitigen Anerkennung der Interessen der sich im Kampf befindlichen Feinde, von dem Kräfteverhältnis und folglich von Abschätzungen, die nicht zum Aufgabenbereich wissenschaftlicher Forschung gehören. Man wird vergeblich die schönsten Friedenstheorien ausarbeiten – sie bleiben leere Worte, wenn die Leidenschaften der Völker und die Absichten der Regierungen einem gegenseitigen Verstehen entgegenwirken. Der Frieden ist nicht in sich abstrakt oder ein Modell als solches, das man lediglich der sozialen Wirklichkeit aufzupfropfen braucht, sondern er fügt sich jedesmal in die gegebene Gesamtheit der konkreten sozialen Beziehungen ein. In diesem Sinn gibt der Polemologe der Kriegsforschung den Vorrang, um die jeweils gegebenen Bedingungen zu verstehen nach der Formel von Bouthoul: „Wenn du den Frieden willst, lerne vorerst den Krieg kennen!" Historisch gibt es keinen Frieden im Singular, es gibt nur Frieden im Plural, deren Formen je nach Zeit und Raum sich wandeln, entsprechend auch der Geisteshaltung der Feinde und der Art der Konflikte, die sie zu lösen haben. Mit anderen Worten: *Frieden ist ebenso vielfältig wie Krieg.* Man darf nicht dem magischen Gedanken erliegen, der uns weismachen will, edle Gefühle, verbunden mit utopischen Vorstellungen, seien imstande, uns den „richtigen" Weg zum Frieden zu weisen. Krieg bricht nur selten aus bösem Willen aus. Die verabscheuungswürdigste Methode ist vielleicht jene, die *dem* Menschen hinsichtlich des Friedens die Verantwortung zuschreibt. Die Politologen wissen sehr wohl, daß diese Methode ein Mittel ist, um die Menschen besser zu beherrschen und auszunutzen. Mit Parolen der Friedfertigkeit treibt man sie in den Krieg.
Das heißt nicht nur, daß es vom Standpunkt der wissenschaftlichen Forschung aus keinen einzigen, gesamten, unteilbaren allgemeinen und andauernden Frieden gibt, sondern auch, daß die Wissenschaft nicht die Rolle eines Garanten des Friedens zu spielen ver-

mag. Dieser ist und bleibt Sache der Politik, so daß allein der politische Wille den Frieden gewährleisten kann auf der Basis von Friedensverträgen, die den Staaten gemäß bestimmten Spielregeln gestatten, ihren Bestrebungen, Interessen und Eigenschaften treu zu bleiben und dabei gleichzeitig die der anderen zu respektieren und anzuerkennen unter Berücksichtigung der Geschichte, d.h. der Entwicklung von Ideen, Interessen und unterschiedlichen Lebensformen. Menschlich gesehen, gibt es ebensowenig einen absoluten Frieden wie eine vollkommene Freiheit, Gerechtigkeit oder Gleichheit. Wenn Wissenschaft überhaupt eine weltanschauliche Bedeutung hat, dann ist es die, uns die Relativität der Dinge zu lehren. Die schlimmste unter den von den modernen Intellektuellen verbreiteten Täuschungen scheint mir jene zu sein, die uns glauben machen will, das Reich der „allerletzten Ziele" in seiner Gesamtheit sei geschichtlich zu verwirklichen, und zwar ohne Widersprüchlichkeiten und Konflikte. Wie können wir wissen, daß das Reich der Endziele friedlich sein würde?

Friede ist nicht immer friedlich

Die polemologische Forschung zeigt, daß der Frieden niemals von Konflikten, noch von Gewalt frei ist, sondern daß er sich durch gegenseitig anerkannte Regeln auszeichnet, die es erlauben, unvermeidliche Konflikte zu regulieren und die Gewalt zu zähmen. Daraus geht hervor, daß – wie alle bisher angestellten objektiven Forschungen erkennen lassen – der Frieden nicht friedlich an sich ist, sondern daß er vielmehr polemogen, d.h. die Quelle von Konflikten, sein kann. Ebenso und um so mehr verhält es sich auch mit den pazifistischen Strömungen, die einander nicht nur oft bekämpften, weil sie sich auf verschiedene Vorstellungen von Frieden berufen, sondern sich deshalb auch der Gewalt oder Erpressung bedienen, um ihre begrenzten und manchmal willkürlichen Ansichten gegen den Widerstand jener, die sich ein anderes Bild vom Frieden machen, durchzusetzen. Die Menschen führen Kriege, um *ihren* Frieden einzuführen.
Es gibt schließlich eine letzte Ebene, die der Metaphysik. Sie wurzelt in der allgemeinen Erfahrung, die der Mensch seit je von sei-

nem Verhalten in der Gesellschaft gewonnen hat. Es wäre unrecht, diese Erfahrung zu mißachten, die sich in den Schöpfungen der Poesie, der Philosophie und der Religion niedergeschlagen hat. Die Wissenschaft kann nicht alle den Menschen gestellten Probleme lösen; aller Wahrscheinlichkeit nach wird die Erfahrung neben der wissenschaftlichen Erkenntnis und den technischen Fortschritten immer eine Rolle spielen. Ich verstehe hier unter Metaphysik im weitesten Sinne die intuitive Erfahrung des Menschen als eines Wesens, das mit Geschichtlichkeit begabt ist und bedingt durch eine Natur, die ihn zu dem Wesen macht, das er ist. Die Philosophie, die zur Zeit in Mode ist, neigt dazu, die menschliche Natur zu verleugnen unter dem Vorwand, daß das menschliche Wesen rein zufällig, entsprechend der stets wechselnden Situation, entsteht. Dennoch wird der Mensch unaufhörlich das, was er *ist*. Die Verleugnung der menschlichen Natur kann erst an dem Tag einen Sinn haben, an dem der Mensch nicht mehr ein Wesen ist, das geboren wird und stirbt; an dem er keine Wünsche und keine Instinkte mehr haben wird; an dem er nicht mehr von Angst und Leidenschaften heimgesucht wird, an dem er aufhört, seine Macht in Gewalt zu verwandeln; an dem er von einer Gesellschaft, die zu organisieren ist, Abstand nehmen kann. Solange diese Grundbedingungen bestehen, ist es berechtigt, von einer menschlichen Natur zu sprechen und die metaphysische Frage zu stellen. So lange ist auch die Verleugnung seiner Natur eine Verleugnung des Menschen selbst. Es ist ebensosehr berechtigt, unter diesem Gesichtspunkt das Problem von Frieden und Krieg zu betrachten, da die in Jahrhunderten angesammelte Erfahrung ebenso aufschlußreich ist wie die wissenschaftliche Erkenntnis. Aller Wahrscheinlichkeit nach wird diese Erfahrung unerläßlich bleiben, da es niemals eine endgültige Kriegs- und Friedenswissenschaft geben wird, weil jede Wissenschaft ihrem Wesen nach eine nie abzuschließende Forschung ist. Wie erscheinen unter diesem Gesichtspunkt die Forschungen über Frieden und Krieg?

Trachtet der Mensch eher nach dem Frieden als nach dem Krieg? Die Geschichte wird diese Frage nicht entscheiden können, da der Frieden auf den Krieg und umgekehrt der Krieg auf den Frieden folgt, es also ebenso viele Friedens- wie Kriegsperioden gibt. Von diesen Perioden waren bestimmte von kürzerer, andere von längerer Dauer. Um das Maß an Schwierigkeiten voll zu machen, sind wir heute in eine unbestimmte Friedens- und Kriegsepoche eingetreten, die – je nach Standort und Temperament – die einen maskierten Krieg, die anderen friedliche Koexistenz nennen. Diese letzte Bezeichnung ist zumindest seltsam, weil sie vermeidet, den Ausdruck Frieden offen zu gebrauchen. Ihre Anhänger beabsichtigen vielmehr, Konflikte in hinterhältigen Formen fortzusetzen. Es ist möglich, daß die Verfechter der friedlichen Koexistenz den Frieden in einer unbestimmten Zukunft wünschen, aber in der Gegenwart verzichten sie nicht auf Gewalt und Konflikt. Während es verhältnismäßig leicht ist, über einen Krieg zu berichten und ihn sogar in seiner Abwicklung zu beschreiben, so kann man, was den Frieden betrifft, kaum in gleicher Weise verfahren. Selbst wenn man annimmt, daß die Menschen den Frieden dem Krieg vorziehen, ist es kaum möglich, eine wissenschaftliche Bestätigung dafür zu erbringen. Man kann diese Auffassung nur auf ethische, religiöse oder ideologische Gründe stützen. Wenn der Mensch wirklich eher nach dem Frieden denn nach dem Kriege trachtet – eine entscheidende Frage bleibt noch zu beantworten: Warum führt der Mensch Krieg im Namen des Friedens? Die Antwort lautet: weil er sich mit seinesgleichen nicht einig ist über die Art des Friedens. Das ist auch der Grund, warum er heute zur revolutionären Gewalt greift. Athen wollte einen anderen Frieden als Sparta, die Revolutionäre von 1792 einen anderen als der König, Hitler einen anderen als die parlamentarischen Demokratien, Sowjetrußland hat prinzipiell eine andere Vorstellung vom Frieden als die Vereinigten Staaten. Krieg ist daher nie ausgeschlossen, und nur ideologische Unehrlichkeit kann behaupten, daß die Amerikaner friedensfeindlicher als die Russen (und umgekehrt) seien. In Wirklichkeit hat man auf beiden Seiten *andere* Vorstellungen vom Frieden, und deshalb ist die Möglichkeit von Kriegen gegeben. Unter den gegenwärtigen Forschungsbedingungen ist der Polemologe der Meinung, daß er nicht imstande sei, die gesamte Friedensfrage zu lösen; viele Friedensforscher hingegen meinen, totale Lösungen zu kennen – aufgrund ihrer subjektiven, mehr oder weniger eingestandenen Sympathien für eines der beiden bestehenden Lager. Die Vorsicht der Polemologen ist um so mehr gerechtfertigt, als es im Augenblick unmöglich ist, die grundlegende Aporie wissenschaftlich zu lösen, die das Phänomen der Aggressivität bildet. Die Problematik ist bekannt, und ich werde mich damit begnügen, sie zusammenzufassen. Für die einen – wie Galtung, Rapoport, Arno Plack und andere – stellt Aggressivität eine Antwort oder eine Reaktion auf die Frustrationen dar, die die Gesellschaft künstlich oder ordnungswidrig dem einzelnen auferlegt, so daß Gewalt und Krieg das Ergebnis einer schlechten Organisation der sozialen Beziehungen sind, sei es in Form von Strukturen, die die soziale Aggression künstlich verbergen, sei es in Form von Gewalteinrichtungen wie Armee oder Polizei. Folglich sei Aggressivität der Ausdruck eines Protests gegen die Gesellschaft, Gewalttätigkeit einzelner nur eine Reaktion auf die repressive Gewalt der Regierungen, also eine gültige „Gegengewalt" gegenüber einer ungültigen Gewalt der Regierungen, die die Menschen entfremden, ausbeuten und deren Entfaltungsmöglichkeiten unterdrükken. Nur durch eine radikale Veränderung der Gesellschaft könnten Gewalt und Krieg beseitigt werden. Das Ende aller Gewalt wäre allerdings gleichbedeutend mit dem Ende der ganzen menschlichen Geschichte. Im Grunde haben wir es hier mit einer Utopie zu tun. Für andere hingegen – wie Freud, Adler und im allgemeinen alle Psychoanalytiker, ebenso wie für K. Lorenz und die Schule der Verhaltenspsychologie – ist die Aggressivität ein normaler und spontaner Bestandteil der Natur des Menschen, eine instinktive Anlage, die man nicht von vornherein als ein Übel betrachten dürfe, da sie, wie jeglicher Instinkt, der Arterhaltung diene. Aggressivität sei eine Möglichkeit des menschlichen Wesens, die, wie jeder Instinkt, im gegebenen Fall entarten könne. Die Gesellschaft sei weit davon entfernt, die Aggressivität nur zu fördern, sie sei vielmehr auch ein Mittel, das es erlaubt, die Gewalt zu hemmen, zu zähmen und in bestimmte Bahnen zu lenken durch Institutionen, Gesetze und Erziehung. Während die meisten Friedensforscher der ersten These zustimmen, leiht der Polemologe eher den Anhängern der zweiten These Gehör, nicht nur, weil sie dem entspricht, was wir durch allgemeine Erfahrung wissen, sondern auch, weil sie sich wissenschaftlich auf wiederholte und übereinstimmende Analysen, auf sorgfältige Beobachtungen und auf nachweisbare Experimente stützen kann. Ohne die Bedeutung der Schwächen in der sozialen Organisation zu unterschätzen, muß man ehrlich sagen, daß die These der strukturellen Gewalt sich nur auf die ethische oder ideologische Entscheidung des angeblichen Forschers, nicht aber auf ernsthafte Arbeiten wissenschaftlicher Art zu stützen vermag. Konrad Lorenz ist vielleicht im Unrecht, aber dies müßte man wissenschaftlich nachweisen, bevor man die Aggressivität bloß als Reaktion auf schlechte soziale Strukturen zu interpretieren unternimmt. Der Polemologe hat Gehör für beide Thesen, auch für die Beweisführung in beiden Fällen.

Die Illusion einer „Friedensarmee"

Ist es möglich, aus der Geschichte und dem menschlichen Leben den Begriff der Feindschaft zu streichen? Würde man dann nicht gleichzeitig Leidenschaften, wie Eifersucht oder Neid, aber auch jeden schöpferischen Willen, die Möglichkeit von Auslese und Konkurrenz und jeglichen Unterschied, jede Besonderheit abschaffen? Der Irrtum besteht in der Annahme, daß es genüge, auf seine friedlichen Gefühle zu schwören und die Freundschaft hochzupreisen, um die Feindschaft der anderen zu vertreiben. Carl Schmitt meint: *„Es wäre tölpelhaft zu glauben, ein wehrloses Volk habe nur noch Freunde, und eine krapulose Berechnung, der Feind könnte vielleicht durch Widerstandslosigkeit gerührt werden... Dadurch, daß ein Volk nicht mehr die Kraft oder den Willen hat, sich in die Sphäre des Politischen zu halten, verschwindet das Politische nicht aus der Welt. Es verschwindet nur ein schwaches Volk."* [10] Wenn der *andere* will, daß ich sein *Feind* sei, so *bin* ich es, trotz aller unterwürfigen Freundschafts- und Friedensbekundungen. Ich kann es ablehnen, jemanden zum Feind zu erklären; ich kann den anderen *nicht* daran hindern, mich als solchen zu betrachten und dementsprechend zu handeln. Wenn ich keinen Widerstand leiste, wird der andere mich vernichten, wenn er es will. So ist es durch die ganze Geschichte hindurch gewesen. Dubček hat die Treue zu den Prinzipien des Kommunismus beschworen, dennoch wurde er im Zuge der sowjetischen Intervention in der Tschechoslowakei hinweggefegt. Man hat die Illusion hervorgerufen, daß man mit der Bildung einer Friedensarmee endlich den

Frieden durchsetzen und erhalten könne. Leider hat man feststellen müssen, daß – wie ich es in meinem Buch „Le Nouvel Age" aufgezeigt habe – eine Friedensarmee immer noch eine Armee bleibt und sich auch als solche verhält: sie führt gegen diejenigen Krieg, die nicht ihre Vorstellungen vom Frieden teilen[11]. Der Weltstaat ist sicher eine mögliche Form, den Weltfrieden zu planen, aber nur um den Preis einer allumfassenden, zentral gelenkten polizeilichen Unterdrückung, wie der deutsche Friedensforscher C. F. von Weizsäcker auch zugab, als er mir einmal erklärte, er würde einen Frieden durch die Polizei dem durch die Politik vorziehen[12]. Ist der durch die Polizei hergestellte Frieden nicht der härteste? Wenn man *alles* dem Frieden opfern will, läuft man Gefahr, ihm auch Freiheit und Gerechtigkeit zu opfern. Der Frieden als Ziel an sich kann nur despotisch sein.

In der schon mehrfach zitierten Abhandlung erkennt Rapoport an, daß „Schismen" die Forscher auf dem Gebiet des Friedens und des Kriegs trennen, was bedeutet, daß er sozusagen durch Übergehung die Opposition anerkennt, die die Polemologen und die meisten Fachleute der Peace Research trennen. Nicht nur der Frieden, sondern auch die Friedensforschung kann polemogen werden, sobald man annimmt, daß es in der Sache des Friedens eine Orthodoxie geben könnte. Man könnte mir vorwerfen, einen Gegensatz nach Gutdünken aufrechtzuerhalten. Sollte es nicht möglich sein, einen Ausgleich zu finden, ohne daß ich mich der Auffassung der Friedensforscher anschließen müßte? Wenn aber der Frieden als politischer Akt auf Verhandlungen, Kompromissen und Schlichtungen beruht, ist die Wissenschaft ihrem Wesen nach dazu nicht kompetent; anderenfalls wäre sie keine Wissenschaft mehr. Es steht mir als Polemologen nicht zu, Propaganda für Frieden oder Krieg zu machen; meine Aufgabe ist es, im Sinne der Wertfreiheit das Wesen und die Bedingungen dieser beiden Phänomene zu analysieren. Wäre es nicht möglich, eine Synthese dieser entgegengesetzten Standpunkte herzustellen? Sicherlich, aber sie bliebe rein theoretisch und liefe außerdem Gefahr, die tatsächlichen Probleme der Forschung zu verschleiern.

Man würde diesen Essay gründlich mißverstehen, wenn man ihn als Plädoyer für einen radikalen Schnitt zwischen Wissenschaft und

Politik auslegen wollte. Die Unterscheidung zwischen beiden schließt keineswegs die Notwendigkeit von Beziehungen zwischen Theorie und Praxis aus – schon deshalb nicht, weil die politische Tätigkeit den Fachleuten von Kriegs- und Friedensforschung die Probleme stellt, mit denen sie sich befassen. Ohne politisches Handeln, das Krieg und Frieden stiftet, gäbe es auch keine Forschung dieser Art. Anders ausgedrückt: Forschung an sich ist ebenso steril wie Frieden an sich. Ablehnen sollte man indes die Illusion des Gelehrten, der glaubt, er könne als solcher den Politiker ersetzen. Es geht dabei um einen Mangel an geistiger Klarheit bei Forschern, die sich oft an eine zweite Berufung verlieren aus Unfähigkeit, sich an ihre erste, eigentliche Aufgabe zu halten. Der Polemologe ist sich bewußt, daß seine Analysen einem besseren Verständnis der Politik und der Phänomene Krieg und Frieden dienen können; aber dem Politiker – nicht dem Forscher – steht es zu, daraus praktischen Nutzen zu ziehen. Mit anderen Worten: dem Politiker kommt es zu, die von der Forschung ermittelten Ergebnisse gemäß den Umständen, der Situation und den Normen des politischen Handelns zu berücksichtigen; es gehört nicht zur Aufgabe des Forschers, das, was er angewandte Wissenschaft nennt, in ein politisches Instrument umzuwandeln – es sei denn, er will sowohl Wissenschaft als auch Politik in Mißkredit bringen. Wenn ein Gelehrter beabsichtigt, die Rolle eines Politikers zu übernehmen, so soll er es offen tun, indem er die Verantwortung politischen Handelns übernimmt. Es ist denn doch zu einfach, die politische Tätigkeit in Form von theoretisch fabelhaften Vorschlägen und Absichten nachzuahmen, *ohne* die Verantwortung für die konkreten Folgen ihrer tatsächlichen Anwendung tragen zu wollen!

Ein Professor für Volkswirtschaft ist nicht dasselbe wie ein Unternehmer. Dieser kann aber, wenn er es für zweckdienlich hält, Nutzen aus den Forschungen von jenem ziehen. Wenn der Soziologe es sich zur Aufgabe macht, die Gesellschaft neu zu gestalten, verläßt er das Gebiet der Wissenschaft, um *Soziogoge* zu werden – eine neue Version von Demagogie. Der Experte von Kriegs- und Friedensforschung läuft Gefahr, denselben Verwirrungen zu erliegen, wenn er glaubt, er sei als solcher fähig, den Krieg zu verhindern und den Frieden zu fördern. Meine eigenen Forschungen über die Natur der heute möglichen Kriege im Rahmen der abschrekkenden Atomrüstung, die im Augenblick dem einen virtuellen Feind nicht erlaubt, einen Sieg über den anderen vorauszusetzen, haben mich dazu geführt, eine Theorie der Anerkennung des Feindes auszuarbeiten. Es handelt sich um eine Analyse, die kein anderes Ziel hat, als theoretisch eine der Chancen des Friedens unter den gegenwärtigen Umständen hervorzuheben – ich sage absichtlich *eine* der Chancen (unter anderen), ohne die Entwicklung der zukünftigen Geschichte utopisch voraussagen zu wollen[13]. Es wäre eine intellektuelle Anmaßung meinerseits, diese Möglichkeit zu einer ausschlaggebenden und universellen Voraussetzung für den endgültigen, von Zeit und Raum unabhängigen Frieden zu erheben. Auch wäre es lächerlich, einen militanten Feldzug zu beginnen, um diese Idee der Anerkennung des Feindes durchzusetzen, denn als Polemologe besitze ich keinerlei Mittel, zum Beispiel die Israelis und die Palästinenser zu zwingen, sich gegenseitig als Feinde anzuerkennen[14]. Und wie könnte ich behaupten, daß die politischen Gegner scheitern, sofern sie auf mich nicht hören wollen? Meine Position ist die eines Forschers und nicht die eines Vertreters politischer Organisationen. Warum sollte ich eine Macht vortäuschen, über die ich nicht verfügen kann? Es gibt mehr Helden im Geiste als in der Tat – ich weiß darüber Bescheid. Ich habe Vertrauen in die Klugheit der Politiker, zwar kein vollkommenes Vertrauen, sondern in den Grenzen, in denen sie ihrerseits Vertrauen zu jenen haben, die nicht Politiker sind. Als Professor besitze ich nicht die Mittel, die Idee der Anerkennung des Feindes durchzusetzen. Auch gebe ich mich nicht der Illusion hin, ich könnte als einzelner, als Polemologe oder als Friedensforscher, über das Schicksal und den Willen der Völker bestimmen. Eine Sünde gegen den Geist des Friedens ist auch der Hochmut der einzelnen und der Kollektive – die Intellektuellen sind davon nicht ausgeschlossen.

Übersetzung von Isolde Fuhs

Anmerkungen

[1] Siehe J. Galtung: Gewalt, Frieden und Friedensforschung. In: Kritische Friedensforschung. Hrsg. von D. Senghaas, Suhrkamp Frankfurt a. M. 1971, S. 62.
[2] J. Galtung: La science de la paix, historique et perspective. In: Science et paix, Löwen 1973, I, Heft 1, S. 57.
[3] J. Galtung: Theorien des Friedens. In: Kritische Friedensforschung, S. 235.
[4] Ebd., S. 236.
[5] A. Rapoport: Les différentes conceptions d'une science de la paix. In: Science et paix, I. Heft 1, S. 18.
[6] Ebd., S. 12, 18.
[7] G. Bouthoul: La paix. Paris, Presses Universitaires de France, 1974, S. 7.
[8] Rapoport, loc. cit. S. 6.
[9] J. Galtung: Friedensforschung. In: Friedensforschung. Hrsg. von E. Krippendorf. Kiepenheuer & Witsch, Köln 1968, S. 522.
[10] C. Schmitt: Der Begriff des Politischen. Duncker & Humblot, Berlin 1963. S. 53f.
[11] J. Freund: Le Nouvel Age. Edit. Marcel Rivière, Paris 1970, S. 182.
[12] Ist der Weltfriede unvermeidlich? In: Bergedorfer Protokolle. Deckers Verlag, Hamburg 1967, S. 42–43.
[13] Le Nouvel Age, S. 224.
[14] J. Freund, La reconnaissance de l'ennemi et le Tiers. In: International Problems. B. XIII, Heft 4, September 1974, S. 17.

Der Krieg ist also nicht nur ein wahres Chamäleon, weil er in jedem konkreten Falle seine Natur etwas ändert, sondern er ist auch seinen Gesamterscheinungen nach in Beziehung auf die in ihm herrschenden Tendenzen eine wunderliche Dreifaltigkeit, zusammengesetzt aus der ursprünglichen Gewaltsamkeit seines Elements, dem Haß und der Feindschaft, die wie ein blinder Naturtrieb anzusehen sind, aus dem Spiel der Wahrscheinlichkeiten und des Zufalls, die ihn zu einer freien Seelentätigkeit machen, und aus der untergeordneten Natur eines politischen Werkzeugs, wodurch er dem bloßen Verstande anheimfällt.

Clausewitz: Vom Kriege

Wir sehen also, daß es die Kriege der Wege zum Ziele viele gibt, daß nicht jeder Fall an die Niederwerfung des Gegners gebunden ist, daß Vernichtung der feindlichen Streitkraft, Eroberung feindlicher Provinzen, bloße Besetzung derselben, bloße Invasion derselben, Unternehmungen, die unmittelbar auf politische Beziehungen gerichtet sind, endlich ein passives Abwarten der feindlichen Stöße – alles Mittel *sind, die, jedes für sich, zur Überwindung des feindlichen Willens gebraucht werden können, je nachdem die Eigentümlichkeit des Falles mehr von dem einen oder dem andern erwarten läßt.*

Clausewitz: Vom Kriege

HELMUT IBACH

Klassenkampf – friedliche Koexistenz – Weltkleinkrieg

Was motiviert die Soldaten?

Während unsere angstbeladene Phantasie seit 1945 auf die Verhinderung eines weiteren bewaffneten Zusammenstoßes der Großmächte oder eines atomaren Schlagabtausches – übrigens nicht ohne Erfolg – fixiert war, haben auf dem Erdenrund dutzendweise kleine Kriege stattgefunden. Ihr Gesamtergebnis würde einem „klassischen" Weltkrieg alle Ehre machen: Europa mußte seine Kolonialimperien aufgeben, und schließlich ist die stärkste westliche Großmacht im grünen und roten Dschungel auf die Grenzen ihrer Möglichkeiten gestoßen. Ereignet der Krieg sich jetzt in Raten? Weicht der „gezähmte" Krieg dem „schmutzigen", der etablierte Krieg dem untergründigen, der Staatenkrieg dem Bürgerkrieg, der Großkrieg dem Kleinkrieg? Kapituliert das Militär vor den Guerillas, der Soldat vor dem Partisanen? Die Fragen stellen heißt fast schon sie bejahen. Es sieht so aus, als ob wir mit unserer gedanklichen Versteifung auf den klassischen, großen, offenen Krieg den unwahrscheinlichsten der heute möglichen Kriege bekämpften.

Die Abläufe der einzelnen kleinen Kriege gehören wie der Vorgang im Ganzen zu den Überraschungen der Zeitgeschichte wie der Prognose, obwohl man spätestens seit Clausewitz mit der mitentscheidenden Kraft der „moralischen Größen" bei kriegerischen

Auseinandersetzungen eigentlich hätte rechnen müssen. Wenn diese jahrtausendealte Erfahrung noch einer Bestätigung bedurfte, so wurde sie während der vier Kriege, die Israel seit 1948 zu führen hatte, eindrucksvoll erbracht. Ein Kleinstaat, nach Bevölkerungszahl und Fläche von der Größenordnung West-Berlins oder Oberbayerns, liegt ohne gesicherte Grenzen und ohne erprobte Verteidigungstraditionen inmitten einer feindlichen, vom Persischen Golf bis zum Atlantik reichenden Großwelt arabischer Staaten, die zusammen über nahezu 100 Millionen Menschen und über eine nicht gerade harmlose, wenn auch nicht durchweg moderne Rüstung verfügen. Einen oberflächlichen Routinier der meßbaren Kräfte hätte es nicht überrascht, wenn beispielsweise 1967 nicht die Araber in sechs Tagen geschlagen, sondern die Israelis ins Meer geworfen worden wären. Offenbar kann aber eine Überlegenheit an Menschenmassen durch bessere Motivation ausgeglichen werden. Dies gilt auch für den Zusammenstoß von Technologie und Motivation, wie Vietnam lehrte, wo eine Weltmacht kapitulieren mußte. Es verwundert daher, daß im Gesamt der Wehrforschung zwar bedeutsame Methoden zur Offenlegung der berechenbaren Lagefaktoren, z.B. die Logistik, entwickelt wurden, daß es aber zu keiner wirklichen Disziplin für die unberechenbaren Faktoren psychomoralischer Art gekommen ist, obwohl ihrer Gewichtigkeit wortreiche Literaturtribute gezollt werden. Dahinter steckt wohl die modische Scheu, sich naturwissenschaftlich und empirisch nicht erschließbaren Gegenständen zuzuwenden, vielleicht auch der Geist jener stalinschen Frage, wie viele Divisionen der Papst nun eigentlich habe.

Elemente einer militärischen Motivlehre

Für den weiteren Gedankengang wird es unerläßlich, an dieser Stelle wenigstens einige Elemente der nicht vorhandenen militärischen Motivlehre aufzuzeigen. Unter „Motivation" versteht man gewöhnlich die Ausstattung von einzelnen oder von Gruppen mit Beweggründen, Triebkräften, „Motiven", die ihr Verhalten bestimmen. Wurzeln diese im Irrationalen, im Unter- und Halbbewußtsein, so spricht man von *„Emotionen":* etwa von „Instinkten", wie Überlebens-, Nahrungs- und Zeugungstrieb, oder von Gemütsbewegungen und Affekten, wie Lust, Freude, Wut, Enttäuschung, Trauer, Angst, Furcht, Haß, Neid[1]. Hierher gehören auch die Gefühle, die den Menschen seine Umwelt innewerden lassen: Familien-, Stammes-, Vaterlands-, National-, Staatsgefühl, Traditionen, Standesgefühl, Korpsgeist, spontane Solidarisierungen. – Motive dagegen, die im vollen Bewußtsein stehen, die sich der Verstand zurechtlegt, deren Vernünftigkeit die Ratio in einem Denkvorgang begründet, „motiviert", nennen wir *„Motivierungen"* oder *„Einsichten"*. Hierher gehören: Gewissensentscheidungen, Güterabwägungen, Willensentscheidungen und rationale Engagements, Bejahungen von Ideen und Werten, wie Freiheit, Recht, Frieden. Beide Motivarten sind aufeinander angewiesen. Die Emotionen, vor allem die aufs Überleben abzielenden, können momentan zu hoher Wirksamkeit anschwellen, sind aber langfristig unzuverlässig. Die logischen und ethischen Motivierungen dagegen entbehren solcher Höhepunkte, sind dafür aber bis zu einem gewissen Grade beharrlicher und verläßlicher.

Im militärischen Bereich, wo es auf beides ankommt, interessieren deshalb vor allem die Mischmotivationen. Es liegt nahe, die „Kampfmotive" (z.B. Kameradschaft, Haufengeist) den emotionalen und die „Wehrmotive" (etwa Freiheit, Recht) den rationalen Motiven zuzuordnen. Doch wäre es sinnlos, sie gegeneinander auszuspielen, wie dies im Streit um die Innere Führung zwischen „Traditionalisten" und „Progressisten" geschehen ist[2]. Emotionale Alleingänge und rationale Hamlet-Attitüden sind gleich bedenklich. Die Aufgabe einer Streitmacht verlangt sowohl augenblickliche Höchstleistungsfähigkeit wie langfristige Zuverlässigkeit. Man wird im Ineinander emotionaler und rationaler Motive vielleicht sogar das Typische brauchbarer militärischer Motivationen sehen dürfen. Der Mensch verfügt über die Fähigkeit, seine Emotionen mit Verstand zu sichten, sie mit dem Gewissen zu kontrollieren, sie mit dem Willen zu beherrschen und damit rational verantwortbaren Zwecken zuzuleiten. Das sollte man gerade bei den rationalen Wehrmotiven nicht übersehen. Wehren ist zunächst eine spontane Urreaktion, die sich dann aber auch vor der Instanz der Vernunft bewähren muß. Das gilt für das nackte, später für das menschenwürdige Überlebenwollen, für das Freibleibenwollen, für das Sich-Klammern an Land und materielle Lebensgrundlagen. Instinktinhalte sind hier durch Reflexion zu rational bejahten Werten geworden. Die Sprache sucht das nachzuvollziehen, indem sie dann nicht mehr von Familien-, Volks-, Vaterlands-*Gefühl,* sondern von Familien-, Volks-, Vaterlands-*Bewußtsein* spricht.

Freilich gibt es in der militärischen Motivation auch eine bedenkliche Form der Rationalisierung vitaler Bedürfnisse: die *Kampf*-Ideologie (Rassenkampf, Klassenkampf). Es handelt sich um ursprünglich durchaus berechtigte Anliegen wie nationale Freiheit oder soziale Gerechtigkeit. Geraten diese aber unter politischen Druck, so werden sie leicht zu pseudo-rationalen Heilslehren, die ihren Anlaß übertreiben und absolut setzen. Sie können ungeheure Kampfenergien freisetzen, erlahmen aber gleich den Emotionen, zumal bei Mißerfolg, rasch. Der Unterschied zwischen wirklichen Wehrmotiven und diesen ideologisierten Kampfmotiven liegt darin, daß Ideen und Werte wie Freiheit, Gerechtigkeit, Vaterland in der Motivation gegenseitig einander ergänzen und voraussetzen, radikale Ideologien infolge ihrer monolithischen Natur hingegen einander ausschließen[3].

Im ganzen kann man sagen, daß sich alle Rationalisierungen, seien es legitime außenpolitische Doktrinen oder Ideologien, im Ernstfall um so wirksamer erweisen, je mehr sie mit der Motivation der einzelnen und ihrer vitalen Interessen übereinstimmen. Die Staaten haben deshalb zu allen Zeiten versucht, ihre Militär- und Kriegspolitik mit der „Verteidigung des Vaterlandes" zu begründen. Entfernen sich aber beide Motivationen voneinander, so entsteht jene Lähmung, die 1940 die Franzosen fragen ließ: *„Pourquoi mourir pour Dantzig?"* Viele Amerikaner mögen in Vietnam nicht anders gedacht haben. Es wird später noch zu untersuchen sein, wie sich die Motivation des „Russen" mit der des „Sowjetmenschen" verträgt.

Defensive und offensive Motivationen

In Zukunft wird es vielleicht einfacher werden, Einzelmotivation und Staatsmotivation zur Deckung zu bringen. Es herrscht heute

unter den Theoretikern wenigstens des Großen Krieges Klarheit darüber, daß Präventiv-, Angriffs- und Eroberungskriege, hoffentlich Kriege überhaupt, als kalkulierbare Mittel der Außenpolitik immer unbrauchbarer werden, zum Teil wegen der unentrinnbaren Wirkung moderner Waffen, die nur noch „Besiegte" hinterläßt, zum anderen wegen des Mündigkeitsgrades der Völker, der langfristige Manipulierungen erschwert. Möglicherweise werden sich sogar die kommunistischen Mächte aus Überlebensgründen dieser zwingenden Logik unterwerfen.
Trotzdem muß unterschieden werden zwischen solchen, die sich theoretisch und praktisch auf den Verteidigungs-, Kriegsverhinderungs- und Abschreckungseffekt eingestellt haben, und solchen, für die die Weltrevolution „Staatszweck" ist, die den revolutionären Krieg als „gerechten Krieg", den auswärtigen Einsatz, wenn auch verbrämt, als konterreaktionäre Maßnahme und die Anwendung der praktisch offensiven Breschnew-Doktrin als Mittel der „Verteidigung" vorsehen. Wir müssen nüchtern hinnehmen, daß es neben den defensiven immer noch offensive Systeme, neben den *Wehr-Motivationen* auch heute noch wirkliche *Kriegs-Ideologien* gibt. Keine Entspannungseuphorie kann über den Tatbestand hinwegtäuschen, daß diese dem Sozialistischen Weltlager, jene der Freien Welt grundsätzlich zuzuordnen sind.

Sozialdemokraten, Klassenkampf und Vaterland

Es lag für die Väter des Historischen Materialismus nahe, ihre Klassenkampf-Theorie auch auf die internationalen Zwiste anzuwenden. Kriege seien verdeckte soziale Auseinandersetzungen, die eigentlichen, wenn auch nicht deutlich erkennbaren Fronten liefen quer durch die kriegführenden Völker, während die sichtbaren militärischen Fronten nur Scheinfronten seien. Hinter diesen müßten sich Gruppen bilden, die auf eigene Faust offen oder geheim ihre Ziele anstrebten oder gar mit auswärtigen Mächten und Gruppen kollaborierten. Die Masse der Anhänger lebte jedoch in der etablierten national- und machtstaatlichen Wirklichkeit und stellten den jeweiligen Ausbeuterstaaten loyale Soldaten. So geriet der Marxismus von allem Anfang an in das Spannungsfeld zwischen Internationalismus und Vaterland. Die Fronten schienen sich agitatorisch zu versteifen: im Kommunistischen Manifest[4] hieß es, der Arbeiter habe „kein Vaterland", und von bürgerlicher Seite wurde ihm unterstellt, er sei ein „vaterlandsloser Geselle[5]. Aufs Ganze gesehen, war aufgrund einer jahrtausendealten Überlieferung das Vaterlandsgefühl noch so tief und zäh im Unterbewußtsein auch der Proletarier verwurzelt, daß sich die Theorie damit auseinandersetzen mußte. Man lehnte die Bewaffnung nicht ab, aber man versuchte, dem „bürgerlich-klassenkämpferischen" Militär eine milizartige „Volkswehr"-Konzeption entgegenzusetzen. Engels und andere[6] suchten im nationalgeschichtlichen Nebenstrom des germanischen allgemeinen Aufgebots, der Bauernkriege und Bürgerwehren die „klassenkämpferischen" Traditionen bloßzulegen. Gegen Ende des 19. Jahrhunderts tauchte in der sozialdemokratischen Literatur die Vorstellung eines „Parteivaterlandes" als einer Vorwegnahme des künftigen proletarischen Vaterlandes auf. Man argumentierte dahin, daß die materiellen, industriellen und wirtschaftlichen Einrichtungen des bürgerlichen Staates für den sozialistischen Aufbau nach der Revolution auch über Kriege hinweg erhalten bleiben müßten und deshalb verteidigenswert seien. Dies ist einer von mehreren Aspekten, die die sozialdemokratische Loyalitätserklärung 1914 ermöglichte[7].

Lenins Kriegstheorie

Interessanter ist der Weg, den der Marxismus kommunistischen Typs einschlug. Dabei erhebt sich die sicher nicht nur theoretisch belangvolle Frage, ob Lenin überhaupt den Marxismus weiterentwickelt hat oder ob er nicht nur dessen Dynamik benutzte, um sie anderen Impulsen aufzupropfen. Er stand zunächst einmal in der Tradition der russischen Terroristen des 19. Jahrhunderts. Hinzu kamen Anregungen aus einem intensiven Clausewitz-Studium: die Unterscheidung von Strategie und Taktik, vom revolutionären Fernziel und vom momentan erreichbaren Nahziel, etwa der Schwächung des Gegners durch zeitweilige „Friedens"-Propaganda. Wenn nach Marx der Klassenkampf die treibende Kraft von Geschichte und Politik ist, sind Krieg und Frieden nur verschiedene

Taktiken des Klassenkampfes. So werden in Abwandlung des Clausewitzschen Satzes nicht nur der Klassenkampf zur Fortsetzung der Politik, sondern die „friedlichen“ Werkzeuge der Politik zur Fortsetzung des Klassenkampfes mit anderen Mitteln.
Mit dem Leninismus kommt ein voluntaristisch-offensives, ein dezisionistisches Element in den Marxismus. Nach der Marxschen Evolutionstheorie mußten die Umwälzungen mehr oder weniger automatisch und zwangsläufig eintreten. Durch den Marxismus ist – für Lenin – diese Gesetzmäßigkeit der Geschichte – wie jedes „Naturgesetz“ – auch „anwendbar“. Der Mensch hat jetzt die Möglichkeit, das nach den Fallgesetzen einmal Fallenwerdende noch zu stürzen, d. h. die Evolution durch Revolution „bewußt“ voranzutreiben und zu beschleunigen: *„Die Weltgeschichte geht unbeirrbar der Diktatur des Proletariats entgegen, aber sie geht bei weitem nicht glatte, nicht einfache, nicht gerade Wege.“*[8] Lenin wendet viel Mühe darauf, die Kluft, die zwischen seiner eigenen, nunmehr auch parteiamtlichen, sowjetstaatlichen Motivation und der Motivation der „Entwaffnungsanhänger“ (Pazifisten) besteht, zu schließen:

„... Die Sozialisten können nicht gegen jeden Krieg sein, ohne aufzuhören, Sozialisten zu sein.

Erstens waren die Sozialisten niemals und können jemals Gegner revolutionärer Kriege sein.

Zweitens, Bürgerkriege sind auch Kriege. Wer den Klassenkampf anerkennt, der kann nicht umhin, auch Bürgerkriege anzuerkennen... Alle großen Revolutionen bestätigen das. Bürgerkriege zu verneinen oder zu vergessen hieße in den äußersten Opportunismus verfallen und auf die sozialistische Revolution verzichten.

Drittens schließt der in einem Land siegreiche Sozialismus keineswegs mit einem Male alle Kriege überhaupt aus. Im Gegenteil, er setzt solche voraus...

Erst nachdem wir die Bourgeoisie in der ganzen Welt und nicht nur in einem Lande niedergeworfen, vollständig besiegt und expropriiert haben, werden die Kriege unmöglich werden...

Wir sagen: Bewaffnung des Proletariats zum Zwecke, die Bourgeoisie zu besiegen, zu expropriieren und zu entwaffnen – das ist die einzig mögliche Taktik der revolutionären Klasse."[9]

Die Doppelzüngigkeit der sowjetischen Doktrinen

Diese Position ist trotz vieler Verschleierungsversuche bis zu Marschall Sokolowskis „Militärstrategie"[10], also bis heute, uneingeschränkt gültig geblieben. Sie wurde jedoch teils schon von Lenin, teils von seinen Nachfolgern durch weitere „Gesetze" und „Doktrinen" ausgebaut. Die wichtigsten sind:

- Die „*Imperialismustheorie*"[11]. Nach ihr verfallen die spätkapitalistischen Mächte vor ihrer Agonie einem Rausch der Expansion und des Kolonialismus, der zu ihrer „Selbstzerfleischung" führe, aber auch die Sowjetunion in „konterrevolutionäre Kriege" verwickeln könne.
- Die „*Lehre von der Unvermeidlichkeit des Krieges*". Sie ergibt sich aus der Imperialismustheorie.
- Die „*Pausentheorie*". Da Krieg und Frieden Phasen der Weltrevolution seien, gebe es zwischen den gewaltsamen Auseinandersetzungen friedliche „Pausen", die zur Wiederauffrischung abgenützter Klassenkampfkräfte nötig und für die Einschläferung des Klassenfeindes nützlich seien.
- Die „*Lehre vom gemeinsamen Weg*". Das Proletariat könne mit bürgerlich-fortschrittlichen Kräften bis zu einem gewissen Punkt einen gemeinsamen Weg gehen, sofern er sich der Weltrevolution nähere. Dies führt zur Taktik der „*Volksfront*", der „*friedlichen Koexistenz*" und der „*Verträge*" mit bürgerlichen Staaten.
- Die „*Fortschrittstheorie*". Sie besagt, daß bei gewaltsamen Auseinandersetzungen der geschichtlich jüngere, „fortschrittliche" Partner, auch wenn er die Weltrevolution noch nicht will (aber tatsächlich vorbereitet), „immer recht hat" und deshalb der Unterstützung durch die „proletarischen Mächte" bedarf. Das gilt auch für bürgerliche und nationalistische Revolutionen, wenn sie sich gegen Feudalismus, Kapitalismus, Kolonialismus und Imperialismus auflehnen.

- Die „*Lehre vom gerechten Krieg*". Sie hält folgerichtig die Weltrevolution und ihre Vorstufen für „gerecht", während „konterrevolutionäre" Kriege und Maßnahmen immer ungerecht seien und deshalb bekämpft werden dürften (vgl. die militärische Intervention 1968 gegen den „Prager Frühling").
- Die „*Widerspruchstheorie*". Die Stalinsche Verfassung vom Jahre 1936 hat verkündet, daß innerhalb der Sowjetunion die sozialistische Gesellschaft verwirklicht sei. Theoretisch bliebe als Widerspruch jetzt nur noch der Antagonismus zur kapitalistischen Weltrevolution übrig, die konsequenterweise zum Staatszweck der Sowjetunion erhoben wurde.
- Die „*Lehre von der Vermeidbarkeit des Krieges unter heutigen Verhältnissen*". Sie hat taktische Bedeutung (Pausentheorie), ist besonders zweideutig und soll die „Koexistenztheorie" seit Chruschtschow glaubhaft machen: Der XX. Parteitag vom Februar 1956 argumentierte, daß Lenins Leitsatz über die Unvermeidlichkeit der Kriege aus einer Periode stamme, in der der Imperialismus noch ein umfassendes Weltsystem darstellte und die am Krieg nicht interessierten gesellschaftlichen politischen Kräfte noch schwach und ungenügend organisiert gewesen seien. Jetzt jedoch gebe es das „sozialistische Weltlager", das kapitalistische Aggressionen in die Schranken weisen könne, und in den kapitalistischen Ländern selbst die „mächtige Bewegung der Friedenskämpfer"[12]. „*Unter den heutigen Verhältnissen*" habe die Arbeiterklasse die Macht, „*auf der Grundlage der Arbeitereinheits- und Volksfront und anderer möglicher Formen des Bündnisses*" die kapitalistische „*Staatsmacht ohne Bürgerkrieg zu erobern*". Jedoch „*für den Fall, daß die Ausbeuterklassen dem Volk gegenüber Gewalt gebrauchen sollten, muß man andere Möglichkeiten im Auge haben: die des nichtfriedlichen Übergangs zum Sozialismus*"[13].
- Die „*Breschnew-Doktrin*"[14]. Sie besagt, daß die Sowjetunion für die sozialistische Entwicklung und die Erhaltung ihres Besitzstandes verantwortlich sei, daß sie demnach das Recht habe, jede nationale und konterrevolutionäre Abweichung im sozialistischen Weltlager zu unterdrücken. Diese These von der *beschränkten Souveränität der kommunistisch gewordenen Staaten* gilt primär für alle Warschauer-Pakt-Staaten. Sie gälte aber

auch, wenn die Machtverhältnisse nicht dagegen sprächen, für Jugoslawien, Albanien und China, möglicherweise sogar für die halbrevolutionierten Araberstaaten und alle Weltgegenden – Mitteleuropa eingeschlossen –, in denen Unterdrückte die Sowjetunion um Hilfe bäten.

Enthüllend ist der Begriff *„nichtfriedlich“*. Mit ihm wird die Chruschtschowsche These von der „Vermeidbarkeit des Krieges“ wieder aufgehoben zugunsten der alten Leninschen These von der „Unvermeidlichkeit des Krieges“. Als „friedlicher Kampf“ wird die Phase der „friedlichen Koexistenz“ interpretiert. Der „unfriedliche Kampf“ bleibt nach wie vor die Alternative zur Kriegsvermeidung. Zwischen Regen und Traufe ist kaum ein Unterschied. Jeder sollte sich das merken, der sich Illusionen über den Charakter „friedlicher“ Absprachen und „Verträge“ mit kommunistischen Staaten macht.

Der „menschenfreundliche Kampf“

Lenin wußte, daß die Effizienz einer Streitmacht in dem Maße wächst, wie sich der Abstand zwischen der staatlichen und der Einzelmotivation verringert. Das gilt auch für die als „Militärstrategie“ umschriebene kommunistische Kriegs-Ideologie. Der Indoktrination durch ideologisch-politische Armeekommissare bot sich der „Klassenkampf“ als popularisierbarer Inhalt an. Immerhin ist es ein „Kampf“-Motiv, wenn auch ein politisiertes, das hier an die Stelle des normalmenschlichen Wehr-Motivs geschoben wird. Das zwingt dazu, den Begriff des „Kampfes“ kurz anzuleuchten.

Im überkommenen Sprachgebrauch versteht man unter *„Kampf“* ein Verhalten *innerhalb eines Krieges,* wobei Gründe und Absichten, die zum Krieg führten, mehr oder weniger unberührt bleiben. Gekämpft wird um taktische Ziele: um Flußübergänge, Höhen, Festungen. Von der traditionellen Kampfmotivation her gesehen, ist die Sowjetarmee so gut wie jedes ordentliche westliche „Militär“, dem sie typmäßig zuzurechnen ist. Ausbildung, Ausrüstung, Führung, Tradition und auch Erfolg schaffen Vertrauen und Prestige, diese Zuverlässigkeit und Einsatzbereitschaft. Spezifisch für die Sowjetarmee ist jedoch, daß sie statt der üblichen Wehr-Moti-

vation über eine indoktrinierte, ideologisierte, politisierte, *zusätzliche* Kampf-Motivation verfügt, eben über die Idee des Klassen-„Kampfs", die den Kampfbegriff qualitativ verändert. Der Kampf hat hier allgemeinen, strategischen Charakter, der „friedliche" oder „unfriedliche" Mittel zuläßt. *Krieg* wird also zu einem Geschehen *innerhalb des Kampfes*. Der *Kampf* geht weiter, auch wenn auf den *Krieg* zeitweise verzichtet wird.
Das sprachliche Geleise, das zu dieser Bedeutungsvariante führen konnte, war die schon früher im außermilitärischen Bereich übliche, übertragene Verwendung des Wortes, wobei es um Ehre, Recht, Beruf, Aufstieg, gelegentlich auch schon um politische Ziele wie Freiheit oder gar „um Rom"[15] ging. In der Etymologie des Wortes, die mit lat. „campus" in der Bedeutung „Platz für kriegerische und gerichtliche Zweikämpfe und sportliche Wettkämpfe" zusammengebracht wird, sind beide Möglichkeiten angelegt. Mitscherlich versucht sogar, zwischen *„Kampf"* (Wettkampf, Konkurrenzkampf, Lohnkampf, Klassenkampf) und *„Krieg"* bzw. *„Aggression"* präzis zu unterscheiden, da sie in verschiedenen Motivationszusammenhängen – Vernunft oder Trieb – ständen. *„Menschenfreundliche*[16], d. h. *„progressive Absichten werden also dem Kampf, destruktive, vernunftwidrige dem Krieg zugeschrieben."*[17] Nach Lage des sprachlichen, literarischen und propagandistischen Befundes werden wir im Bereich der kommunistischen Armeen also zwischen der normalen und der politisierten Kampf-Motivation zu unterscheiden haben.

Kommunisten, Klassenkampf und Vaterland

Wenn wir uns der frühproletarischen Auseinandersetzung mit dem Vaterland erinnern, so erhebt sich jetzt die Frage, wie sich dieses pseudorational ausgeklügelte Spätprodukt menschlicher Ideologisierung zum russischen Urgestein verhält. Ist es der Indoktrination gelungen, die aus Militärstrategie und Klassenkampfmoral zusammengeronnene Staatsmotivation mit der schweigenden Motivation der einzelnen in Einklang zu bringen? Wird die Gesamtideologie unter wirklichen Belastungen tragfähig sein? Man kann hier nur spekulieren. Aber man wird vermerken dürfen, daß die Sowjetideologie wiederholt in kritischen Lagen systemfremde Anleihen gemacht hat, und zwar aus Richtung Vaterland. *„Das sozialistische Vaterland ist in Gefahr“*, hieß es schon 1918 in einem Leninschen Dekret[18]. Als sich nach dem Ersten Weltkrieg die Weltrevolution nicht auf Anhieb verwirklichen ließ, hat Lenin (und später auch Stalin) erklärt, daß vorerst auch der *„Sozialismus in einem Land“*, nämlich Rußland, aufgebaut werden könne[19]. 1930 schreibt Stalin an den Dichter Demjan Bjedny: *„Die Revolutionäre aller Länder blicken voller Hoffnung auf die UdSSR als den Hort des Befreiungskampfes der Werktätigen der ganzen Welt und betrachten sie als ihr einziges Vaterland.“*[20] Und als die Sowjetunion 1941 durch den Vorstoß Hitlers lebensgefährlich bedroht wurde, hat Stalin die russischen Völker nicht zum „Klassenkampf“ aufgerufen, sondern zum *„Großen Vaterländischen Krieg“*, und zwar zum „zweiten“, damit zugleich das Traditionsbewußtsein als Element der Wehrmotivation beschwörend. Der erste Vaterländische Krieg hatte Napoleon wieder aus Rußland hinausgeworfen. So wird es bis heute in der sowjetischen Geschichtsschreibung dargestellt[21].

Auf Spekulationen angewiesen sind wir auch bei der Beurteilung der übrigen Motivationsformen im sozialistischen Weltlager. Drei Spielarten haben sich herausgebildet:

In einer *ersten* Gruppe scheinen ideologische Zielsetzungen und nationale Interessen, zumindest die Interessen der derzeitigen Regime, einigermaßen übereinzustimmen. Dazu gehört die Sowjetunion selbst, deren ideologische Außenpolitik weithin die Stoßrichtungen der früheren zaristisch-russischen und des Panslawismus übernommen hat; ferner Bulgarien, das in einer Tradition besonderer Beziehungen zu Rußland steht und das sich ideologisch wie nationalpolitisch mit den gleichen Problemfällen herumzuschlagen hat, nämlich mit Jugoslawien und Griechenland. Vielleicht gehört hierher auch der ostdeutsche Partner, über den noch zu sprechen sein wird.

In einer *weiteren* Gruppe, in Polen, Ungarn, der Tschechoslowakei, Rumänien und Litauen, verschaffen sich von Zeit zu Zeit nationale Interessen Gehör, können sich aber gegen den ideologisch-machtpolitischen Überdruck des von der Sowjetunion geführten Lagers nicht oder nur in sehr begrenztem Rahmen behaupten.

In einer *dritten* Gruppe setzen sich die nationalen Traditionen durch: Jugoslawien, Albanien und China gehen „eigene Wege zum Sozialismus“ und sind innerhalb der kommunistischen Welt souverän geblieben. Hohes kulturelles Alter – so im Falle Chinas – dürfte dabei ebenso im Spiel sein wie überkommene Geübtheit im Umgang mit fremden Herren. Es fällt auch auf, daß mit der Partisanenfähigkeit die Chance der Eigenständigkeit zu wachsen scheint. Jenseits solcher Vermutungen wird man jedoch als gesicherte Faktoren der Motivlage diese registrieren dürfen:

- Die Aufstände in der Sowjetischen Besatzungszone Deutschlands (1953), in Polen (1956 und 1970), in Ungarn (1956), in der Tschechoslowakei (1968) und in Litauen (1972) beweisen, daß unterhalb der offiziellen ideologischen Decke nationale und freiheitlich-demokratische Motivationen erhalten geblieben sind.
- Indoktrination und Terror haben es nicht vermocht, die Einheit des sozialistischen Lagers zu garantieren und den „Polyzentrismus“ zu verhindern.

Die vier Schichten der Gesamtmotivation

Ein Rückblick ergibt, daß sich die Gesamtmotivation einer Streitkraft in vier Schichten oder Bewußtheitsstufen aufbaut, deren zwei untere überwiegend die Motivation der einzelnen ausmachen, während die zwei oberen im wesentlichen mit der Motivation des Staates, unter Einschluß von Armee und Volk (Gesellschaft), identisch sind:

- Die unterste Schicht (I) ist das uralte, auf Überleben, Landerhalt und Menschsein zielende defensive *„Wehrmotiv“*, das heute meist auf nationalen Eigenstand bedacht ist. Es hat zum Allgemeinen Aufgebot geführt und ist im Miliz-Typ und im vorideologischen Partisanentum immer noch wirksam. Ursprünglich spontan und emotional, dann aber reflektiert, wird es heute mit den Werten Leben, Menschenwürde, Freiheit, Recht, Land in Verbindung gesehen. In sozialistischen Systemen wird es beargwöhnt und verdrängt, weil sich hier die Empörung über die Gewaltherrschaft immer zunächst in der Gestalt des *nationalen Protestes* Luft macht.

- Darüber lagert die *„traditionelle Kampf-Motivation“* (II), die als Schicksalsgemeinschaft der Betroffenen (Kameradschaft) *„innerhalb des Krieges“* zum Zuge kommt, unabhängig von den Gründen, die zu ihm geführt haben. Sie ist eine wesentliche Voraussetzung für die Schlagkraft des Militär-Typs.
- Zur dritten Schicht (III) gehört die *„politisierte Kampf-Motivation“*, für die „Kampf“, etwa der Klassenkampf, zum politischen Gesamtverhalten wird. Hier wird abwechselnd mit *„friedlichen“* und *„unfriedlichen“* Mitteln gearbeitet. *„Krieg“* ist hier ein Vorgang *„innerhalb des Kampfes“* und dessen mögliche Konsequenz. Diese Schicht soll in sozialistischen Streitkräften die verdrängte unterste Schicht ersetzen, weshalb denn auch Kriege als „nationale Befreiungskriege“ oder „Volkskriege“ und Armeen als „nationale Volksarmeen“ deklariert werden. Indoktrinierter Haß soll dieser pseudo-rational ausgeklügelten, synthetischen Motivation von oben die Kraft der Emotionalität sichern. Die „politisierte Kampf-Motivation“ kann selbstverständlich auch in anderen ideologisierten Systemen („Rassenkampf“) vorkommen, sie fehlt aber in den Armeen der freiheitlich-demokratischen Welt.
- In der obersten Schicht (IV) befindet sich die *„Staats-Konzeption“*, die im Osten die Form einer pseudorationalen „Kriegs-Ideologie“ (wissenschaftlich umschrieben als „Militär-Strategie“), im Westen die Form einer rationalen Verteidigungsmotivation annimmt.

Der Fall der NVA

Unter diesen vier Gesichtspunkten nimmt die „Nationale Volksarmee“ (NVA) in der DDR[22] eine Sonderstellung ein. Verhältnismäßig wenig Fragen werfen die Schichten (IV) und (II) auf. Im Sozialistischen Lager steht die „Nationale Volksarmee“ der DDR der offiziellen Sowjetideologie sicher am nächsten. An „traditioneller Kampfmotivation“ dürfte sie mancher westlichen Streitkraft überlegen sein, weil sie aus geographischen und Zweckmäßigkeitsgründen bedenkenlos an die diesbezüglichen preußischen Überlieferungen anknüpft. Schwieriger wird die Beurteilung der Schichten

(III) und (I). Unter Berücksichtigung der deutschen Spaltung und des instinktiv abgelehnten „Bruderkriegs" erhält die „politisierte Kampfmotivation", der Klassenkampf, eine zusätzliche, national gefärbte Deutung. „Brüder" – so heißt es im bekannten Propagandajargon – seien zunächst einmal die Klassenangehörigen, nicht Menschen, zu denen mehr oder weniger zufällige geschichtliche, kulturelle, sprachliche und verwandtschaftliche Beziehungen bestünden. Bei einem etwaigen „unfriedlichen" Antagonismus zur Bundesrepublik gelte, unabhängig vom Anlaß des Konflikts, der „erste deutsche Friedensstaat" in jedem Falle als „angegriffen", würden in Wahrheit sozialistische Klassenkämpfer mit „hassenswerten"[23] westdeutschen Imperialisten konfrontiert, nicht Deutsche mit Deutschen. Selbst der als „Befreiungskrieg" verbrämte „Präventivkrieg" wäre ein „gerechtes" Mittel des politischen Kampfes.

Am undurchsichtigsten ist die Lage in der verdeckten untersten Schicht (I), in der sich das zunächst unreflektierte Bedürfnis nach persönlicher und nationaler Freiheit regt. Wenn die alte Regel stimmt, daß sich die Flüchtlingsströme stets in Richtung der größeren Menschlichkeit bewegen, so wäre hier immer noch mit einer erheblichen Substanz zu rechnen. Andererseits ist die Generationsfolge zu berücksichtigen. Es kann sein, daß die jüngeren Generationen, denen die Vergleichsmaßstäbe fehlen, sich leichter mit der vorgefundenen Lage abfinden und in ihr sogar Vorteile erblicken. Die Wohlstandsatmosphäre der Bundesrepublik hält nicht jedem moralischen Vergleich stand. Wirtschaftlicher Erfolg, Hebung des Lebensstandards, die besondere Rolle, die Lenin dem deutschen Proletariat bei der Weltrevolution zuwies, und die inzwischen errungene Geltung im Ostblock können sehr wohl dem nationalen Prestigebedarf entgegenkommen.

Dabei sind die Eigenheiten des deutschen Nationalcharakters zu bedenken. De Gaulle sprach nicht ganz ohne Grund von „deutschen Völkern". Denn eine „unteilbare" deutsche Nation im französischen Sinne hat es nie gegeben. Vielmehr hat die deutsche Nation im Verlauf der Geschichte eine Reihe von Töchtern ohne anhaltende Trauer in die Mündigkeit entlassen: 1648 die Niederlande und die Schweiz, 1866 Luxemburg und Österreich. Warum sollte sich der Vorgang nicht wiederholen können? Es wird alles davon abhängen, mit welchem Erfolg es der Indoktrination[24] gelingt, auf den Wurzeltrieb der Urmotivation die klassenkämpferische Haß-Motivation aufzupfropfen. Prognosen sind unmöglich.

Der Maoismus

Motivationsgeschichtlich war es fast immer die Auseinandersetzung mit dem „Vaterland“, die den Marxismus zu Abwandlungen zwang. Die ältere Sozialdemokratie kam um den Vaterlandsbegriff nicht herum, auch der Sowjetkommunismus benutzte ihn. Spätestens seit dem Zweiten Weltkrieg ist in Ostasien ein drittes Treffen im Gang. Mit der Volksrepublik China wuchs das sozialistische Lager auf ein Drittel der Erdbevölkerung an. Sie berief sich zu Recht auf den *„Marxismus-Leninismus-Stalinismus“*, den der *„Maoismus“* in orthodoxer Reinform weiterentwickelte. Wenn es trotzdem zu Spannungen und schließlich zur Distanzierung vom Sowjetismus kam, so hat dies weniger ideologische denn machtpolitische Gründe. Die marxistische Sowjetunion und die marxistische Volksrepublik China stritten sich höchstens darüber, wer die „Schönste“ im ganzen Lager sei. In Wirklichkeit waren es Rußland und China mit ihren verschiedenen politischen Traditionen und ihren verschiedenen Motivationen, die aneinander gerieten[25].
Es war undenkbar, daß sich ein altes Kulturvolk von der dreifachen Stärke der Sowjetunion auf die Dauer von den „westlichen Barbaren“ ins Schlepptau nehmen ließ[26]. Gegeneinander standen der „etablierte“ Sowjetkommunismus, der inzwischen „Errungenschaften“ zu verteidigen, „imperialistische“ Allüren angenommen hatte und deswegen aus taktischen Berechnungen das „Stalinismus“-Element aus dem ideologiegeschichtlichen Konglomerat herausnahm, und der kommunistische „Habenichts“ China, der nur gewinnen konnte und deshalb kompromißlos auf der „Urlehre“ beharrte. Es ist auch nichts Neues in der Marxismus-Geschichte, daß die Jüngeren die Älteren „Revisionisten“ und „Opportunisten“ heißen. Vielleicht ist Mao noch in einer anderen Weise dem Beispiel Lenins gefolgt: diesem war der Marxismus zur Intensivierung des russischen Terrorismus willkommen, jenem

vielleicht nur zur chinesischen Emanzipation vom Westen einschließlich Rußlands[27].

Der „Welt-Kleinkrieg"

Einer der wichtigsten Streitpunkte zwischen der Sowjetunion und China liegt in der Frage, *wo* sich heute der Schwerpunkt des Klassenkampfes befindet. Nach chinesischer Auffassung liegt er nicht in der Auseinandersetzung der etablierten Führungsmächte Sowjetunion und Vereinigte Staaten, sondern in den nationalen Emanzipationsbewegungen der Dritten Welt: *„Die entscheidende Kraft des Kampfes gegen den Imperialismus ist nicht das von der Sowjetunion geführte sozialistische Weltsystem, nicht der Kampf der internationalen Arbeiterklasse, sondern eben die nationale Befreiungsbewegung".* – *„In den weiten Gebieten Asiens, Afrikas und Lateinamerikas konzentrieren sich die verschiedenen Arten von Widersprüchen in der gegenwärtigen Epoche; ... die ganze Sache der internationalen proletarischen Revolution hängt letztlich von den revolutionären Kämpfen der Völker in diesen Gebieten, der überwältigenden Mehrheit der Weltbevölkerung ab."*[28]
Mao ging unmittelbar von den Erfahrungen des chinesischen Bürgerkrieges aus, in dem die Städte vom flachen Land her eingeschlossen wurden, und übertrug die daraus gewonnene Strategie auf die ganze Welt, zunächst natürlich auf die Nachbarn Vietnam, Thailand, Indonesien und Indien. Die Weltrevolution wird so zu einer Auseinandersetzung der *„ländlichen"*, *„präurbanen"* Dritten Welt mit den *„Stadt"*-Kulturen Europas und Nordamerikas[29]. Sie findet in der Form örtlich-nationaler „Volksaufstände", zusammengefaßt in einer Art „Welt-Kleinkrieg"[30] statt.

Partisanen-Typologie

Damit sind wir beim Problem des modernen Partisanentums[31] angelangt. Es fällt auf, daß alle Varianten des Kleinkriegertums über besonders intime Beziehungen zum „Land", zu jeweils „ihrem Land", gleichsam über einen „tellurischen Charakter"[32] verfügen. Das wiederum rückt das Partisanentum in die Nähe der Urtypen jeden Streitertums. Wollen wir sein Geheimnis ergründen, müssen wir zunächst einmal seinen Ort in einer modernen Kriegslehre[33] und einer allgemeinen Typologie der Streitkräfte bestimmen.

Im Frühlicht der Geschichte werden zwei Streitertypen sichtbar, für die beide es – letzlich aus Hunger – „um Land“ ging, entweder um „Landnahme“ oder um „Landwehr“. Die einen suchten das Land noch, die anderen hatten es schon. Beide formierten sich – zunächst spontan – als „Horde“ oder als „allgemeines Aufgebot“, als *„Krieger“* (was etymologisch „Erwerber“ von Land bedeutet) und *„Wehrer“*. Fanden nun die „Wehrer“ zu ihrem eigenen Staat, so entwickelte sich das spontane allgemeine Aufgebot zu einer organisierten *„Miliz“*, einem Typus, den wir heute noch in der Schweiz und in Israel verhältnismäßig rein vorfinden. Kam es aber nicht zur eigenen Staatlichkeit oder gar zur Fremdherrschaft (wie in den türkischen Eroberungsgebieten des Balkan), dann isolierte sich das *„Partisanentum“* heraus. – Erlangte die Horde später durch Entdeckung oder Eroberung eigenes Land, so wurde sie zur Landwehr, behielt aber gewöhnlich ihre Kriegertraditionen bei. Die Mischung zwischen Allgemeiner Wehrpflicht und Berufssoldatenkernen macht den heutigen Normaltypus des *„Militärs“* aus. Hatte die Landsuche aber keinen Erfolg, so kristallisierte sich Kriegerhirtentum, *Wanderkriegertum* (Völkerwanderung), häufig „ewiges“ und „absolutes Kriegertum“ heraus. Mit der Verteilung der Erde und der Entstehung fester Grenzen stirbt dieser Typus schließlich aus. Mentalitätsmäßig aber lebt er weiter im Condottierewesen, im Landsknechts- und Söldnertum. Eine moderne Wiedergeburt sind die *„Legionen“*, die an vielen Stellen der Erde unterhalten werden. Wer seine Lebensbasis verliert oder sich in einem gestörten Verhältnis zu seinem Land befindet, geht in die „Fremdenlegion“. – Nach dem Gesetz, daß der Kampfstil vom Gegner bestimmt wird, stellen daneben moderne Armeen vom Typus des Militärs noch *„Sonderverbände“* zur Bewältigung besonderer Aufgaben auf: „Paras“, „Ledernacken“, Anti-Guerillas, Kommandotruppen. – Eine *moderne Typologie* hat also mit zwei Normalvarianten, der *„Miliz“* und dem *„Militär“*, zwei isolierten Grenzvarianten, dem *„Parti-*

sanentum" und der „*Legion*" sowie mit den „*Sonderverbänden*", zu rechnen.

Kehren wir nach diesem Exkurs wieder zu unserer Frage nach der Motivation des modernen Partisanentums zurück. Hier scheint nicht der Marxismus, wie das bei der frühen Sozialdemokratie und beim russischen Kommunismus der Fall war, den Vaterlandsbegriff in Kauf zu nehmen oder zu benützen; es sieht vielmehr so aus, als ob umgekehrt der partisanisch-vaterländische Impuls den marxistischen Kommunismus in seinen Dienst stellte. Auch das heutige Partisanentum wurzelt noch in der Urmotivation, es differenziert sich erst nach der „politisierten Kampfmotivation", mit der es zusätzlich ausgestattet wird:

- Es gibt sicher noch Reste von *Urpartisanen*, die sich einfach „*wehren*", vielleicht sind die nichtkommunistischen griechischen Partisanen des Zweiten Weltkriegs und die Südtiroler Aufständischen der sechziger Jahre die letzten Nachzügler.
- Es gibt *nationalistisch-antikommunistische Kleinkrieger* (die zypriotische EOKA unter Grivas)[34] und *nationalkommunistische Rebellen* (Algerier, Palästinenser[35] und andere Araber).
- Es gibt *kommunistische Partisanen* sowjetischer, maoistischer, titoistischer, albanischer und anarchisch-utopischer (lateinamerikanischer)[36] Prägung.
- Es gibt *Land-* und in jüngerer Zeit *Stadtpartisanen*[37].
- Es gibt immer noch schweifende Söldner[38] und ein ideologisiert-wiederbelebtes *Schweiferkriegertum* (Internationale Brigaden, kommunistische Balkanpartisanen in und nach dem Zweiten Weltkrieg)[39], das unter Vortäuschung lokaler Verbundenheit weltrevolutionäre Ziele wo auch immer verfolgt.
- Und es gibt im Verband des regulären „Militärs" „*Antipartisanen*" (Sonderverbände, Special Forces, „Counterguerillas", Kommandotruppen), deren Schwäche es freilich ist, daß sie sich nach Mao nicht „*im Volk wie ein Fisch im Wasser bewegen*"[40].

Die Kriegsgeschichte seit 1945 ist gesättigt mit bewaffneten Auseinandersetzungen, die alle mehr oder weniger dem Kleinkriegstypus zuzuzählen sind. Es ist denkbar, daß die menschliche Einsicht in die Unsinnigkeit des Atomkrieges im Zugzwang zu dieser Alternative nicht zum Frieden, sondern zum erdballumspannenden Kleinkrieg führt, der gleichzeitig zu einer sozialgeschichtlichen

Auseinandersetzung würde zwischen Habenichtskriegern und etabliertem Militär: „*In einer Zeit des nuklearen Patts wird diese Art der Kriegführung die wahrscheinlichste von allen, und die Kosten zur Beherrschung ihrer Technik scheinen gering zu sein.*“[41]
Möglicherweise entpuppt sich das Kleinkriegertum als eine der Regelformen, wenn nicht als *die* Regelform moderner Konfliktaustragung. In diesem Fall müßte es sich nach den „vier Schichten der Gesamtmotivation“ spezifizieren, wie sie oben für das Krieger- und Soldatentum entwickelt worden ist. Anthropologen stellen sogar die Frage nach den Folgen für Sozialmoral und Ethik, die durch bestimmte Arten der Kriegführung ausgelöst würden. Bei aller Grausamkeit des Kleinkriegs dürfte der ethische Rigorismus und die Armut mancher Rebellengruppen, der Asketismus der Vietkong, Ho Chi Minhs Verständnis der „*Moral als Waffe*“ nicht übersehen werden: „*Hier scheint man geradezu das Geheimnis jeder überzeugenden Moral wiederentdeckt zu haben: die Entsagung ...*“[42] „*Jedoch muß beachtet werden, daß die Kampftaktik und -technik des Partisanenkrieges eine neue Moral erzwingt und erzeugt ...*“[43]
Der Leser sollte die Frage nach der „überzeugenden Moral“ nicht sofort wieder verdrängen, denn sie öffnet Einblicke in verschüttete Hinterräume. Sie sollte als Test- und Gretchenfrage an *alle* Motivationen gestellt werden, auch an die der Freien Welt[44]. Die letzte Glaubwürdigkeit liegt aber nicht im reinen Tatbestand des Verteidigens, sondern im *Bewußtsein von Wert und Inhalt dessen, was verteidigt werden soll.* Jedenfalls sollten wir uns nicht zu der Folgerung verleiten lassen, die Jean Lartéguy, der Autor der in Vietnam und Algerien spielenden Romane „Zenturionen“ und „Prätorianer“, einem französischen Offizier in den Mund legt[45]: „Vielleicht könnten wir den Zusammenbruch ... verhindern, indem wir uns selbst in Barbaren verwandeln ... indem wir uns zu Kommunisten machen.“

Anmerkungen

[1] Helmut Schoeck: Der Neid. Eine Theorie der Gesellschaft. Freiburg 1966.

[2] Vgl. Winfried Martini: Wehrmotiv heute. In: Wehrkunde 12/1958, S. 653–661; Ludwig Schulte: Wehrmotive und Kampfmoral. Versuch einer begrifflichen Unterscheidung. In: Wehrkunde 10/1968, S. 515–520; Ludwig Schulte: Verteidigung im Frieden, Frankfurt a. M. 1968, bes. S. 116–125.

[3] Vgl. Johannes Gaitanides: Passion Europa. Variationen über ein fast schon konservatives Thema. Stuttgart (1956), S. 7–12: Idee contra Ideologie.

[4] Karl Marx, Friedrich Engels: Manifest der Kommunistischen Partei. Reclams Universalbibliothek 8323.

[5] Reinhard Höhn: Sozialismus und Heer, 3 Bände. Berlin ^{2}1961 ff.; Reinhard Höhn: Die Vaterlandslosen Gesellen. Bd. I, Köln 1964.

[6] Friedrich Engels: Der deutsche Bauernkrieg. 1850, Neuausgabe: Berlin (Ost) 1955; Friedrich Engels: Zur Geschichte und Sprache der deutschen Frühzeit. Neuausgabe: Berlin (Ost) 1952; August Bebel: Der deutsche Bauernkrieg. Braunschweig 1876; August Bebel: Nicht stehendes Heer, sondern Volkswehr. Stuttgart 1898.

[7] Vgl. Karl Kautsky: Wehrfrage und Sozialdemokratie. Berlin 1928; Max Adler: Der Arbeiter und sein Vaterland. Marxistische Bemerkungen über bürgerliches und proletarisches Wehrsystem. Berlin 1929; Hermann Heidegger: Die deutsche Sozialdemokratie und der nationale Staat 1870–1920. Göttingen 1956.

[8] Lenin: Werke. Moskau 1946, Bd. II.

[9] Lenin, Bd. I, S. 876.

[10] Zum folgenden vgl. W. D. Sokolowski (Hrsg.): Militärstrategie. Deutsche Übersetzung der dritten russischen, verbesserten und ergänzten Auflage, eingeleitet von Oberst i. G. Dr. Johannes Gerber, Köln 1970.

[11] Lutz Köllner: Der Imperialismus in marxistischer Sicht. In: Aus Politik und Zeitgeschichte, Beilage zur Wochenzeitung Das Parlament, v. 20. 7. 1964.

[12] Oberst N. Sauschko: W. I. Lenin über das Wesen, die Ursachen und den Charakter der Kriege. Deutsche Übersetzung in: Die Volksarmee, Nr. 9/1958, S. 4.

[13] Erklärung der Beratung von Vertretern der Kommunistischen und Arbeiterparteien der sozialistischen Länder. Moskau 14.–16. 11. 1957 (nach ADN).

[14] Boris Meissner: Die Breschnew-Doktrin, Köln 1969.

[15] Felix Dahn: Kampf um Rom. 1876.

[16] Diese Formulierung hat Mitscherlich von Bloch übernommen. Vgl. Ernst Bloch: Widerstand und Friede. Manuskript der Rede für die Verleihung des Friedenspreises des Deutschen Buchhandels. In: FAZ v. 17. 10. 1967.

[17] Alexander Mitscherlich: Die Idee des Friedens und die menschliche Aggressivität. Frankfurt a. M. 1970, S. 111.

[18] J. M. Shukow u. a.: Weltgeschichte. Bd. 10, deutsche Ausgabe, Berlin (Ost) 1968, S. 118.

[19] Vgl. J. Stalin: Fragen des Leninismus. Moskau 1947, S. 169ff.

[20] Stalin: Werke. Deutsche Ausgabe, Berlin (Ost) 1951–55, Bd. 13, S. 21.

[21] Stalin: Über den großen Vaterländischen Krieg der Sowjetunion. Moskau 1947. Vgl. Walter Markov: Weltgeschichte. Die Länder der Erde von A–Z. Leipzig 1965, S. 742, 756, 763, 767; Shukow, a. a. O., Bd. 6, 1969, S. 113, Bd. 10, 1968, S. 113 ff.

[22] Zum folgenden vgl. Thomas M. Forster: NVA. Die Armee der Sowjetzone. Köln 1966; Walter Rehm: Der NVA-Soldat und sein Vaterland. In: Wehrkunde, 9/1970, S. 444–449; Dietmar Kreusel: Nation und Vaterland in der Militärpresse der DDR. Stuttgart 1971.

[23] Zu Haßmotivation und Feindbild der NVA vgl. Erich Honecker: Unter dem Banner des Internationalismus. Ausgewählte Reden und Aufsätze. Berlin (Ost) 1972; Erich Honecker: Zuverlässiger Schutz des Sozialismus. Ausgewählte Reden und Schriften zur Militärpolitik der SED. Berlin (Ost) 1972; Lothar v. Balluseck: Die guten und die bösen Deutschen. Das Freund-Feind-Bild im Schrifttum der DDR. Bonn-Bad Godesberg 1972; Olga M. Prawossudowitsch: Freund und Feind in den Kinder- und Jugendzeitschriften der DDR. Bonn-Bad Godesberg 1972; Reinhard Günther: Feindbild Bundesrepublik. Bonn-Bad Godesberg 1973.

[24] Ein gutes Beispiel für die Indoktrinationspraxis ist der in der NVA verbreitete und von dem NVA-Offizier Walter Flegel geschriebene Tendenz- und „Erziehungs"roman: Der Regimentskommandeur. Deutscher Militärverlag, Berlin (Ost) 1972. (Flegel erhielt für diesen Roman den „Theodor-Körner-Preis".) Vgl. auch Generaloberst Scheltow: Soldat und Krieg. Deutsche Bearbeitung von G. Bruderer. Bern 1972, S. 10f.

[25] Vgl. Heinrich Bechtold: Die Allianz mit der Armut. Chinas Revolutionsstrategie gegen Rußland und Amerika. Freiburg 1968; Wolfgang Leonhard: Die Dreispaltung des Marxismus. Düsseldorf 1970.

[26] Vgl. „Worte des Vorsitzenden Mao Tse-tung". Deutsche Ausgabe, Peking 1967. Bedeutenden Anteil an Maos Denken hat der „Traktat über die Kriegskunst" des „chinesischen Clausewitz" Sun Tzu, um 550 v. Chr. (englischsprachige Ausgabe: Sun Tzu: The Art of War. Translated by Lionel Giles. Harrisburg 1944, dt.: Die dreizehn Gebote der Kriegskunst. München 1972). – Vgl. auch Kou Heng-Yü: China und die Barbaren. Eine geistesgeschichtliche Standortbestimmung. Pfullingen 1968.

[27] Vgl. Heinrich Bechtold: Chinas Revolutionsstrategie. München 1965 (dtv).

[28] Peking Review v. 25. 10. 1963, S. 10; Peking Review v. 21. 6. 1963, S. 9 (zitiert nach Robert D. Crane: Der chinesisch-sowjetische Disput über den Krieg. In: Europa-Archiv, 24/1964).

[29] Vgl. Robert D. Crane, a. a. O., Hans Jürgen Eitner: Mao Tse-tungs Kriegsphilosophie. In: Schweizer Monatshefte 41/1961; Mao Tse-tung: Theorie der Guerillakriege. rororo 886, 1966; Werner Hahlweg: Typologie des modernen Kleinkrieges. Wiesbaden 1967, S. 39ff.

[30] Vgl. Hahlweg; Typologie, a. a. O., S. 39.

[31] Problemübersichten bei Carl Schmitt: Theorie des Partisanen. Berlin 1963; Joachim Schickel (Hrsg.): Guerilleros, Partisanen. Theorie und Praxis. Reihe Hanser 42, 2. Aufl., München 1970; Lewis Gann: Guerillas in History. Hoover Institution Press, Stanford, Californien, 1971; Werner Hahlweg: Guerilla. Krieg ohne Fronten. Stuttgart 1968; Werner Hahlweg: Lehrmeister des Kleinen Krieges von Clausewitz bis Mao Tse-tung und Che Guevara. Darmstadt 1968.

[32] Schickel, a. a. O., S. 217.

[33] Anregungen gibt Bert V. A. Röling: Einführung in die Wissenschaft von Krieg und Frieden. Neukirchener Verlag, Neukirchen-Vluyn 1970; Originalausgabe: Inleiding tot de Wetenschap van oorlog en vrede. Van Gorcum & Comp. nv., Assen 1968.

[34] Georgios Grivas-Dighenis: Partisanenkampf heute. Lehren aus dem Freiheitskampf Zyperns. Mit einer Einführung von Eugen Weyde. Frankfurt 1964; Eugen Weyde: Die trojanische List. Zur Theorie und Praxis der unkonventionellen Kriegführung, Köln 1965.

[35] Rolf Tophoven: Fedayin. Guerilla ohne Grenzen. Die israelischen Konter-Guerilla. Frankfurt a. M. 1975.

[36] Hein Rudolf Sonntag (Hrsg.): Che Guevara und die Revolution. Frankfurt a. M. 1968 (Fischerbücherei); Jean Lartéguy: Guerillas oder der vierte Tod des Che Guevara. Gütersloh 1968.

[37] Alex Schubert: Stadtguerilla. Tupamaros in Uruguay. Berlin 1971; H.-J. Müller-

Borchert: Guerilla im Industriestaat. Hamburg 1973; Ernesto Che Guevara: Stadt-Guerilla. In: Schickel, a.a.O., S. 175–177.

[38] Vor dem Militärgericht in Khartum begann am 2. August 1971 ein Prozeß gegen den aus Deutschland stammenden Söldnerführer Rolf Steiner. Er wurde angeklagt, im Südsudan sezessionistische Rebellen in der Kleinkriegführung ausgebildet zu haben. Er hatte 15 Jahre lang in der französischen Fremdenlegion gedient und sich nach Einsätzen in Vietnam und Algerien „selbständig" gemacht. Er nahm dann Dienste in der Armee der abgespaltenen nigerianischen Ostregion Biafra und im Südsudan an. Beim Versuch, nach Uganda überzuwechseln, wurde er verhaftet und an Khartum ausgeliefert. Vgl. den Artikel „Krieg als Lebensinhalt". In: Münchner Merkur v. 2.8.1971, S.4 (nach dpa).

[39] Zu ihrer Mentalität vgl. Nikos Kazantzakis: Brudermörder. Roman, deutsch von F. A. Herbig, München 1969.

[40] Zitiert nach Jean Lartéguy: Die Prätorianer. Deutsch von Werner von Grünau, Bonn 1962, S. 22, einem französischen Offiziersroman, der sich wiederholt mit Mao auseinandersetzt.

[41] Time v. 24.5.1963. Zitiert nach Arnold Gehlen: Vom Einfluß des Kriegswesens auf die Sozialmoral. In: Merkur, Deutsche Zeitschrift für europäisches Denken, 9/1963, S. 889.

[42] Gehlen, a.a.O., S.888.

[43] Gehlen, a.a.O., S.889. Vgl. auch Arnold Gehlen: Moral und Hypermoral. Eine pluralistische Ethik. Frankfurt a.M. 1969; Heinrich Bechtold: Allianz mit der Armut, a.a.O.; O.J. Hartmut: Priestertum und Zölibat. Jede Höherentwicklung ist an Verzichte und Opfer gebunden. In: Die Kommenden 10/1970.

[44] Glücklicherweise mußte die Freie Welt sich bisher nur partiell der Herausforderung des Weltkleinkriegs stellen. Die gemachten Erfahrungen reichen nicht für eine Darstellung der Motivlage des Westens, die jedoch Forschungsziel bleiben sollte. Vorerst sei hingewiesen auf:

- „Mayer-Report" – Interview mit Major William E. Mayer zum Thema „Warum haben zahlreiche amerikanische Kriegsgefangene in koreanischer Gefangenschaft nachgegeben?" In: US News and World Report v. 24.2.1956 (Deutsche Übersetzung: Bundesministerium der Verteidigung Fü I 4, Az. 35-20-17-01, Bonn 1.9.1959).
- Jean Lartéguy: Die Zenturionen. Deutsch von Werner v. Grünau, Bonn [4]1961.
- Jean Lartéguy: Die Prätorianer. Deutsch von Werner v. Grünau, Bonn 1962. – Beide Romane Lartéguys gestalten Schicksale französischer Offiziere in Vietnam und Algerien, „in einer Welt ... die durchaus real ist" (aus dem Vorwort der Prätorianer).
- Charles Moskos Jr.: Eigeninteresse, Primärgruppen und Ideologie. Eine Untersuchung der Kampfmotivation amerikanischer Truppen in Vietnam. In: Beiträge zur Militärsoziologie, hrsg. von René König, Sonderheft 12, Köln 1968.
- Walter Heynowski und Gerhard Scheumann: Piloten im Pyjama. Im Auftrag des Deutschen Fernsehfunks, Berlin (Ost) 1968. Westdeutsche Lizenzausgabe: München 1969. – Diese „Dokumentation" in östlicher Sicht befaßt sich mit dem Verhalten amerikanischer Piloten in vietnamesischer Gefangenschaft.

[45] Lartéguy: Zenturionen, a.a.O., S.437.

OTTO KIMMINICH

Von der Bändigung des Krieges zum Postulat des Friedens

Wandlungen des Völkerrechts

„*Finis belli pax est.*" Kaum ein anderes Schlagwort gibt die Einstellung des klassischen Völkerrechts zum Kriegsproblem so prägnant wieder wie dieses. Jedoch würde man es völlig mißverstehen, wenn man daraus folgerte, daß das klassische Völkerrecht einen Friedensautomatismus postulierte, indem es den Zustand, in dem die Waffen schwiegen, automatisch gleichsetzte mit dem Zustand des Friedens. Hinter der im Indikativ gehaltenen Aussage des eingangs zitierten Satzes verbirgt sich vielmehr eine Rechtsnorm, deren Gültigkeit in der gesamten Periode des klassischen Völkerrechts unbestritten blieb: am Ende des Krieges war der Rechtszustand des Friedens wiederherzustellen. Der den Krieg beendende Rechtsakt leitete die Beziehungen zwischen den bis dahin kriegführenden Staaten vom Rechtszustand des Krieges in den Rechtszustand des Friedens über, gehörte aber seinerseits bereits dem letzteren an.

Versagen des Völkerrechts?

Aus dieser Normierung ergeben sich wichtige Einblicke in das klassische Völkerrecht und sein Friedensbild. So wird vor allem deutlich, daß in der Dogmatik des klassischen Völkerrechts Krieg und Frieden als Rechtszustände sozusagen gleichberechtigt nebeneinanderstehen, ohne daß eine moralische Wertung vorgenommen wird. Genau dies war ja die erste Leistung der neuen Wissenschaft, die sich mit der fälschlich als „Völkerrecht" bezeichneten Normenordnung befaßte: sie setzte dem jahrhundertealten Streit über den gerechten Krieg – der spätestens seit der Einführung des Begriffs des beiderseits gerechten Krieges[1] unfruchtbar geworden war – ein Ende. In einer Normenordnung, die nichts weiter erstrebte, als die Beziehungen zwischen den Souveränen zu regeln, und daher die Souveränität zum Fundament hatte, war es selbstverständlich, daß keine höhere Instanz berechtigt war, die Entscheidung des Souveräns für Krieg oder Frieden nachzuprüfen; denn die Souveränität war die Bestätigung und rechtliche Fixierung des bereits seit dem späten Mittelalter erhobenen Anspruchs einzelner Territorialherren, „keinen Höheren über sich anzuerkennen". Folgerichtig wurde das Recht zum Kriege *(jus ad bellum)* zum Zentralbegriff des klassischen Völkerrechts, und der Wandel, der sich seit dem Ende der Periode des klassischen Völkerrechts vollzieht, kann ebenso folgerichtig an dem schrittweisen Abbau des jus ad bellum seit Inkrafttreten der Völkerbundsatzung gemessen werden. Anders ausgedrückt: der Wandel des Völkerrechts ist zugleich ein Wandel seines Friedensbildes.

Das grundsätzlich werturteilsfreie Nebeneinanderstellen von Krieg und Frieden als zwei Rechtszuständen, für die jeweils unterschiedliche rechtliche Normierungen gelten, ist von Kritikern des klassischen Völkerrechts als welthistorisches Versagen jener Normenordnung sowie ihrer Schöpfer und Interpreten gedeutet worden. Der Vorwurf ist schwerwiegend; denn das klassische Völkerrecht ist nach einhelliger Meinung der Kulturhistoriker eine Frucht europäischen Denkens und wurde nicht ohne Grund noch in Art. 7 des Pariser Friedensvertrags von 1856 als „jus publicum europaeum" bezeichnet. Der Vorwurf des welthistorischen Versagens würde damit Europa und den europäischen Geist an seiner Wurzel treffen. Der Vorwurf ist auch aktuell; denn er dient heute nicht nur den „kritischen Friedensforschern", sondern auch den zahlreichen „Realpolitikern" zum Vorwand für die Forderung, das Völkerrecht könne und müsse aus den theoretischen und praktischen

Erwägungen bei der Organisierung des Weltfriedens in der Gegenwart und Zukunft ausgeschlossen bleiben. Eine Rechtsordnung und eine Rechtswissenschaft, denen es jahrhundertelang nicht gelungen sei, die Idee des Weltfriedens zu verwirklichen, sei offensichtlich unfähig, an der Friedensarbeit mitzuwirken.

Die Kritik ist im Ansatz verfehlt. Das klassische Völkerrecht hatte keineswegs das Ziel, den Krieg als Mittel der internationalen Politik zu eliminieren. Es wollte ihn lediglich „hegen", d.h. in seinen Wirkungen begrenzen und die durch ihn verursachten Leiden vermindern. Dies gelang in erstaunlich hohem Maße durch die Entwicklung des Neutralitätsrechts, des Kriegführungsrechts (Kriegsaktionenrechts) und insbesondere des humanitären Völkerrechts[2]. Während sich die souveräne Entscheidung für den Krieg der rechtlichen Nachprüfung grundsätzlich entzog, wurde die einzelne Kriegshandlung strengen Regeln unterworfen, die trotz fehlender Sanktionsmöglichkeiten – infolge der kaum vorhandenen oder nur schwach ausgebildeten Organisation der Staatenwelt – einen hohen Effektivitätsgrad aufwiesen. Dieser beruhte offenbar nicht nur auf ethischen Grundhaltungen, sondern vor allen Dingen auf dem das ganze Völkerrecht noch heute beherrschenden Grundsatz der Gegenseitigkeit. Verglichen mit den weltbeglückenden Verheißungen eines schwärmerischen Pazifismus – der ebenfalls noch unter der Geltung des klassischen Völkerrechts entstand –, wirken die Zielsetzungen und Erfolge des klassischen Völkerrechts eher bescheiden. Es könnte gesagt werden, daß die Vorwürfe gegen das Völkerrecht und die Völkerrechtler gerade deshalb berechtigt seien, weil diese sich mit so bescheidenen Zielsetzungen begnügten. Der nicht zu widerlegende Gegeneinwand lautet: das Völkerrecht ist zwar stets zukunftbezogen, aber niemals realitätsfremd.

In der Tat entsprach der Abbruch der unfruchtbar gewordenen Kontroverse über den gerechten Krieg und die rechtliche Fixierung der Souveränität als Eigenschaft der Fürsten und später der Staaten den Realitäten des 17. Jahrhunderts. Hätte sich das Völkerrecht nicht auf den Boden dieser Realitäten begeben, so wäre jene Eindämmung des Krieges, die spätestens im 19. Jahrhundert zu einer echten Humanisierung wurde, unmöglich gewesen. Vor allen Dingen aber wäre es immer schwieriger geworden, den Krieg zu beenden und den Frieden so wiederherzustellen, daß er nicht die

Fortsetzung des Krieges mit anderen Mitteln bedeutete. Die Kunst des Friedensschlusses ist eine der großen weltgeschichtlichen Leistungen des jus publicum europaeum, ohne die Europa bereits im Zeitalter des Absolutismus und der Kabinettskriege in Chaos und Elend versunken wäre. Den Kritikern des Völkerrechts, die auf Grund eines angeblichen historischen Versagens dieser Normenordnung auch das geltende Völkerrecht zur Bedeutungslosigkeit verurteilen wollen – und nur dieser Bezug zur Gegenwart rechtfertigt die an sich sinnlose Auseinandersetzung mit dem „wenn" und „hätte" –, muß die Frage entgegengehalten werden: „Was hätte es genützt, wenn die Völkerrechtswissenschaft am Ende des Dreißigjährigen Krieges ein dogmatisches Gebäude konstruiert hätte, das auf dem Fundament des Gewaltverbots, ähnlich demjenigen des in Art. 2 Ziff. 4 der UNO-Satzung enthaltenen, beruhte?" Angesichts der klaren Aussagen des bedeutendsten völkerrechtlichen Instruments der Neuzeit, des Westfälischen Friedens, in dem die Souveränität der Fürsten (damals noch als „Libertät" bezeichnet) ausdrücklich als Rechtseigenschaft bekräftigt wurde, hätte jeder Versuch, an dieser Realität vorbeizugehen, die Völkerrechtswissenschaft nur der Lächerlichkeit preisgegeben. Juristen sind stets Realisten. Erst in unserer Zeit, in der die Begriffe „Recht und Ordnung" zum Schimpfwort geworden sind und „Realpolitiker" ungeniert das Recht verhöhnen, ist die Meinung aufgetaucht, die Juristen gingen stets an der Wirklichkeit vorbei. Von den Völkerrechtlern kann dies weder für die Periode des klassischen Völkerrechts noch für die Gegenwart behauptet werden. Allerdings unterlief manchen von ihnen schon zu Beginn des klassischen Völkerrechts ein terminologischer Fehler, dessen Auswirkungen noch heute spürbar sind: der Ausdruck „Völkerrecht", der sich lediglich als Übersetzung des mit falschen Assoziationen verbundenen Begriffs „jus gentium" ergab[3], erweckte und erweckt noch immer falsche Hoffnungen und Erwartungen. Das klassische Völkerrecht entstand als Recht der gegenseitigen Beziehungen der Souveräne und wandelte sich zum Recht der gegenseitigen Beziehungen der souveränen Staaten. Es gehört zu den merkwürdigsten Erscheinungen der Weltgeschichte, daß nach der Französischen Revolution derjenige Rechtsbegriff, der bisher das juristische Hauptkennzeichen der Souveräne gewesen war, die Souveränität, nicht etwa beseitigt, sondern nur in eine Eigenschaft der Staaten verwandelt wurde. Darin mag eine Bestätigung der These Bertrand de Jouvenels erblickt werden, wonach der moderne Staat, ganz gleich, welche Staats- und Regierungsform er aufweist, in vollem Umfang an die Stelle des absoluten Monarchen, ja sogar des antiken Despoten getreten ist[4].

Wieder trug das Völkerrecht den Realitäten Rechnung, indem es die „internationalen“ Beziehungen nunmehr auf der Grundlage der Staatensouveränität regelte. Nach wie vor ging es dabei um eine Regelung von Krieg und Frieden. Die Wohltat dieses Realismus bestand und besteht darin, daß das Kriegsvölkerrecht nicht von einem Konflikt zwischen Völkern oder gar Einzelmenschen ausgeht, sondern allein von einem Konflikt zwischen Staaten, so wie es früher den Krieg als Konflikt zwischen Souveränen betrachtet hatte. Was aber hier interessiert, ist nicht jene Wohltat, sondern die heute von manchen als peinlich angesehene Tatsache, daß dieses Völkerrecht die zwischenstaatlichen Beziehungen mit scheinbarer Gleichgültigkeit gegenüber den Völkern, Volksgruppen und Einzelmenschen normierte und dabei ohne moralische Wertung zwei grundsätzlich verschiedene Normenordnungen zur Verfügung stellte, nämlich die des Krieges und die des Friedens. „De jure belli ac pacis libri tres“ nannte Hugo Grotius, der „Vater des Völkerrechts“, mit kühler Selbstverständlichkeit sein Hauptwerk, das am Beginn der klassischen Epoche des Völkerrechts steht.

Bis heute ist das Völkerrecht trotz der tiefgreifenden Wandlungen, die sich seit dem Inkrafttreten der Völkerbundsatzung vollzogen haben, ein Recht der Staaten geblieben. In den ersten beiden Jahrzehnten nach dem Zweiten Weltkrieg wuchs allmählich die Hoffnung, das Völkerrecht werde diesen Entwicklungsstand unter dem Einfluß der stärkeren Herausbildung des Menschenrechtsschutzes, der zunehmenden Integrationstendenzen auf regionaler und globaler Ebene, der wachsenden Bedeutung der „transnationalen Beziehungen“ und anderer Faktoren, die den Staat aus seiner Stellung als alleiniger Akteur auf der weltpolitischen Bühne verdrängen, in naher Zukunft überwinden und sich von einem Recht der Staaten zu einem Recht der Menschheit entwickeln[5]. Diese Hoffnungen haben sich als trügerisch erwiesen. Nicht nur schätzen die jungen Staaten ihre eben erst errungene Souveränität überaus hoch ein, so daß die Entkolonisierungswelle der sechziger Jahre eine gegenläufige Tendenz zu dem erstrebten Abbau der Souveränität erzeugte; auch globale Entwicklungen trugen zur Schaffung eines Klimas bei, in dem sich der Konkurrenzkampf der Staaten zu verschärfen droht. Zu diesen Entwicklungen zählen die Übervölkerung, die Energiekrise, die Rohstoffknappheit, der wiedererwachende Nationalismus und die um sich greifende politische Romantik, die zu einem gefährlichen Moralisieren verführt und das politische Verhalten radikalisiert. Umweltbedingungen und geistige Strömungen, Ursachen und Wirkungen sind schwer voneinander zu trennen. Sicher ist nur, daß das Souveränitätsdenken nicht nur in den Ländern der Dritten Welt zugenommen hat, daß militärische Stärke heute in der internationalen Politik eine größere Rolle spielt als je zuvor, daß die Rechtfertigung der Gewalt von Vertretern der verschiedensten Geistesrichtungen versucht wird, die nichts miteinander gemein haben als eben jene Rückwendung zur Gewalt, die sie unter den verschiedensten Deckmänteln und Verbalschleiern verhüllen, von der „Realpolitik“ bis zum Gerechtigkeitsfanatismus. Fest steht ferner, daß zur gleichen Zeit die Menge und die Zerstörungskraft der Massenvernichtungswaffen zunimmt, das Wettrüsten weitergeht, die Rohstoffe knapper werden, die Weltbevölkerung wächst, bewaffnete Konflikte zahlreicher und gefährlicher werden. Obwohl ein atomarer Vernichtungskrieg bisher vermieden worden ist, würde doch jeder, der sich mit dem Problem des Friedens eingehend beschäftigt hat, zögern, diesen Zustand der Welt als „Weltfrieden“ zu bezeichnen.

Gewaltverbot und Friedenspflicht

Wie steht dazu das gegenwärtige Völkerrecht? Seit dem Ende seiner klassischen Periode, die mit dem Inkrafttreten der Völkerbundsatzung begann, befindet sich das Völkerrecht in einem Stadium des Umbruchs, der durch nichts besser verdeutlicht werden kann als durch die neue Einstellung zu Krieg und Frieden. Die Entwicklung geht vom partiellen Kriegsverbot der Völkerbundsatzung über das generelle Kriegsverbot des Briand-Kellogg-Paktes bis zum generellen Gewaltverbot der UNO-Satzung. Vom Recht der Staaten zum Kriege ist somit nichts übriggeblieben; an die Stelle der Kriegsfreiheit ist das Kriegsverbot getreten. Das darüber noch hinausgehende Gewaltverbot ist nach durchaus herrschender Meinung Bestandteil des allgemeinen Völkerrechts, gilt also unabhängig von der UNO-Satzung und würde selbst im Falle der Auflösung der UNO weiterbestehen.

Dieser radikale Wandel in den Grundlagen der Völkerrechtsordnung muß sich auf zahlreichen Einzelgebieten auswirken. Es gehört zu den Merkmalen einer Umbruchsituation, daß die Konsequenzen des fundamentalen Wandels noch nicht auf allen Gebieten voll wirksam geworden sind. So bestehen alte und neue Rechtsnormen in einer Übergangszeit nebeneinander; es gibt Unsicherheit bezüglich der Weitergeltung alter oder der Herausbildung neuer Normen. Vieles von dem, was die UNO insbesondere durch ihre Völkerrechtskommission und durch die von ihr einberufenen diplomatischen Konferenzen in den letzten zwanzig Jahren geleistet hat, ist als Versuch zu werten, die Konsequenzen des Gewaltverbots auf weit auseinanderliegenden Gebieten wirksam werden zu lassen, wie z. B. im Bereich des Vertragsrechts, in dem früher nur die direkte Gewaltanwendung gegen den Unterhändler, nicht aber der politische Druck gegenüber einem schwächeren Vertragspartner die Gültigkeit eines Vertragsabschlusses beeinträchtigte. Aber in jüngster Zeit drängen auch die gegenläufigen Tendenzen auf die Ebene des Völkerrechts. Schon gibt es Resolutionen der Generalversammlung der Vereinten Nationen, die das Gewaltverbot relativieren, auf der Seerechtskonferenz werden Errungenschaften des klassischen Völkerrechts wie die Freiheit der Meere bedenkenlos in Gefahr gebracht, das „neue System der Wirtschaftsbeziehungen zwischen den Staaten", das unter der zahlenmäßigen Dominanz der Entwicklungsländer von der UNO errichtet werden soll, beseitigt den Grundsatz der Staatengleichheit und verteilt Rechte und Pflichten nach Maßstäben, die dem Völkerrecht bisher unbekannt waren. Das alles aber wird gerechtfertigt durch den Hinweis auf einen Friedensbegriff, der die gerechte Verteilung der materiellen Güter dieser Welt zur Grundlage hat. Die allgemeine Friedenspflicht, die das geltende Völkerrecht als Kehrseite des Kriegs- und Gewaltverbots zum Entstehen gebracht hat, wird dadurch umge-

münzt in ein Recht der „Unterdrückten und Unterprivilegierten", sich gegen die bestehende Ordnung auch mit Gewalt aufzulehnen, und ein Recht – womöglich sogar eine Pflicht – auswärtiger Mächte, solche Befreiungskämpfe auch von außen her zu unterstützen. Alle Instrumente, mit denen das klassische Völkerrecht den Krieg eindämmte, darunter das Interventionsverbot und die Neutralität, drohen verlorenzugehen. Die Frage, ob das geltende Völkerrecht überhaupt noch das Rechtsinstitut der Neutralität anerkennen könne, wird nicht etwa von fanatischen Terroristen, sondern von angesehenen Völkerrechtlern diskutiert[6].
Zur gleichen Zeit wird eine Kritik an der bisherigen Entwicklungsrichtung des Völkerrechts laut, die das Friedensbild des gegenwärtigen Völkerrechts von vornherein in ein zweifelhaftes Licht rückt. Man sagt, das Gewaltverbot habe der Menschheit einen schlechten Dienst erwiesen, indem es lediglich die Gewalt von der internationalen auf die nationale Ebene geschoben habe[7]. So sei an die Stelle der herkömmlichen Kriege der Weltbürgerkrieg getreten, die Kunst des Friedensschlusses sei verlorengegangen, die Welt befinde sich in einem fortschreitenden Rückfall in die Barbarei, weil die letzten Zügelungen, die das klassische Völkerrecht der Kriegführung auferlegte, auf die Situation des von ideologischem Fanatismus geprägten Weltbürgerkriegs nicht anwendbar sind. Die Diskussion über diese Probleme beschäftigt die Völkerrechtswissenschaft und die Wissenschaft von den internationalen Beziehungen in zunehmendem Maße. Absoluten Pessimisten, die in dieser Situation keine Hoffnung für das Überleben der Menschheit im Zeitalter der Massenvernichtungsmittel sehen[8], stehen einige Optimisten gegenüber, die trotz der deutlich vorhandenen Anzeichen für jenen Rückfall in die Barbarei die Hoffnung nicht aufgeben, es möge gelingen, die Welt der Gewaltlosigkeit zu schaffen, von der die Schöpfer der UNO-Satzung geträumt hatten. So meinte Stanley Hoffmann bereits vor mehr als zehn Jahren: „Das Völkerrecht ist mit seinem Gewaltverbot offensichtlich den Tatsachen vorausgeeilt. Aber wenn unsere Entschlossenheit wächst, ist es vielleicht nicht ganz töricht zu hoffen, daß sich die Tatsachen langsam in Richtung auf das Recht bewegen ... ganz sicher aber ist es nicht töricht, darauf hinzuarbeiten."[9]
Der Gedanke, daß ein Rechtsnormensystem den Tatsachen vor-

auseilt, mag dem ausschließlich im innerstaatlichen Recht geschulten Juristen absonderlich erscheinen, Er ist es gewöhnt, daß das Recht, das unter der Geltung geschriebener Verfassungen in einem komplizierten Rechtsetzungsverfahren entsteht, hinter tatsächlichen Entwicklungen einherhinkt. Hier zeigt sich eine merkwürdige Diskrepanz: Während dem innerstaatlichen Recht häufig der Vorwurf gemacht wird, es habe sich von der Realität entfernt, weil es nicht rechtzeitig geändert worden sei, um neuen technischen, wirtschaftlichen oder sozialen Entwicklungen oder neuen gesellschaftlichen Auffassungen Rechnung zu tragen, wird dem Völkerrecht vorgeworfen, daß es den Tatsachen vorauseilt. In beiden Fällen wird etwas übersehen, was offensichtlich inmitten der lautstarken Akklamationen für die „normative Kraft des Faktischen"[10] in Vergessenheit geraten ist: die normative Kraft der Normen. Eine Rechtsordnung, die jedes Faktum ohne Rücksicht auf den dahinterstehenden Gestaltungswillen zum Anlaß einer Rechtsänderung nimmt, verdient den Namen „Rechtsordnung" nicht mehr. Ihr Gesetzgeber wird zum Registrator der Anarchie. Umgekehrt aber wird man eine Rechtsordnung, die einen Tatbestand entgegen mächtigen Fakten normiert, nicht allein deshalb als utopisch oder realitätsfern bezeichnen können. Normen und Fakten stehen nicht beziehungslos nebeneinander. Während einerseits – nicht erst seit Georg Jellinek – anzuerkennen ist, daß eine Rechtsnorm, die über einen längeren Zeitraum hinweg völlig undurchsetzbar bleibt, ihre Normqualität verliert, muß andererseits auch anerkannt werden, daß neue Rechtsnormen nicht nur infolge der Drohung mit Zwangsmitteln, sondern auch auf Grund einer wachsenden Rechtsüberzeugung gegebene Verhältnisse zu verändern imstande sind. Zwischen Normen und Fakten bestehen daher seit eh und je Wechselwirkungen.

Wenn eine neue Rechtsnorm sich nicht oder nicht ausschließlich auf bereits vorhandene Fakten stützt, so bleiben für ihren Geltungsgrund – und für die Hoffnung auf die Erhaltung ihrer Rechtsnormqualität – nur zwei Alternativen: der Wille eines despotischen Gesetzgebers oder die Kraft eines ethischen Wertes, der vom Konsens der Rechtsgenossen getragen wird. Die erste Alternative scheidet im Falle des Völkerrechts aus; denn es gibt keinen Weltherrscher, und auch diejenigen, die den einzigen Ausweg in einer despotischen Weltregierung sehen, müssen sich mit einem Problem herumschlagen, das Arnold Toynbee so ausgedrückt hat: „Unter der heiteren Maske einer mühelos ausgeübten Herrschaft kämpft der Weltfrieden eines Universalstaates die ganze Zeit seines Bestehens über einen verzweifelten und aussichtslosen Kampf gegen den unbeschworenen bösen Geist der Gewalt in seinem Innern.“ [11] Die zweite Alternative aber bedeutet, daß der Friede als Wert anerkannt und zur Grundlage völkerrechtlicher Normierungen gemacht wird.

Mit dieser Aussage hängen zahlreiche Probleme der Friedensforschung und der Philosophie – nicht nur der Völkerrechtsphilosophie – zusammen [12]. Auf sie einzugehen ist hier nicht der Ort. Aber es ist eine Tatsache, daß das gegenwärtige Völkerrecht mit seinem Kriegs- und Gewaltverbot nicht begriffen werden kann, wenn nicht anerkannt wird, daß dem ganzen System die Friedenspflicht zugrunde liegt. Oberflächliche Beobachter mögen dies dahingehend deuten, daß das Völkerrecht seine traditionelle Realitätsnähe verloren habe und zur Utopie geworden sei. Subtilere Kritiker mögen einwenden, daß das Völkerrecht sich selber untreu geworden sei. Die Segnungen, die es einer friedlosen Welt in seiner klassischen Periode gebracht hat, beruhten darauf, daß es hinsichtlich der in den einzelnen Staaten herrschenden bzw. der von deren Repräsentanten vertretenen Wertauffassungen absolut neutral war. Das Völkerrecht maßte sich nicht an, moralische Entscheidungen zu treffen und über die Gestaltung der Innen- und Außenpolitik der Staaten zu Gericht zu sitzen. Die völkerrechtlichen Rechte und Pflichten der Staaten lagen für die Rechtszustände des Krieges und des Friedens fest und waren in völkerrechtlichen Verträgen und allgemeinen Rechtsprinzipien niedergelegt. Eine absolute Friedenspflicht gab es nicht. Allenfalls kann gesagt werden, daß der Krieg als Ausnahmezustand, der Friede aber als Normalzustand betrachtet wurde, der alsbald nach Beendigung der Kampfhandlungen wiederherzustellen war. Auf dieser Grundlage gelang es dem Völkerrecht, den Verkehr zwischen Staaten mit unterschiedlichen Staats- und Regierungsformen zu ermöglichen, Sieger und Besiegte alsbald wieder als Gleichberechtigte am völkerrechtlichen Verkehr teilnehmen zu lassen, die Zivilbevölkerung im Kriege und nach dem Kriege zu schützen, ohne Rücksicht darauf, wer den Krieg begonnen und wer ihn verloren hatte. Das alles war bereits im 18. Jahrhundert erreicht. Das Völkerrecht war spätestens seit der Französischen Revolution – seitdem Republiken und Monarchien nebeneinander existierten – ein Koexistenzrecht[13]. Jetzt aber bekennt sich das Völkerrecht ausdrücklich zu einem bestimmten Wert, nämlich zum Frieden, und macht seine Erhaltung zur grundlegenden Pflicht aller Völkerrechtssubjekte. Daß sich damit auch ein grundlegender Wandel im außenpolitischen Zweck-Mittel-Verhältnis vollzogen hat, sei nur am Rande bemerkt: Während früher die Souveräne bzw. die zur politischen Entscheidung Berufenen zunächst ihre Ziele wählen und dann entscheiden konnten, ob diese Ziele mit kriegerischen oder friedlichen Mitteln erreicht werden sollten, ist heute der Friede das überragende, vom Völkerrecht vorgeschriebene Ziel, dem sich alle anderen Ziele unterordnen müssen. Hieraus erklärt sich die Sorge derjenigen, die befürchten, das Völkerrecht werde gerade jetzt versagen; denn mit der fundamentalen Bindung an einen bestimmten Wert werde es den Zufälligkeiten der Interpretation dieses Wertes zu verschiedenen Zeiten und in verschiedenen Situationen ausgeliefert. Das ist in der Tat die Schicksalsfrage nicht nur des Völkerrechts, sondern der ganzen Menschheit: entweder gelingt es, den Frieden als Wert im Bewußtsein der Menschen so tief zu verankern, daß die zum Frieden verpflichtende Grundnorm des Völkerrechts ihre normative Kraft voll entfaltet, oder die Menschheit versinkt im Chaos der Gewalt, wobei es gleichgültig bleibt, ob es sich um innere oder äußere, strukturelle oder personale Gewalt, um nuklearen oder konventionellen Krieg, um internationalen oder Weltbürgerkrieg handelt.

Im vorstehenden ist von der Menschheit die Rede gewesen; denn sie ist es, die unter Gewalt und Unfrieden zu leiden hat. Gemeint ist damit nicht eine abstrakte Menschheit, sondern jeder einzelne. Er erleidet Hunger, Obdachlosigkeit, Verwundung, Kriegsgefangenschaft, Vertreibung, Flucht und sonstiges Elend, das Krieg und Gewaltpolitik mit sich bringen. Das Völkerrecht aber ist noch immer nicht ein Recht der Menschheit, sondern ein Recht der Staaten. Während es einerseits mit seinem Gewaltverbot den Tatsachen vorausgeeilt ist, hat es andererseits an seiner traditionellen Grundstruktur festgehalten, wonach nur souveräne Staaten Völkerrechtssubjekte sein können. Die internationalen Organisationen, deren Zahl in den letzten Jahrzehnten erheblich zugenommen hat, besitzen nur je nach dem Willen ihrer Schöpfer – stets souveräner Staaten! – eine partielle Völkerrechtssubjektivität. Einige weitere Einzelfälle – wie z.B. das Internationale Komitee vom Roten Kreuz, der Heilige Stuhl – werden ausdrücklich als Ausnahmen von diesem Grundsatz bezeichnet. Der einzelne tritt noch immer auf der Ebene des Völkerrechts nicht als selbständiger Träger von Rechten und Pflichten auf, sondern allenfalls als Begünstigter von Völkerrechtsnormen, welche die Staaten geschaffen haben. Daran krankt nicht zuletzt der Menschenrechtsschutz. Selbst innerhalb derjenigen Region, in welcher der Menschenrechtsschutz am weitesten fortgeschritten ist, nämlich in Westeuropa mit seiner Europäischen Menschenrechtskonvention, hat der einzelne nur einen mittelbaren, sehr beschränkten Zugang zu einem internationalen Gerichtshof. Der Plan, einen UN-Hochkommissar für Menschenrechte zu schaffen, um die ordnungsgemäße Anwendung der am 23. März 1976 in Kraft getretenen in UN-Menschenrechtskonventionen in den einzelnen Staaten zu überwachen, ist weit von der Realisierung entfernt[14]. Deutlicher als jemals zuvor zeigt sich auch, daß die UNO nicht eine Union der Völker, sondern eine Organisation der Staaten ist. So hat Solschenizyn durchaus unrecht, wenn er die UNO anklagt, sie habe die Völker an ihre Staaten verraten. Als Organisation der Staaten vertritt die UNO satzungsgemäß die Interessen der Staaten. Daran ändert auch die Präambel nichts, die mit den Worten beginnt: „Wir, die Völker der Vereinten Nationen …"

Damit wird aber zugleich die Frage beantwortet, ob das Friedensbild des geltenden Völkerrechts realistisch ist oder nicht. Das Kriegs- und Gewaltverbot des geltenden Völkerrechts meint Krieg und Gewalt auf internationaler Ebene. Dementsprechend ist die Friedenspflicht des allgemeinen Völkerrechts eine Pflicht *der Staaten*. Der völkerrechtliche Friedensbegriff muß in vielen Einzelheiten noch ausgeformt werden, aber er ist jedenfalls ein zwischen*staatlicher* Zustand. Dieses Friedensbild entspricht den Realitäten, weil davon ausgegangen werden muß, daß auf absehbare Zeit die Staaten noch immer die Hauptakteure auf der weltpolitischen Bühne bleiben werden.

Wenn dagegen ein Teil der Friedensforschung, insbesondere in der Bundesrepublik Deutschland, nicht die Bedingungen des zwischenstaatlichen Friedens, sondern ausschließlich innerstaatliche „Strukturen" untersucht, so soll über solches Bemühen nicht vorschnell der Stab gebrochen werden. Es waren Völkerrechtler, die schon vor langer Zeit darauf hingewiesen haben, daß der internationale Friede der innerstaatlichen Absicherung bedarf. Völkerrecht wird auch heute noch – trotz der wachsenden Zahl internationaler und supranationaler Organisationen – hauptsächlich durch die Organe und Repräsentanten der einzelnen Staaten vollzogen. Die Effektivität völkerrechtlicher Normen hängt daher weitgehend von der Völkerrechtsfreundlichkeit der Staatsverfassungen und dem politischen Willen innerhalb der einzelnen Staaten ab. Die Theorie der internationalen Beziehungen analysiert diese Zusammenhänge seit mehr als drei Jahrzehnten[15]. Für die Friedensforschung ist dabei nicht zuletzt das von Kenneth Waltz entwickelte Dreiebenenschema von Bedeutung[16]. Die ihm zugrundeliegende Überlegung ist denkbar einfach: der internationale Frieden wird durch politische Entscheidungen der einzelnen Staaten erhalten oder bedroht; die Entscheidungsprozesse innerhalb der Staaten werden von Institutionen und Einzelmenschen beeinflußt. Daher gilt es, die auf der Ebene des einzelnen, des Staates und der Staatengemeinschaft vorhandenen Friedenskräfte zu erforschen, um sie in der Praxis zu aktivieren. Überblickt man die bisherigen Forschungsarbeiten, so stellt man fest, daß auf jeder der drei Ebenen bereits wertvolle Ergebnisse herausgearbeitet worden sind, daß es aber noch nicht gelungen ist, die Forschungsergebnisse der drei Ebenen sinnvoll miteinander zu verbinden[17].

Der Friede muß mit friedlichen Mitteln erstrebt werden

Mit der Normierung der allgemeinen Friedenspflicht der Staaten wirkt allerdings das Völkerrecht – wohl zum ersten Mal in seiner Geschichte – auch unmittelbar auf die Politik der Staaten ein. Im vorstehenden ist darauf hingewiesen worden, daß die epochale Wende von der Kriegsfreiheit zum Kriegs- und Gewaltverbot eine

Umkehrung des Zweck-Mittel-Verhältnisses in der internationalen Politik zur Folge hatte. Hieraus ergibt sich aber weiterhin eine Konsequenz für die Qualität der Mittel: ebenso wie der Staat nicht mehr die Freiheit hat, zwischen Krieg und Frieden als Mittel zur Erreichung anderer Ziele zu wählen, hat er nicht die Freiheit, beliebige Mittel zur Erreichung des Friedens als Ziel zu wählen. Der Friede muß mit friedlichen Mitteln erstrebt werden. *Der Krieg zur Beendigung aller Kriege, die Gewaltanwendung zur Beseitigung der Gewalt sind absolut völkerrechtswidrig.* Nur die individuelle und kollektive Selbstverteidigung, d. h. die Reaktion auf völkerrechtswidrige Akte mit entsprechenden Mitteln, ist nach wie vor zulässig (Art. 51 der Satzung der Vereinten Nationen). Das Problem der Selbstverteidigung (im innerstaatlichen Recht der Notwehr vergleichbar) und ihrer Abgrenzung gegenüber dem Präventivkrieg ist schwierig genug. Die Vereinten Nationen haben das bei der mühseligen Arbeit an einer praktikablen Aggressionsdefinition erfahren müssen [18]. Noch komplizierter aber ist die Konkretisierung der allgemeinen Friedenspflicht. Wenn feststeht, daß das Völkerrecht zwar den internationalen Frieden meint, daß damit aber auch die Festlegung auf friedliche Mittel der internationalen Politik erfolgt ist und daß die Staaten dadurch mittelbar verpflichtet sind, ihre innere Struktur so zu gestalten, daß der Friede als politisches Ziel zusammen mit der unverbrüchlichen Festlegung der zur Erreichung dieses Zieles verwendeten friedlichen Mittel gewährleistet ist, so bedeutet dies letztlich, daß das Friedensbild des Völkerrechts unter anderem auf der Prämisse beruht, daß jeder Staat mit den unfriedlichen Kräften in seinem Innern selbst fertig wird. Dadurch wird das herkömmliche etatozentrische System der Weltpolitik begünstigt, von dem bereits vor Jahrzehnten gesagt worden ist, es sei unter den Bedingungen der Industriekultur friedensgefährdend, so daß sein Abbau gefördert werden müsse. Unter dieser inneren Widersprüchlichkeit leidet das Friedensbild des gegenwärtigen Völkerrechts. Man mag sagen, daß sich hier der Realismus durchgesetzt hat, der es zwingend erfordert, nach wie vor die Staaten als die Grundeinheiten des internationalen Systems zu behandeln. Aber es fragt sich, ob hier nicht mehr Mut zur Utopie notwendig wäre.

Eine weitere Gefahr tritt hinzu. Wenn es Aufgabe der Staaten ist, dafür zu sorgen, daß sich die Friedenskräfte in ihrem Innern entfalten und die unfriedlichen Kräfte zurückgedrängt werden, so erhalten die Staaten letztlich die Kompetenz zur Definition des Friedens im Rahmen ihrer sonstigen Jurisdiktionsgewalt, ähnlich wie sie auch bei der Auslieferung die Qualifikationskompetenz besitzen. Das begünstigt die diktatorischen Staaten und benachteiligt die Demokratien, in denen ein offener Disput über die Friedensdefinition geführt wird. Paradoxerweise ergibt sich hieraus für die demokratischen Staaten die Forderung, daß die Souveränität stärker betont wird – wiederum eine Forderung, die der ursprünglichen Zielrichtung der friedensfördernden Tendenzen des modernen Völkerrechts zu widersprechen scheint. Hier gerät sogar die Aussage über den kompromißlosen Realismus des geltenden Völkerrechts ins Wanken; denn man wird sie folgendermaßen relativieren müssen: das Friedensbild des gegenwärtigen Völkerrechts ist realistisch, wenn die ihm zugrundeliegende Annahme realistisch bleibt, daß die Staaten im Innern gefestigt sind und gegenseitig ihre Souveränität respektieren. Ein Staat, der sich nicht verteidigen kann und der die zerstörerischen Kräfte in seinem Innern nicht selbst bändigen kann, ist rettungslos verloren. Keine völkerrechtliche Norm kann seine Existenz sichern.

Der kompromißlose Realismus des Völkerrechts mit seiner Gleichgültigkeit gegenüber dem Schicksal von Staaten und Völkern wird weitgehend gemildert durch Spezialregeln, die mittelbar oder unmittelbar dem einzelnen oder bestimmten Gruppen von einzelnen zugute kommen. Das Minderheitenrecht, das Selbstbestimmungsrecht, das im Entstehen begriffene „internationale Sozialstaatsprinzip“ [19] sind Beispiele dafür. Beim Friedensproblem aber zeigt sich der Realismus des Völkerrechts in so krasser Weise, daß derjenige, der weder die komplizierte Grundstruktur dieser Normenordnung noch die Besonderheiten ihrer gegenwärtigen Umbruchsituation kennt, wohl erschrecken mag. Die Völkerrechtler werden sich mehr als bisher bemühen müssen zu erklären, warum sie dennoch davon überzeugt sind, daß der Frieden nur auf der Grundlage des Völkerrechts gesucht werden darf. Wer das Völkerrecht ernst nimmt, kann keine Alternative zu dieser Überzeugung in Erwägung ziehen. Der Realismus des Friedensbildes des Völkerrechts ist sicher ein Plus in der Argumentation der

Völkerrechtler, aber es wäre sinnlos, die manchmal erschreckende Härte dieses Realismus hinwegdiskutieren zu wollen.

Koexistenz ist nicht Konvergenz

In besonders ausgeprägter Form tritt diese Härte des völkerrechtlichen Friedensbildes in Erscheinung, wenn man es auf die sogenannten Ost-West-Beziehungen anwendet. Während einerseits das Völkerrecht seinem Wesen nach ein Koexistenzrecht ist und deshalb den Begriff der Koexistenz – der im Zuge des Wandels von der Kriegsfreiheit zur Friedenspflicht das Attribut „friedlich" erhalten hat – absolut bejaht, setzt es doch keineswegs eine Konvergenz zum Ziel. Der Versuch, einen „Wandel durch Annäherung" zu bewirken, kann sehr rasch an die Grenzen jener völkerrechtlichen Prinzipien stoßen, deren Beachtung im Interesse der Friedenssicherung wichtig ist. Mit Recht hat daher jüngst eine beachtenswerte polnische Veröffentlichung über die Friedensforschung in der Bundesrepublik Deutschland[20] Friedensforschern, die in unserem Lande als „links" eingestuft werden, den Vorwurf gemacht, sie verfolgten mit ihrem Versuch, den Frieden durch die weltweite Verwirklichung des „demokratischen Sozialismus" zu sichern, friedensgefährdende Ziele. Derjenige, der versteht, daß der Völkerrechtler diesem Gedankengang zustimmen muß, hat das Friedensbild des gegenwärtigen Völkerrechts verstanden.

Das geltende Völkerrecht verbietet jede gewaltsame Veränderung und jede subversive Einmischung in die Angelegenheiten eines anderen Staates – ein Verbot, das, wie Art. 2 Ziff. 7 der UNO-Satzung zeigt, sogar für die Weltorganisation selbst gilt. Es fordert im Interesse des Friedens die Kooperation zwischen den Staaten, verbietet ihnen aber, damit irgendwelche anderen hintergründigen Ziele zu verbinden. Gleichzeitig bedeutet dies, daß die friedliche Koexistenz niemanden zwingt, die geistige Auseinandersetzung aufzugeben. Vielleicht gehört viel Mut zu der Hoffnung, daß der Kampf der Ideologien und Werte friedlich ausgetragen werden kann. Aber das Völkerrecht zwingt zu diesem Mut, weil es keine Alternativen zuläßt.

Anmerkungen

1 Der Begriff des *bellum iustum ex utraque parte* stammt von Alberico Gentili (De iure belli libri tres, 1588). Neudruck in Classics of International Law, hrsg. von James Brown Scott, Oxford 1933).

2 Vgl. Otto Kimminich: Humanitäres Völkerrecht – humanitäre Aktion. München – Mainz 1972, S. 13ff.

3 Zum Begriff des ius gentium vgl. Josef Soder: Francisco Suárez und das Völkerrecht. Frankfurt a.M. 1973, S. 48ff.

4 Vgl. Bertrand de Jouvenel: Über die Staatsgewalt. Freiburg i.Br. 1972, S. 21f.

5 Vgl. Hersch Lauterpacht: International Law and Human Rights. New York 1950, S. 71f.

6 Vgl. Rudolf Bindschedler: Die Neutralität im modernen Völkerrecht. In: ZaöRV 1956/57 (Bd. 17), S. 8ff.

7 Vgl. Georg Schwarzenberger: Über die Machtpolitik hinaus?, Hamburg 1968, S. 9ff.

8 Vgl. John H. Herz: Staatenwelt und Weltpolitik. Hamburg 1974, S. 191ff.

9 Stanley Hoffmann: The State of War. New York 1965, S. 276.

10 Nur am Rande sei bemerkt, daß das Schlagwort von der normativen Kraft des Faktischen mißverstanden wird, wenn man darunter nur die Prägung des Rechts durch faktische Verhältnisse versteht. Georg Jellinek weist ausdrücklich darauf hin, daß das Faktische nur *ein* Faktor bei der Entstehung von Rechtsnormen ist. Vgl. Georg Jellinek: Allgemeine Staatslehre, 3. Aufl. Neudruck Bad Homburg v.d.H. 1966, S. 337ff.

11 Arnold Toynbee: Krieg und Kultur. Stuttgart 1950, S. 161.

12 Vgl. Valentin Zsifkovits: Der Friede als Wert. München – Wien 1973.

13 Vgl. Otto Kimminich: Einführung in das Völkerrecht. Pullach 1975, S. 87ff.

14 Vgl. Karin Grasshoff: Ein Hoher Kommissar für Menschenrechte bleibt das Ziel. In: Vereinte Nationen 1974, S. 13ff.

15 Vgl. Otto Klineberg: The Human Dimension in International Relations. New York 1965; Quincy Wright: The Study of International Relations. New York 1955.

16 Kenneth N. Waltz: Man, the State and War. New York 1954, S. 16ff.

17 Vgl. Otto Kimminich: Grundlagen und Stand der Friedensforschung in Deutschland. In: Deutsche Universitätszeitung 1970, Nr. 5, S. 3ff.

18 Am 12.4.1974 verabschiedete das damit beauftragte Sonderkomitee der UN eine aus 8 Artikeln bestehende Aggressionsdefinition, die von der Generalversammlung am 14.12.1974 (Resolution 2214–XXIX) gebilligt wurde.

19 Vgl. Ulrich Scheuner: 50 Jahre Völkerrecht. In: Fünfzig Jahre Institut für Internationales Recht an der Universität Kiel. Hamburg 1965, S. 35ff.

20 Von Piotr Dobrowolski, Slaski Instytut Naukowy Katowice, 1973.

Nun ist der Krieg nicht das Wirken einer lebendigen Kraft auf eine tote Masse, sondern weil ein absolutes Dulden kein Kriegführen sein würde, so ist er immer der Stoß zweier lebendiger Kräfte gegeneinander, und was wir von dem letzten Ziel der Kriegerischen Handlung gesagt haben, muß von beiden Teilen gedacht werden … Solange ich den Gegner nicht niedergeworfen habe, muß ich fürchten, daß er mich niederwirft, ich bin also nicht mehr der Herr meiner, sondern er gibt mir das Gesetz, wie ich es ihm gebe.

Clausewitz: Vom Kriege

HENNING JÄDE

Vom unentbehrlichen Feind

Über eine Kategorie des politischen Überlebens

Es gibt keine Feinde mehr. Es gibt nur noch Sozialpartner, Konkurrenten, Sozialfälle, Dissidenten, schlimmstenfalls Gegner. Von Krieg ist nicht mehr die Rede. Sachverhalte, die man früher unbefangen unter diesen Begriff subsumiert hätte, gelten nun als Befreiungskämpfe, Zwischenfälle, Engagements, Interventionen, Befriedungsmaßnahmen. Vom Frieden wird zwar mehr denn je gesprochen, doch das Bewußtsein, daß dieser eine konkrete *gute Ordnung* sei, ist wenig mehr zu verspüren. Wir werden mit Surrogaten abgespeist – wie jenem wolkigen Begriff der *Entspannung,* auf den sich alle verpflichten, doch jeder auf einen anderen. Die Ursache für solche mangelnde Präzision ist einfach: Je mehr sich die politischen Abläufe verwickeln, desto stärker wird ein eigentümliches Vertrauen auf dessen vernunftgemäße Steuerbarkeit. Das drückt sich in dem herrschenden politischen Vokabular aus, das weniger der Bezeichnung konkreter Sachverhalte dient als der zugleich beschreibenden wie auslösenden Ansprache bestimmter Gemütsverfassungen. Die politischen Begriffe werden so *Klimabegriffe.*

Zu diesen Klimabegriffen gehören auch Friede, Entkrampfung, Entspannung, Koexistenz, Gewaltverzicht, Schlüsselbegriffe zumal der neueren Außenpolitik, die mit emotionalen Höchstwerten besetzt sind. Der Wert aber hat, wie *Ernst Forsthoff* sagte, seine eigene Logik, und die Gefahr einer *Tyrannei der Werte* ist von *Carl Schmitt* nicht aus bloßer Laune, sondern bitterer Erfahrung beschworen worden. Denn die Skala positiver Wertsetzungen produziert ganz notwendig die entsprechenden Negationen: der Wert den Unwert, der absolute Höchstwert den absoluten Unwert. Dieser Dialektik kann man sich nicht entziehen. So bringt die Wertschätzung des Friedens die Tabuisierung des Feindes und der Feindschaft mit sich.

Sozialstaat und Weltinnenpolitik

Es ist nicht ganz einfach, diesen Vorgang zeitgeschichtlich zutreffend zu verorten. Gewiß empfängt er gewisse Impulse aus der Völkerbund-Ära, sicherlich geht er einher mit der demonstrativen westlichen Abkehr von den Denkeinstellungen des kalten Krieges seit dem Tode *John Foster Dulles'*, insbesondere unter der *Kennedy*-Administration in den Vereinigten Staaten. Für die Bundesrepublik Deutschland läßt sich der Zeitpunkt sogar kalendarisch fixieren: auf den 15. Juli 1963, als der damalige Leiter des Presse- und Informationsamtes des Landes Berlin, *Egon Bahr,* vor der Evangelischen Akademie Tutzing die Grundlinien einer Politik des *Wandels durch Annäherung* entwickelte: Da die bisherige Politik eines Drucks durch Gegendruck nur zu einer Erstarrung des Status quo geführt habe, sei nun im Anschluß an die USA eine Politik zu verfolgen, welche den Status quo zu verändern suche, indem sie ihn zunächst anerkenne. Sehr spät erst wurde bewußt, daß niemand lauter das Ende einer Ära – *Konrad Adenauer* trat am 11. Oktober 1963 als Bundeskanzler zurück – eingeläutet hat als damals Egon Bahr.
Doch solche Tatsachenfeststellungen erklären nichts. Der Hinweis auf einen Abnutzungseffekt zuvor vertretener Positionen führt nicht weit. Denn er sagt nichts darüber aus, weshalb dieser Abnutzungseffekt nicht schon beim Scheitern des Aufstandes vom 17. Juni 1953 eintrat oder beim Bau der Berliner Mauer am 13. August 1961. Die Vermutung eines Zusammenhangs zwischen der plötzlich durchschlagenden und dauerhaften Wirkung jener Thesen

Egon Bahrs und dem staatlichen Strukturwandel erscheint nicht abwegig: Diese in der Bundesrepublik Deutschland schon damals voll durchgeführte Wendung vom Rechtsstaat zum Sozialstaat, der dem einzelnen, soweit überhaupt denkmöglich, die persönliche Sorge um alle, auch die letzten und unausweichlichen Wechselfälle des Lebens abnimmt, bringt ein spezifisches Bewußtsein hervor. Man wagt das Risiko des Lebens gewissermaßen nicht mehr ohne Netz. Kalkuliert man den schon erwähnten Glauben an die umfassende und restlose Rationalisierbarkeit des Politischen ein, so liegt die Erwartung nicht fern, daß dies auf die Welt schlechthin übertragbar sein müsse. Diese Hoffnung spiegelt sich in der Redeweise von einer *Weltinnenpolitik,* welche die klassische Trennung von Innen und Außen angeblich ablöse. Das erscheint zunächst einleuchtend – als eine Übertragung des Prinzips der politischen Einheit vom Staat auf eine weltumspannende Gemeinschaft und damit als das Ende aller solcher Einheit widersprechender Feindschaft.

Diese Logik ist freilich fatal. Dem radikal antirevolutionären Diplomaten Spaniens im 19. Jahrhundert, *Donoso Cortés,* verdanken wir die Einsicht, daß Revolutionen regelmäßig zuerst die Todesstrafe abschaffen, um sie dann in Gestalt von Massentötung wieder einzuführen. Das war damals freilich auf die Französische Revolution gemünzt; doch greift man wohl nicht zu hoch, wenn man darin eine allgemein und unverändert bestandskräftige Erkenntnis erblickt. Diese ließe sich auf die Formel bringen, daß die verbale Verurteilung von Krieg, Feind und Feindschaft um so schärfer ausfällt, je brutaler die *wirkliche* Feindschaft ist.

Das Oligopol des Schreckens

Eine kritische Geschichte der Abrüstungskonferenzen und der Vereinbarungen über die Beschränkung der Militäretats und der waffentechnischen Entwicklungen ist leider bis heute noch nicht geschrieben. Jedermann einsichtig ist indes, daß die Verurteilung bestimmter Kampfmittel zwar *diese* jeweils mit einiger Wirksamkeit ausgeschaltet hat – so ist es z.B. im Zweiten Weltkrieg, anders als 1914/18, zum Einsatz von Kampfgasen nicht mehr gekommen –, hingegen für die Entwicklung neuer massenvernichtender Waffensysteme eher Ansporn war. So bestand die Wirkung des Atomsperrvertrages nicht in einem allgemeinen Verzicht auf nukleare Massenvernichtungsmittel, sondern bloß noch in einer Beschränkung dieses infernalischen Instrumentariums auf einige wenige Mächte, in der Oligopolisierung des Schreckens. Sofern man den neuesten Veröffentlichungen folgen darf, hat der Atomsperrvertrag aber auch – in Verbindung mit den SALT-Vereinbarungen zwischen der Sowjetunion und den USA – den waffentechnischen Einfallsreichtum weiter gefördert. So gesehen, scheint die Wasserstoffbombe, die einmal den USA die weltweite Überlegenheit sicherte, schon beinahe ins militärhistorische Arsenal zu gehören.

Carl Schmitt hat einmal gemeint, die suprakonventionelle Waffe supponiere den suprakonventionellen Menschen. Doch erkennbar ruft die Steigerung der Vernichtungsdrohung durch waffentechnische Möglichkeiten *gerade nicht* eine qualitative Veränderung des Menschen oder auch nur seiner Haltungen hervor. Die Potenzierung dieser Möglichkeiten ins Unvorstellbare wird lediglich positiv verdrängt in einem allgemeinen Bewußtsein der Sekurität. So wenig realistisch diese Einstellung zweifellos ist, sosehr trägt sie zur Stabilisierung der menschlichen Existenz bei. Wenn ohnehin schon Wissen und Wirklichkeit, reale und vorgestellte, vermittelte Welt *aus zweiter Hand,* wie *Arnold Gehlen* es nennt, nicht mehr auf einen Nenner zu bringen sind, so macht der Grad des Auseinanderklaffens ersichtlich auch keinen Unterschied mehr. Das ist die vorsätzliche Selbstsicherheit der modernen Industriegesellschaften, welcher gegenüber die Frage nach dem Feind das Geschäft weniger Analytiker bleibt, welche wegen solcher Frage selbst zum Feind erklärt zu werden riskieren.

In jenem eben beschriebenen Sekuritätsgefühl liegt eine ernste politische Gefahr. Denn dieses Bewußtsein, daß es keinen Feind – als irrationalen Einbruch in die Sphäre des perfektionierten Friedens – mehr gäbe, löst die bedeutsamen Zusammenhänge auf, wie sie zwischen Krieg und Frieden, Freund und Feind notwendig bestehen.

Krieg – um des Friedens willen

Jeder Krieg wird mit einem bestimmten Kriegsziel geführt. Das Ziel des Krieges ist der Friede. Wie der Friede beschaffen ist, ergibt sich nicht zuletzt aus der Beschaffenheit des Krieges. Die Frage, wie mit dem Feind nach dem Ende des Krieges umzugehen ist, kann nur beantwortet werden, wenn man eine klare Vorstellung von Grund und Ziel des Krieges hat. Wer *den totalen Frieden* zum Höchstwert erhebt, kann nur *den Feind* als das Übel schlechthin erkennen. Er vernebelt seine Sinne vor den nicht nur wünschenswerten, sondern unerläßlichen Differenzierungen. Wer ist *der* Feind? Ein vorsätzlich verantwortlicher Verbrecher, ein Sozialfall der Völkergemeinschaft, ein Konkurrent um Macht, dem man auf gleicher Stufe gegenübersteht?

Das klassische Völkerrecht war in hohem Maße wirklichkeitsnah. Das rechtfertigt allerdings nicht das abfällige Bonmot, dies finde seinen Ausdruck darin, daß der oberste völkerrechtliche Satz laute: *Der Ober sticht den Unter,* und daß zu dieser Wissenschaft weiter nichts zu bemerken wäre. Vielmehr erklärt sich die Affinität des Völkerrechts zu den realen Lagen und Machtverhältnissen aus anderen Gründen. Zwar liegt in der Ansicht, Recht zu setzen vermöge, wer Recht auch *durchsetzen* könne, zweifellos eine übertreibende Zuspitzung. Aber es steckt darin ein wahrer Kern. So wird beispielsweise das materielle Strafrecht als ein staatliches Instrument zur Gewährleistung eines *ethischen Minimums* angesehen. Das heißt, es gibt eine Grenze, die das strafgesetzliche Verbot in Verbindung mit der Sanktionsdrohung nicht überschreiten kann, ohne seine Wirksamkeit zu verlieren. *Allzu scharf macht schartig,* sagt schon das Sprichwort. Nun ist die Erzwingbarkeit der Geltung von Rechtsnormen in den verschiedenen Rechtsgebieten sehr unterschiedlich. Während aber öffentliches, privates und Strafrecht innerhalb eines geschlossenen, überschaubaren, geordneten Staatswesen von einer einheitlichen Autorität durchgesetzt werden können, fehlt es für das Völkerrecht schon an einer solchen Instanz. Wo aber ein materielles Sollen – was als gut und gerecht empfunden wird – einer effektiven Garantie ermangelt, verschiebt sich der rechtliche Akzent notwendig aufs Formale.

Nicht wenige schätzen dies gering. Dennoch wird man kaum bestreiten können, daß eine solche Selbstbescheidung nach wie vor weise wäre. Immerhin hat sie – *Carl Schmitt* hat dies immer wieder hervorgehoben – eine der bedeutendsten neuzeitlichen Humanisierungen geleistet. Nur allzu leicht vergessen wir bei der Rückschau auf die Entstehung des modernen Staates mit seiner den Gordischen Knoten konfessioneller und ständischer Konflikte friedenstiftend durchschlagenden *Souveränität,* daß dieser innenpolitische Aspekt nur ein unvollständiges Bild darbietet. Vielleicht ist der auswärtige Gesichtspunkt noch bedeutsamer. Denn die Souveränitätskonzeption beinhaltet zugleich den Satz von der *souveränen Gleichheit der Staaten.* Wenn aber alle Staaten souverän gleich und gleich souverän sind, dann kann der besiegte Feind nicht besser oder schlechter sein als der Sieger. Unter dem Regime der souveränen Gleichheit und gleichen Souveränität kann es niemanden geben, der berechtigt wäre, als Staat über einen anderen Staat zu Gericht zu sitzen, ihn moralisch zu verurteilen. So gesehen, sind Feindschaft und Krieg formal Kategorien. Der Friede geht von der letztlich unbeeinträchtigten, unabhängigen, gleich souveränen und souverän gleichen Stellung des besiegten Feindes aus. Mag er Schadensersatz leisten – er ist weder Angeklagter noch Delinquent.

Von Versailles nach Nürnberg

Das Kriegsvölkerrecht verliert an Wert und Wahrheit in eben dem Maße, wie es diese ihm strukturell gegebenen Grenzen ignoriert. Die Pariser Vororteverträge kennzeichnen insoweit einen tiefen Einschnitt. In ihnen deutet sich der Anspruch der Sieger auf eine mit der Theorie der souveränen Gleichheit und gleichen Souveränität nicht zu vereinbarende Strafgerichtsbarkeit über den Besiegten an. War bis 1918 die Amnestie ein selbstverständlicher Bestandteil jedes Friedensvertrages seit dem Westfälischen Frieden 1648 gewesen, so verlangte Art. 227 des Versailler Vertrages die Auslieferung des *Kaisers Wilhelm II.* als Kriegsverbrecher – nicht wegen Verstoßes gegen geltende Konventionen, sondern wegen des neuartigen Delikts der schwersten Verletzung des internationalen Sittengesetzes und der Heiligkeit der Verträge (supreme offence against international morality and sanctity of treaties). Demgegenüber verbleibt der seinerzeit in Deutschland im Vordergrund des Interesses stehende sog. *Kriegsschuldparagraph,* Art. 231 des Versailler Vertrages, ungeachtet seiner historisch schwerwiegenden Auswirkungen, noch im Rahmen des Herkömmlichen: Er findet sich im Kapitel über Reparationen, also Schadensersatz, und es ist klar, daß zwischen der bürgerlich-rechtlichen Verpflichtung hierzu einerseits, dem strafgerichtlichen Urteil andererseits der gleiche gravierende Unterschied besteht wie zwischen Reparationsverpflichtung und moralisch-politischer Verdammung des Unterlegenen. Noch jedenfalls ist der besiegte Feind gleich und souverän und kein Krimineller, ist der Krieg als solcher kein Verbrechen.

Insoweit bedeuteten auch Art. 10 bis 17 der Völkerbundssatzung keine Änderung. Zwar enthält das Genfer Protokoll zur friedlichen Regelung der internationalen Streitfälle vom 2. Oktober 1924 den Satz, daß der Angriffskrieg ein internationales Verbrechen sei. Aber es erscheint auch nur der Staat – nicht Einzelpersonen aus dessen politischer Führung – als Aggressor, und die Sanktionen beschränken sich auf wirtschaftliche, militärische und finanzielle, also letztlich doch wieder auf Erwägungen des Schadensersatzes, ohne daß der Feindstaat seiner territorialen Integrität und seiner Souveränität beraubt würde. Zudem ist jenes Protokoll niemals geltendes Völkerrecht geworden; nur die Tschechoslowakei hat es ratifiziert. Auch der *Kellogg-Pakt* vom 27. August 1928 beinhaltet lediglich einen *Verzicht* auf den Krieg als Mittel internationaler Streitentscheidung. Die Londoner Konvention über die Bestimmung des Angreifers vom 3./4. Juli 1933 brachte schon deshalb keinen Schritt weiter, weil sie den Begriff des Angriffs nicht hinreichend zu bestimmen vermochte. Die Nürnberger Prozesse sind für die nachfolgende politische Geschichte, die keineswegs friedlicher als zuvor war, ohne Auswirkung geblieben. Auch einzelstaatliche Versuche, Krieg und Feind in den Griff erzwingbarer Normen zu bekommen, haben sich als wenig zweckmäßig erwiesen. Art. 26 Abs. 1 des Grundgesetzes mit § 80 des Strafgesetzbuches der Bundesrepublik Deutschland stellt zwar die Vorbereitung eines Angriffskrieges unter Strafe; indes bemerkt der angesehene Kommentar von *Petters-Preisendanz* treffend, rein praktisch gesehen, dürfte die Frage, wann ein Angriffskrieg vorliege, mehr politischer als rechtlicher Natur sein und letzten Endes von dem entschieden werden, der den Krieg siegreich beendet hat.

Das unmögliche Interim

Der Kern des hier offenkundig werdenden Problems liegt in der Unterscheidung von *Possessorium* und *Petitorium.* Dies läßt sich verdeutlichen an Hand der zivilprozessualen Einrichtung der einstweiligen Verfügung. Dieser geht das sogenannte summarische Verfahren voraus, in welchem nicht über die wahre Berechtigung des Klägers oder des Beklagten hinsichtlich des umstrittenen Gegenstandes entschieden, sondern nur ein Zustand zu schaffen versucht wird, in welchem beide Parteien zeitweilig miteinander koexistieren können. Darüber, wem also z. B. eine bestimmte Sache *wirklich* gehört, wird erst im Hauptsacheverfahren entschieden.

Für die Konfliktsregeln des Völkerrechts müßte es mithin vorrangig darum gehen, einen vorläufigen Rechtsschutz einzuräumen, der an objektive Kriterien – etwa den ersten Schuß, das Eindringen in fremdes Territorium usw. – anknüpft. Es käme also darauf an, Regeln zu schaffen, welche für einen Zwischen- und Schwebezustand ein erträgliches Koexistieren erlauben, ohne der Einigung über Grund und Berechtigung des Angriffs oder der Verteidigung vorzugreifen.

Solcher Technizität und Formalität des Völkerrechts steht allerdings nicht nur ein moralischer, ein Gerechtigkeitswiderstand entgegen; darüber hinaus heben nämlich Schnelligkeit und Wirksamkeit der vorhandenen Waffen die Möglichkeit vorläufiger Regelungen weitgehend auf. Gegenüber der nuklear bestückten Interkontinentalrakete gibt es kein Interim. So konzentriert sich das Bemühen auf inhaltlich definitive, auf urteilende und verurteilende Qualifikationen. Die Völker indes leben in der illusionären Idylle kriegs- und spannungsfreier Sekurität.

Der Zwiespalt der UNO

In solche vermeintliche Sicherheit schlagen dann Ereignisse geradezu blitzartig ein wie die Resolution der UN-Vollversammlung, Zionismus – also Streben der Juden nach souveräner Eigenstaatlichkeit – mit Rassismus gleichzusetzen und entsprechend zu verurteilen. Der Rassist aber ist nicht Feind in dem hier entwickelten, gewissermaßen klassischen Sinne. Denn im Vorwurf des Rassismus liegt die These, der so Gebrandmarkte wolle andere allein wegen deren Anderssein unterdrücken, wenn nicht vernichten. In einer solchen Kennzeichnung liegt so auch eine Feinderklärung von schärfster, diskriminierendster Wertung: Denn dem von seiner unwandelbaren Disposition her zur rassistischen Untat entschlossenen Feind kann man nicht mit Formalitäten entgegentreten, sondern nur mit der ganzen Wucht eines definitiven verdammenden Endurteils, das nur mehr vollstreckt werden muß. Zu solchen Verlautbarungen gehört ein Pathos, wie es wohl nur fanatische Gläubigkeit vermittelt, die selbst letzte Skepsis aus geschichtlicher Erfahrung wegwischt. Wenn die Palästinenser nun zum *Heiligen Krieg* aufgerufen werden, dann bedeutet dies nicht bloß eine Anknüpfung an islamische Traditionen, es trifft zugleich den politischen Kern der Lage, nämlich die Rückkehr zu vorstaatlichen Unterscheidungen, die Barbaren wie Heiden von den Wohltaten der Humanität aussparten: ein eindrucksvolles Beispiel dafür, wie die Dialektik von Wert und Unwert auch den Menschen ergreift – an die Kategorien des Unter- und des Unmenschen sei erinnert! – und mit solchen schrecklichen Vereinfachungen eine unbestreitbare Reprimitivisierung der internationalen Beziehungen einhergeht.
Überraschung und Erstaunen angesichts solcher Radikalismen sind indes nur aus Unkenntnis zu erklären. Denn in der Charta der Vereinten Nationen findet sich ein innerer Widerspruch, in welchem solche Ereignisse schon angelegt sind. Dabei handelt es sich um die sogenannten *Feindstaatenklauseln,* die Art. 53 und 107. Diese räumen den Siegermächten des Zweiten Weltkrieges besondere Vorrechte gegenüber den Unterlegenen ein und stellen damit diese – jedenfalls in einem gewissen (im einzelnen umstrittenen) Umfange – außerhalb der Völkergemeinschaft. Das Prinzip der Universalität der Vereinten Nationen auf der Grundlage souverä-

ner Gleichheit und gleicher Souveränität ist also schon von Anfang an durchbrochen gewesen. Nun wird, beispielsweise von *Dieter Blumenwitz,* die Ansicht vertreten, daß UN-Mitgliedsstaaten jenen Bestimmungen nicht unterworfen sein könnten. Denn gemäß Art. 4 Abs. 1 der Charta könnten den Vereinten Nationen alle friedliebenden Staaten angehören, welche die Verpflichtungen aus der Charta übernähmen und nach dem Urteil der Weltorganisation fähig und willens seien, diese Verpflichtungen auch zu erfüllen. Ein durch Aufnahme als friedliebend qualifizierter Staat könne aber kein potentieller Aggressor sein, auf welchen, im Falle der Unterlegenen des Zweiten Weltkrieges, die Feindstaatenklauseln noch Anwendung finden könnten. Das ist gewiß für die Beurteilung der Rechtswirkung von einiger Bedeutung, welche die Aufnahme der Bundesrepublik Deutschland und der DDR in die Vereinten Nationen für beider Feindstaatenqualität gehabt hat. Doch ändert sich damit nichts an der Einsicht, daß der Universalitätsanspruch der UN wenigstens nicht nur zur Neutralisierung der Differenzen und Konflikte tendiert, sondern durchaus auch zur intensiven Parteinahme und Verurteilung. Bisher sind Art. 5 und 6 der Charta – Suspendierung der Mitgliedschaft bzw. Ausschluß eines Mitglieds durch die Generalversammlung – noch nicht zur Anwendung gelangt; es spricht allerdings einiges dafür, daß es dabei nicht bleiben wird. Mit besonderer Aufmerksamkeit wird dann zu beobachten sein, wie sich die heute noch vielfach als Oberflächendemagogie heruntergespielten Verdammungsurteile dann in eine völkergemeinschaftliche Vollzugspraxis gegenüber dem *Outlaw* umsetzen.

Der Feind als Verbrecher

Der zeitgeschichtlich-ideologische Hintergrund solcher Regelungen darf nicht außer Betracht bleiben. Die Überlegungen, wie mit dem besiegten Deutschen Reich nach 1945 zu verfahren sei, haben insofern noch die Klarheit und Einfachheit des Anfanges.
Wird der Feind nicht mehr als souverän Gleicher betrachtet, über den zu Gericht zu sitzen sich der Logik der Souveränität nach verbietet, so ist er nur als Verbrecher zu qualifizieren. Die Behandlung

eines so eingeschätzten Feindes folgt nicht mehr kriegsvölkerrechtlichen Regeln, sondern muß sich des Feindes in dessen ganzer Existenz annehmen. Krieg und Frieden denaturieren so zu Strafexpeditionen und Strafvollzug; beides orientiert sich dann zwangsläufig an Kriterien der Kriminalpolitik. Man kann dann im Anschluß an *Cesare Lombrosos* Theorie vom *geborenen Verbrecher* versuchen, aus weitausholenden historischen Rückgriffen die volkscharakterliche Verderbtheit des Feindes nachzuweisen. Da an dessen übler Disposition nichts mehr zu ändern ist, bleibt nur die Wahl zwischen Vernichtung oder Sicherungsverwahrung auf Lebenszeit durch fortdauernde Besetzung. Aus anderem Blickwinkel erscheint der Feind als das zwar gestrauchelte, doch besserungsfähige Mitglied der Völkergemeinschaft; dessen Behandlung wird daher in der Hoffnung auf *Resozialisierung* vorgenommen und endet mit der Wiederaufnahme in den Kreis der sich selbst als friedliebend bezeichnenden Staaten.

Der absolute Feind

So schwerwiegend, gesehen im Vergleich zur humanisierenden Formalität des Feindbegriffes im *Ius Publicum Europaeum,* dieser Einbruch strafgerichtlicher und kriminologischer Kategorien in Recht und Politik auch ist, so unübersehbar die Gefahren auch sind, welche das Denken in Kreuzzugsstrategien für eine als umfassend und ausschließend zugleich vorgestellte Gerechtigkeit birgt, ein Superlativ ist damit noch nicht erreicht. Denn immerhin sind Schuld und Sühne – wie unangemessen auch immer – Maßstäbe, die eine Beziehung zu zurechenbarem menschlichem Handeln wenigstens behaupten. Dieser Zusammenhang endet erst, wenn der Feind aus der konkreten Lage herausgelöst, von den feststellbaren Interessen und Konflikten isoliert erscheint – also *absolut.* Wenn der Kommunismus in der Geschichte eine Abfolge von Klassenkämpfen mit dem notwendig feststehenden Endsieg des Proletariats sieht, so liegt in dem Moment der *Notwendigkeit* eine ungeheure Steigerung der Feindschaft. Sie wird unabhängig davon, was der Feind tut oder läßt. Wenn ihm vorbestimmt ist, so oder so aus dem geschichtlichen Ablauf auszuscheiden, dann verlieren alle humanisierenden Regelungen ihren Sinn. Es kommt

dann allein darauf an, *daß* der Feind verschwindet, und dies letzte Gefecht wird im Namen des „Weltgeistes" geführt, der, *legibus solutus,* nur dem eigenen Gesetz unterworfen ist wie kein absolutistischer Fürst je zuvor.
Selbstverständlich handelt es sich hier um Rechtfertigungsideologien. Denn die totale und absolute Vernichtung ist ohne den totalen und absoluten Feind nicht denkbar. Je rationaler und perfekter diese restlose Vernichtung generalstabsmäßig vorgeplant und in Overkill-Kapazitäten berechnet werden kann, desto mehr entzieht sie sich der Verständnismöglichkeit der Völker. Das waffentechnisch Mögliche läßt sich nicht mehr beschreiben oder vorstellen. So liegt ein Trugschluß in der Ansicht, daß der Grad der Feindschaft die Rüstungspotentiale bestimme. Vielmehr hängt der Grad der möglichen Feindschaft von der technischen Potenz ab: *Die Waffe beschreibt den Feind,* und nur mit dem Teufel kann es keinen Frieden geben.
Dem steht nicht entgegen, daß etwa im gegenwärtigen Verhältnis zwischen den beiden Supermächten USA und UdSSR von solchen Diabolisierungen nur wenig zu spüren ist. Denn hier balancieren sich immer noch in einem bestimmten Ausmaße Macht und Gegenmacht; das technische Risiko, das in einem Einsatz der einen oder der anderen läge, ist unkalkulierbar. Aber das ist an den Fortbestand einer solchen Lage gebunden und hat nichts damit zu tun, daß die Totalität der Feindschaft, wie sie die Waffe diktiert, neutralisiert sei. Je schwächer hingegen das Bewußtsein von der Möglichkeit solcher Feindschaft wird, desto stärker wird die Gefahr ihrer Wirklichkeit.

Die Wiederkehr des Partisanen

Die Lösung von Krieg und Feind aus dem Turnierreglement des völkerrechtlich gehegten Staatenkrieges in Verbindung mit der hochmoralischen Aufladung beider hat aber noch eine weitere Konsequenz: die *Wiederkehr des Partisanen.* Eine der entscheidenden Humanisierungsleistungen des Völkerrechts bestand in der strikten Unterscheidung zwischen regulärer Truppe, wie sie z.B. in Art. 1 der Haager Landkriegsordnung von 1907 definiert ist, und irregulärem Kämpfer, der unter dem Deckmantel des Zivilisten Krieg führt, damit die nicht kämpfende Zivilbevölkerung in die Kampfhandlungen verstrickt und so die immerhin relative Menschlichkeit des Kriegsvölkerrechts zerstört. Nur folgerichtig ist es, wenn daher der Partisan sich auf dessen besonderen Schutz *nicht* berufen kann.

Auf dem Boden dieser wichtigen und unverzichtbaren Unterscheidung stehen prinzipiell auch noch die vier Genfer Konventionen vom 12. August 1949. Doch bezieht z. B. Art. 13 Nr. 2 des 1. Genfer Abkommens zur Verbesserung des Loses der Verwundeten und Kranken der Streitkräfte im Felde auch organisierte Widerstandsbewegungen in den Schutzbereich ein, freilich unter der Bedingung, daß sie gleichermaßen wie die reguläre Truppe offen kämpfen. Der schwer auflösbare Widerspruch wird klar, wenn man sich die Frage stellt, wie in besetzten Ländern solche Quasi-Regularität mit den einer Widerstandsbewegung von der objektiven Lage geradezu aufgezwungenen Formen des verdeckten Krieges in Einklang gebracht werden soll.

Hier zeigt sich, aller Zurückhaltung und Vorsicht eingedenk der möglichen gefährlichen Folgen zum Trotz, die entscheidende Akzentverschiebung: Für den Begriff des Krieges verlagert sich der inhaltliche Schwerpunkt von dem regulären und regulierten Konflikt weg, dessen Subjekte nur Staaten sein können, in Richtung zur *gerechten Sache* überhaupt. Das hat beispielsweise der Auftritt des Palästinenserchefs *Yassir Arafat* vor der Vollversammlung der Vereinten Nationen recht deutlich dokumentiert. Aber damit ist nur ein Teil des Problems erfaßt.

Die großen Industriestaaten mit umfangreichen Dienstleistungs- und Vorsorgeeinrichtungen kennen den herkömmlichen Typus der Revolution und des Bürgerkrieges nicht mehr. Ein Militärputsch etwa à la *Kapp* wäre in der Bundesrepublik Deutschland schlechthin unvorstellbar, weil es gar nicht mehr gelänge, alle entscheidenden Herrschaftsstränge schnell genug in die Hand zu bekommen. Auch darf man fragen, ob dem Revolutionär daran gelegen sein kann, das Risiko großer Zerstörungen einzugehen, oder ob er nicht vielmehr an dem Zugriff auf eine intakte Apparatur interessiert sein muß, die man aber nicht im Handstreich erobern kann. Die

Antwort auf diese Lage ist die Parole vom *Langen Marsch durch die Institutionen.*

Daneben gibt es aber die prinzipielle Feindschaft gegen das industriestaatliche System, das sich nun einmal am erfolgreichsten auf privatwirtschaftlicher, also „kapitalistischer" Grundlage entwikkelt hat. Solchen Feinden geht es nicht darum, dieses System zu erobern, sonden es in den Zusammenbruch zu treiben. Es handelt sich dabei keineswegs um „Anarchisten" oder gar Herostraten, wie man sie seit Jahrhunderten kennt, vielmehr um Täter, die eine revolutionäre Situation schaffen wollen, in welcher eine neue Herrschaft – ihre eigene nämlich – etabliert werden kann. Es fragt sich, ob diese nicht – aller offiziellen Verurteilungen der Neuen Linken und erst recht des aus deren Ideologie destillierten Terrorismus ungeachtet – sogar in der Sowjetunion einen *interessierten Dritten* haben, insofern interessiert, als sich der Kreml im gegebenen Falle als Ordnungsmacht präsentieren könnte, wie dies heute schon die Kommunistischen Parteien in Italien und Frankreich mit beachtlichem Erfolg tun. Diese Terroristen nutzen die Kehrseite der weit in den Lebensbereich des einzelnen vorgeschobenen industriestaatlichen Funktionsvernetzung, nämlich deren Empfindlichkeit an ganz bestimmten Schaltstellen. Die kriminelle Vereinigung *Baader-Meinhof* ist insoweit gewiß nur eine Vorstufe, da sie sich auf die Verbreitung weitgreifender Unsicherheiten und Ängste durch demonstrative Anschläge beschränkte, während ihre Nachfolger sich auf Geiselnahmen spezialisierten. Es gehört wenig Phantasie dazu, sich vorzustellen, was geschähe – und *gefordert* werden könnte! – im Falle der Bedrohung beispielsweise der Wasserversorgung einer Millionenstadt durch ein bakterielles oder chemisches Attentat.

Der Verteidiger *Ulrike Meinhofs* in dem Strafverfahren vor dem Oberlandesgericht Stuttgart, *Axel Azzola,* beantragte im Januar 1976 den Abbruch der Beweisaufnahme und die Überführung der Angeklagten in Kriegsgefangenschaft. Denn die angeklagte Gruppe verstünde sich als kriegführende Partei und hätte daher Anspruch auf standesgemäße Behandlung. Das ist mehr als eine Clownerie. Vielmehr bezeichnet dies Verlangen eine neue Dimension irregulärer Kriegführung und Feindschaft. Für die Staaten ist in diesem Bereich das Risiko besonders erhöht: einmal, weil sie, soweit es sich um Rechtsstaaten handelt, das geordnete Verfahren nicht preisgeben können und wollen, das sie daran hindert, jene neue Art von Partisanen anders als ordinäre Kriminelle zu behandeln (wobei der hochpolitische Aspekt dieser Kriminalität nur unter dem Gesichtspunkt strafrechtlich unerheblicher Rechtsblindheit beachtlich ist); zum anderen, weil es sich hierbei nicht um eine reale Macht handelt, der man mit Gegenmacht begegnen könnte, sondern um einen unkalkulierbaren und unverortbaren Feind. Nicht einmal der Satz, daß man den Partisanen nur nach Partisanenart bekämpfen könne, paßt hier mehr recht.

Feindschaft ist der Preis des Friedens

Dieser Rundblick mag genügen, um zu zeigen, daß Feindschaft eine Realität ist – allen feierlichen Ächtungen zum Trotz. Deshalb ist es wirklichkeitsfremd und gefährlich, davon zu schweigen, daß es nach wie vor Freund und Feind gibt, daß man beides unterscheiden muß. Im weltpolitischen Maßstab ist die *souveräne* Entscheidung über Freund und Feind heute, wenn überhaupt, nur noch den Supermächten möglich. Für alle anderen zumindest erweist sich die These, daß zur Feindschaft zwei gehörten, die sich für diese entschieden, als nur von begrenzter Gültigkeit. Jedes Gemeinwesen kann Feindschaft treffen, kann von einem anderen zum Feind erklärt werden. Man ändert nichts an den Interessen des Feindes, indem man selbst erklärt, keine Feindschaft zu wollen. Selbst die Unterwerfung unter den Willen des Feindes rettet nicht. In der heutigen weltpolitischen Situation wechselt man damit nur die atomare Hegemonialmacht und handelt sich für deren Schutz die Feindschaft der anderen ein.

Unter dem neuartigen Aspekt des Partisanen gar kann jeder Bürger in den Griff der Feindschaft geraten, ob nun Stämme Südostasiens oder des Vorderen Orients ihre Befreiungskriege auf fremden Territorien austragen oder antikapitalistische Terroristen die Schwäche des bürgerlichen Staates anschaulich darstellen wollen.

Wer in solcher Lage überleben will, muß sich zur *Möglichkeit der Feindschaft* bekennen und diese Möglichkeit existentiell-politisch annehmen. Feindschaft realisiert sich heute weniger in der Form des Vernichtungsvollzuges als in der diesen Vollzug ankündigenden und androhenden Erpressung. Doch man muß nicht Kriminologe sein, um zu wissen, daß jede Erfüllung solcher Forderungen neue nach sich zieht. Genuß ohne Reue, Komfort ohne Kosten, Leben ohne Risiko – gewiß ist das die innere Logik der sozialstaatlich verfaßten Konsumgesellschaft. Aber es muß ausgesprochen werden, daß es ohne Opfer langfristig weder Freiheit noch Sicherheit geben kann. Eine politische Denkungsart, die dies ignoriert, wird sicherlich den Frieden gewährleisten, allerdings jenen des Kirchhofs.

Die Unterscheidung von Freund und Feind ist nicht dafür verantwortlich zu machen, was an Feindschaft möglich und in die dunkelsten, die bittersten geschichtlichen Kapitel eingegangen ist. Die Polemik gegen diese Unterscheidung zertrümmert nur – bildlich gesprochen – das Barometer, weil sie es für das schlechte Wetter verantwortlich macht. Oder soll nicht mehr festgestellt werden können, daß Sturm aufzieht? Der Friede ist, solange wir nicht in einer weltstaatlichen Wohlfahrtsdiktatur, sondern in einem weltpolitischen Pluriversum leben, eine bei weitem zu schwierige und verwickelte Angelegenheit, als daß sie sich ehrlicherweise und ohne beutemacherische Hintergedanken auf knappe Formeln bringen und mit einfachen Rezepten verordnen ließe. Illusionslose Skepsis ist so allein wirklichkeitsgerecht. *Si vis pacem, para bellum.* Früher übersetzte man: Wenn du den Frieden willst, bereite den Krieg vor. Um nicht in den Verdacht des Militarismus zu geraten, sagen wir: Wenn du den Frieden willst, sei auf den Krieg gefaßt – keine Abrüstungskonferenz, keine Kriegsächtung, kein Friedensnobelpreis hat daran etwas ändern können.

KLAUS HORNUNG

Der Politisch-Revolutionäre Krieg der Gegenwart

Abschied von den Illusionen der Entspannung

Der Blick auf die internationale wie die innerstaatliche Szenerie unserer Tage, auf die stetige Verschiebung des Gleichgewichts zuungunsten des Westens und auf den immer wirksamer werdenden Terrorismus zeigt: Nicht die *Unmöglichkeit* und *Abschaffung* von Krieg, kollektiver Gewaltanwendung und bewaffnetem Konflikt ist das historische Signum der Gegenwart, sondern deren tiefgreifender *Gestaltwandel.* Nichts erscheint heute dringlicher als die Antwort auf die Frage: Hat unsere Verteidigungsplanung alle denkbaren Möglichkeiten einer gewaltsamen Auseinandersetzung bedacht? Ergeben sich angesichts des immer noch bestehenden atomaren Patts nicht immer deutlicher ganz andere Kriegsformen als diejenigen, mit denen wir heute noch vor allem rechnen?[1]
Unserem öffentlichen Bewußtsein erscheint es allzu evident, daß im Zeitalter der Kernwaffen „der Krieg" der Entwicklung der Kampfmittel zum Opfer gefallen sei. Die Kriegstechnik habe Möglichkeiten der Vernichtung produziert, in denen der Krieg sich selbst aufhebt; der Weltfriede werde zur „Lebensbedingung" des technischen Zeitalters schlechthin[2]. Die zeitgenössische technisch-industrielle Welt lehne jede Art von Gewaltanwendung ab und erfordere „auch für die Beziehungen der Staaten untereinander ethische Lösungen"[3].

In solchen Formeln der communis opinio wird deutlich, daß heute in den westlichen Industriegesellschaften allzu leicht von der *Undenkbarkeit* des großen Kernwaffenkrieges auf die *Unmöglichkeit* bewaffneter Konflikte schlechthin geschlossen wird. Die „offiziellen" Kriegsbilder, z. B. der NATO und der Bundeswehr, gehen immer noch allzusehr von den Maßstäben des großen Krieges, des militärischen Zusammenstoßes zwischen Staaten aus, sei er nun nuklear, konventionell, begrenzt oder wie auch immer. Solche Statik eines nur-militärischen Status-quo-Denkens ist auch in den Sicherheits-Weißbüchern der Bundesregierung zu erkennen, wenn hier recht herkömmlich zwischen „Frieden" (als „höchstem Gut") und „Krieg" (den es durch Abschreckung und militärisches Gleichgewicht zu verhindern gelte) als nicht hinterfragten letzten Größen unterschieden wird[4]. Nur zögernd klingt hier an, daß der in Europa seit dem Ende des Zweiten Weltkriegs herrschende „Friede" ein durchaus prekärer Zustand im Sinne des „Nichtkrieges" ist. Aus der unverminderten Rüstung der Sowjetunion und des Warschauer Paktes wird gefolgert, daß man im Blick auf sie auch „die Möglichkeit der politischen Pression" einkalkulieren müsse, „die ausdrücklich oder stillschweigend mit militärischen Mitteln gestützt wird". Für die offizielle Verteidigungsdoktrin richtet sich „glaubhafte Abschreckung" aber immer noch fast ausschließlich gegen konventionelle und nukleare Bedrohung; hierin werden die „gegenwärtigen theoretisch denkbaren Kriegsformen" gesehen.

Nun stammt die Kritik an der Katastrophen-Strategie der Kernwaffen-Abschreckung, die dazu neigt, „bei einem Hausbrand die Schleusen der nahen Sperre zu öffnen, um das ganze Tal zu überfluten – die Felder, ja sogar die Stadt", nicht erst von gestern oder heute. Ferdinand Otto Miksche z. B. qualifizierte schon vor rund zwei Jahrzehnten die Kernwaffendrohung als „weder Kriegs- noch Staatskunst", nicht als ein Zeichen der Stärke, sondern der Schwäche, als „die Kampfart jener, die es vorziehen, aus mangelndem Wehrwillen sich auf technische Mittel zu verlassen", als „die Rezeptur von Regierungen, denen es an der Fähigkeit fehlt, die lebendigen Kräfte ihrer Nationen zu mobilisieren"[5].

Nicht Abschaffung, sondern Gestaltwandel des Krieges

Diese Einschätzung wurde seitdem in bestürzender Weise bestätigt. Die „Atomparalyse" hat keineswegs zu einem Zeitalter ohne Krieg geführt. Wir sind vielmehr Zeugen nicht der Abschaffung des Krieges und kollektiver Konflikte, sondern ihres tiefgreifenden Wandlungsprozesses, der das *revolutionäre* Element in ihnen immer stärker hervortreten läßt. „Erstaunliche Vorgänge wie die militärische Niederlage der Vereinigten Staaten in Vietnam zeigen, daß es notwendig ist, unsere Vorstellungen vom Krieg und von seinen Grundelementen einer radikalen Überprüfung zu unterziehen"[6]: So hat der vor kurzem verstorbene französische Militärtheoretiker General André Beaufre die Aufgabe mit gallischer Logik formuliert. In unseren Tagen hat sich das Verhältnis von inneren Unruhen zu völkerrechtlichen Kriegen fortlaufend zugunsten der ersteren verschoben. Nach einer – unvollständigen – Aufstellung des amerikanischen Verteidigungsministeriums waren zwischen 1958 und 1966 von 164 Ausbrüchen kollektiver Gewalt nur 15 Konflikte zwischenstaatlicher Natur; nach einer Liste, die in der „New Yorker Times" veröffentlicht wurde, gab es zwischen 1946 und 1959 rund 1200 „interne Kriege", d.h. Bürgerkriege, Guerillakriege, Staatsstreiche, Meutereien usw.[7]. Der „internal war" ist zu einer Art von *Ersatzkrieg* geworden. Der „verdeckte Kampf" tritt mehr und mehr an die Stelle des klassischen Staatenkrieges. Die Partisanen – „Parteigänger" – erinnern schon im Namen an diese indirekten Stellvertreterkriege, die keinen zwischenstaatlichen Kriegszustand im Sinne des klassischen europäischen Völker-, Kriegs- und Neutralitätsrecht mehr kennen, das durch klare rechtliche „Hegungen" und Zäsuren, wie Kriegserklärung, Waffenstillstand, Friedensschluß usw., gekennzeichnet war. Die „patterns of violence in world politics" haben sich gewandelt vom *inter-state-war* zum *intra-state-war,* von der Gewaltanwendung *zwischen* Staaten und Regierungen zu solchen *gegen* Regierungen und bestehende gesellschaftliche Ordnungen. In diesem Revolutionären Krieg geht es nicht mehr vor allem um Landerwerb oder die Unversehrtheit des Territoriums, sondern um die Errichtung einer ideologisch-gesellschaftlichen Gegen-Ordnung gegen bestehende Herrschaftsverhältnisse und die Gewinnung der Menschen für jene gegen diese. Er ist als ideologischer Krieg ein „total war within a society“, wo nötig auch ein „langandauernder“ Konflikt, der keineswegs auf organisierte und militärische Gewaltanwendung beschränkt ist, sondern die ganze Fülle der Beziehungen zwischen Staaten und sozialen Gruppen in ihren vielfältigen ideologischen, politischen, ökonomischen, kulturellen, psychologischen, technischen und militärischen Aspekten umfaßt. Es handelt sich dabei um ein Kalkül vermittelter und verminderter Risiken, das den frontalen Angriff scheut und das *indirekte* Vorgehen bevorzugt. An die Stele der allzu einfachen, vor allem bürgerlich-liberalen Vorstellungen von absolutem Krieg und absolutem Frieden ist ein neues Spektrum von Konfliktarten und Methoden getreten, von oft subtilen Differenzierungen kollektiver Gewalt, die man unter dem Begriff des Politisch-Revolutionären Krieges der Gegenwart zusammenfassen kann. Unter dem Zwang des Gleichgewichts der Kernwaffen hat „der Krieg“ – erfinderisch wie die Menschheit in der Entwicklung und Handhabung kollektiver Gewalt nun einmal zu sein scheint – neue Formen gefunden, hat er sich gewandelt vom Konflikt zwischen souveränen Nationalstaaten zum politisch-ideologischen Konflikt zwischen verschiedenen Gesellschaftsformen und Lebensauffassungen. An die Stelle überholter nationalstaatlicher Grenzen sind „Gesinnungsfronten ohne Rücksicht auf Landes- und Volksgrenzen“ getreten[8].

„Mit der Entwicklung des kalten Krieges nach dem Zweiten Weltkrieg und der Tendenz zur Totalisierung politischer Ziele und technischer Zerstörungspotentiale wurde überkommenen begrifflichen Differenzierungen endgültig der Boden entzogen. Dem Begriff des Krieges und dem Begriff des Friedens entsprechen in Politik und Gesellschaft heute keine eindeutigen Sachverhalte mehr. Die Trennlinie zwischen beiden ist verschwommen; ihre spezifischen Konturen sind verlorengegangen. Dichotomische Schemata können eine Fülle von empirischen Erfahrungen nicht mehr erfassen.“ Dieter Senghaas zieht aus dieser Einsicht die Folgerung, daß es notwendig sei, „neue adäquate Begriffe für die Analyse der inzwischen zu beobachtenden Verschränkung von Krieg und Frieden zu formulieren und Genesis und Struktur dieses gesellschaftlichen Tatbestandes in neuen theoretischen Entwürfen zu diskutieren“[9]. Tatsächlich schlagen sich in der Verklammerung von „Krieg“ und „Frieden“ im Politisch-Revolutionären Krieg der Gegenwart, im Wandel vom „europäisch-typisierten zwischenstaatlichen“ zum „asiatisch-typisierten innerstaatlichen“ Krieg die zentralen Konfliktfronten der Epoche nieder: die Existenz der Kernwaffen, welche indirektes und langandauerndes Vorgehen erzwingen, die Bevölkerungsexplosion in der Dritten Welt und die mit ihrer Emanzipation begonnene Neuverteilung von Macht und Reichtum der Erde sowie die eben darauf ihre Hoffnungen setzende marxistisch-kommunistische Revolutionsstrategie in ihren verschiedenen Ausprägungen [10].

Der verschleierte Krieg im Frieden

Das aus der liberalen Tradition stammende politische Denken der westlichen Demokratien hat es nicht leicht, der Neuartigkeit der ideologisierten und dadurch totalisierten Konfliktformen der Gegenwart und absehbaren Zukunft auf die Spur zu kommen. Insbesondere das Theorem von der „Unvereinbarkeit“ (Inkompatibilität) von Krieg und Arbeit, kollektiver Gewalt und wissenschaftlich-technisch-industrieller Welt hat lange Zeit den Blick auf die neuen Konfliktformen verstellt [11]. Nur wenige geistig unabhängige (und mutige) Denker waren bislang imstande, entgegen der großen Internationale der Illusionisten, den „Krieg, um den es geht“, zu analysieren. Nach der Überzeugung des französischen Soziologen Jules Monnerot muß man bis in die Zeit der europäischen Religionskriege zurückgehen, um den heutigen „verschleierten Krieg im Frieden“ zu verstehen [12]. Hier wie damals zielt der ideologisch aufgeladene Konflikt vor allem darauf ab, dem Gegner „all seine Gründe zum Leben und Hoffen zu nehmen“. Damals wie heute geht es vor allem um die Vermittlung von Gewißheit: Gewißheit für die eigenen Anhänger, nicht zuletzt die Intellektuellen unter ihnen, diesen „Hungrigen nach einheitlicher subjektiver Gewißheit“, Gewißheit aber auch des angeblich geschichtsnotwendig sich vollziehenden Untergangs des Gegners. Die totalitären Ideologen verstehen es, in dieser Auseinandersetzung die Widersprüche der offenen, pluralen Gesellschaft für sich auszunützen. In ihren „Langstreckenfriedensoffensiven“ unter der scheinbar so vernünftigen Parole „Wollt ihr lieber Krieg oder Frieden?" spielen sie souverän auf dem Instrumentarium des natürlichen Selbsterhaltungstriebes und der Gefühlswelt breiter Schichten: „Eines der Prinzipien des psychologischen Krieges ist hier die Unwissenheit der größten Zahl, die mit gleichmäßigem Unverständnis diejenigen bevorzugt, die ihren Leidenschaften schmeicheln." [13]

Die „erweiterte Strategie"

Schon in den dreißiger Jahren hat der deutsche Politikwissenschaftler Sigmund Neumann, interessanterweise in der Auseinandersetzung mit Hitlers neuartig-revolutionärer Außenpolitik, diese als „mixed strategy of promise and blackmail" zu kennzeichnen versucht, als eine offensive Strategie aus Lockung und Erpressung, welche die Illusionsbereitschaft der Demokratien gegenüber dem unerklärten politischen Krieg soweit wie möglich auszunützen und schließlich in kurzen Gewaltakten zu überspielen verstand [14]. Schon Neumann formulierte mit dem Begriff der „erweiterten Strategie" (extended strategy) die Einsicht, daß sich die Trennung zwischen Politik und Kriegführung, Frieden und Krieg, „eine in Jahrhunderten bürgerlicher Entwicklung geschaffene Realität", in Auflösung befand und einem „Zustand der Zweideutigkeit" Platz gemacht hatte, „der auch den Übergang in den Kriegszustand in sein Zwielicht rückt" [15]. Hermann Rauschning charakterisierte aus naher Kenntnis diese neue Strategie wie folgt: „*Militärische Aktionen werden überhaupt nur noch denkbar in Verbindung mit revolutionären Handlungen. Sie sind erst möglich, wenn die politische Lage beim Gegner so gereift ist, daß ein bewaffneter Aufstand unter allen Umständen erfolgreich und im Sinne des revolutionären Prozesses vor allem auch nützlich erscheint.* Nicht um Grenzprobleme und Territorialgewinne geht es hier, sondern zugleich um das Vorantreiben der totalen revolutionären Bewegung in den außenpolitischen Ordnungen." [16]

Hitlers neuartige Politik unblutiger Aggression, der faits accomplis und der „Salamitaktik", die jeden Schritt nach der gesellschaftlich-ideologischen Lage des demokratischen Gegners so dosierte, daß dessen nur allzu friedenssüchtige öffentliche Meinung die politisch Verantwortlichen an wirksamen Gegenmaßnahmen hinderte, war damit kenntnisreich umschrieben. Der ganze Problemkomplex „München 1938“ gewinnt in dieser Sicht eine bestürzende Aktualität. Auch die Nationalsozialisten hatten – wie heute die Kommunisten die Weltfriedensbewegung, den Weltgewerkschaftsbund, große Teile der westlichen Medien usw. – für diese revolutionäre außenpolitische Strategie ihre Transmissionsriemen, etwa die Frontkämpferverbände, den Jugendaustausch, überhaupt jene ganze Internationale der fellow travellers nicht zuletzt unter den Eliten, mit deren Hilfe an den demokratischen Regierungen vorbei unmittelbar die öffentliche Meinung und der „kleine Mann“ beeinflußt werden konnten. Ihren größten Erfolg errang diese politisch-psychologische Kriegführung im Frieden, im Mantel der „Friedenspolitik“ („Die Völker haben sich noch nie den Krieg gewünscht, wenn nur die Regierungen immer den Frieden wollten!“ Hitler) bei der Zersetzung des französischen Widerstandwillens vor dem Zweiten Weltkrieg. In einer Stimmung des „Mourir pour Dantzig?“ gab schließlich der militärische Angriff einem waidwund geschossenen Wild nur noch den Fangstoß[17].

Der bereits erwähnte französische General André Beaufre hat damals, im August 1939, unmittelbar vor Ausbruch des heißen Krieges, diese Methodik als die paradoxe Erscheinung des „paix-guerre“ beschrieben. Und eben diese Erfahrungen schärften ihm den Blick für die indirekte Strategie der Gegenwart, die er als die „Kunst“ definiert, „den engen Handlungsspielraum, der infolge der atomaren Abschreckung noch gegeben ist, bestmöglich zu nutzen und trotz der zuweilen äußersten Begrenzung der einsatzbereiten militärischen Kräfte große und durchschlagende Erfolge zu erzielen“. Diese indirekte Strategie und ihr nuancenreiches Spiel erzielt ihre Erfolge nicht zuletzt durch die Ermüdungstaktik einer sich lange hinziehenden politisch-ideologischen Konfrontation, und sie versteht es auch heute, den Friedenswillen der westlichen Weltöffentlichkeit und der Neutralen ebenso in ihren Dienst zu stellen wie ein verbreitetes „antikapitalistisches“ (und anti-amerikanisches) Weltklima. „Die neue Strategie ist eine sehr indirekte Militärstrategie, in der die politische Entscheidung durch den vorrangigen Einsatz psychologischer Mittel gesucht wird.“[18]

Die revolutionäre Logik und Selbstgerechtigkeit

Die Wurzeln des Politisch-Revolutionären Krieges der Gegenwart reichen zurück bis zur Französischen Revolution, als zum ersten Mal der Versuch gemacht wurde, die politisch-gesellschaftlichen Verhältnisse im Kampf gegen die europäischen Monarchien entsprechend einer angeblich „natürlichen Ordnung" umzugestalten und „gewaltsam politische Zustände zu schaffen, die den gesellschaftlichen Frieden sichern sollten"[19]. Hier verschmolzen Krieg und Revolution miteinander: Krieg wurde legitimiert als Instrument der Revolution zur Herstellung eines endgültigen, absolut gerechten Gesellschaftszustandes. Da die Revolution im Dienste „des Volkes" und seines Glücks unternommen wird, als Kreuzzug gegen die die Menschenwürde mit Füßen tretenden „Tyrannen", wähnt sie sich moralisch zutiefst gerechtfertigt. Im „Krieg der Hütten gegen die Paläste" entsteht die bis heute weltgeschichtlich wirksame, weil nicht mehr hinterfragte Identifikation von Revolution, sozialer Demokratie, Gerechtigkeit und Frieden. Revolution wird zur „allgemeinen Bezeichnung für die politische Bewegung der Geschichte zur menschlichen Gleichheit in allen Zuständen, die allein – als sozial gerechte – Frieden ermöglichen kann... Da ihr die Rechte des Citoyen Wahrheitspostulate sind, die für alle Menschen gelten sollen... wird jeder Zustand, der sich seiner Revolutionierung widersetzt, zum eigentlichen Angreifer." Natürlich versteht sich dieser Revolutionäre Krieg als das „letzte Gefecht", den letzten aller Kriege, „um die politische Gleichheit herzustellen und aufrechtzuerhalten", wie schon Robespierre mit jakobinischer Logik sagte.

Seitdem hat das Ausmaß der Wechselwirkungen zwischen Krieg und Revolution, wie Hannah Arendt in ihrem großen Buch „Über die Revolution" hellsichtig gezeigt hat, beständig zugenommen. Die Revolution wird nicht so schnell von der Bildfläche verschwinden, ja, es könnte sein, „daß in dem gegenwärtigen Konflikt, der die Welt in zwei feindliche Parteien aufzuspalten droht, diejenigen schließlich die Oberhand behalten werden, die verstehen, was eine Revolution ist, was sie vermag und was sie nicht vermag..."[20]

Die weltgeschichtliche Wirkung des Marxismus

Diese Ideologisierung und Revolutionierung sowohl der innergesellschaftlichen wie der internationalen Beziehungen kommt im Marxismus zur weltgeschichtlichen Wirkung. Nicht zu Unrecht ist die Hegelsche Geschichtsphilosophie, für die sich das Absolute im geschichtlichen Prozeß offenbart, als die vielleicht schwerwiegendste Konsequenz der Französischen Revolution bezeichnet worden. Diese Philosophie wurde für Marx zum „Kopf" der revolutionären Emanzipation, die im Bündnis mit dem Proletariat als deren „Herz" zur „materiellen Gewalt" des revolutionären Umsturzes werden sollte. Die Revolution wird hier Thema und Inhalt der Geschichte selbst. Marx und Engels entwickelten gleichsam den „Fahrplan der Geschichte", durch den die Revolution aus dem Zustand bloß auflehnender Gewalt in die Disziplin einer Kanalisierung der Geschichte überführt werden soll[21].
So wird es auch verständlich, daß Marx und Engels dem engen Zusammenhang von Kriegsführung und Produktionsverhältnissen besondere Aufmerksamkeit schenkten. Der Krieg war für sie erst in zweiter Linie ein militärisches Ringen. Indem sie ihn vor allem als Ausdruck ökonomischer und gesellschaftlicher Kräfte verstanden, war ihr Kriegsbild moderner als das der meisten der zeitgenössischen professionellen Militärs. Die Voraussetzungen der Revolution müssen zwar erfüllt sein, d. h., die Produktionsverhältnisse müssen aus Entwicklungsformen zu Fesseln der Produktivkräfte geworden sein. Dann allerdings spielt die Gewalt ihre revolutionäre Rolle als „Geburtshelferin jeder alten Gesellschaft, die mit einer neuen schwanger geht", wird sie zum „Werkzeug, womit sich die gesellschaftliche Bewegung durchsetzt und erstarrte, abgestorbene politische Formen zerbricht"[22]. *„Mit der Erhebung des Bürgerkrieges zum Krieg der Zukunft hat sich der Marxismus seinen eigenen Kriegsbegriff geschaffen, der sich ideenmäßig völlig vom Kriegsbild des liberalen Bürgertums… gelöst hat."*[23]

Lenin: Vom Staatenkrieg zum Bürgerkrieg

Hier konnte Lenin mit seiner Grundthese von der Überführung des imperialistischen Krieges in den Bürgerkrieg mit revolutionärem Scharfblick anknüpfen. Auch für ihn ist die Revolution das Verbindungsglied zwischen dem traditionellen Krieg und jenem „Frieden", der durch die künftige weltweite klassenlose Gesellschaft seinen abschließenden Inhalt erhalten soll, weshalb Lenin sagen kann: *„Wer den Klassenkampf anerkennt, der kann nicht umhin, auch den Bürgerkrieg anzuerkennen."* Schon 1905 schrieb Lenin: *„Die Revolution ist ein Krieg. Von allen Kriegen, die die Weltgeschichte kennt, ist dies der einzige rechtmäßige, gerechte, wirklich große Krieg."*[24] In dem Bemühen um solche neue Legitimität der Revolution war es Lenin niemals zweifelhaft, daß die Stellung der Kommunisten zum Krieg „eine grundsätzlich andere als die der bürgerlichen Pazifisten (der Friedensfreunde und Friedensprediger) und der Anarchisten" sein mußte: „Von den ersteren unterscheiden wir uns durch unsere Einsicht in den unabänderlichen Zusammenhang der Kriege mit dem Kampf der Klassen im Inneren eines Landes..., ferner auch dadurch, daß wir die Berechtigung, Fortschrittlichkeit und Notwendigkeit von Bürgerkriegen voll und ganz anerkennen, d.h. von Kriegen der unterdrückten Klasse gegen die unterdrückende Klasse..."[25]

Lenins Bedeutung für Theorie und Praxis des Revolutionären Krieges beruht zum einen auf der von ihm vorgenommenen Verknüpfung von marxistischer Revolutionsstrategie (und ihrer Lehre vom Klassenkampf) mit der Emanzipation der kolonialen und abhängigen Dritten Welt, zum anderen auf seiner Fähigkeit zur genauen Analyse gegebener Kräfteverhältnisse und der entsprechend einzusetzenden Mittel und Methoden. Auf Grund seiner Erfahrungen in der Revolution von 1905 hat er im „Militärprogramm der proletarischen Revolution" ausdrücklich die ideologische Intensivierung und den Kleinkrieg in das Kampfarsenal des totalen revolutionären Volkskrieges einbezogen – übrigens in Anlehnung an Clausewitz' Formel, daß der Krieg keine isolierte Handlung sein dürfe, sondern stets ein „Teil des Ganzen", d.h. des „politischen Verkehrs" zu sein habe, wobei Lenin den Clausewitzschen Begriff der „Politik" freilich mit dem marxistischen

Inhalt des revolutionären Klassenkampfes neu füllte[26]. Und von dem Clausewitz-Satz „*Der Eroberer liebt stets den Frieden ... Er würde gern widerstandslos in unser Gebiet einziehen*" war Lenin fasziniert, wie seine Randbemerkungen in dem Buch des preußischen Strategen zeigen[27].
Diese Strategie des integralen Politisch-Revolutionären Krieges entschleierte sich für die bürgerlich-demokratische Gegenseite freilich nur allmählich. Kein Geringerer als Leo Trotzki praktizierte sie erstmals auf der internationalen Bühne, als er am 18. Februar 1918 auf der Friedenskonferenz von Brest-Litowsk seine Doktrin „*Weder Krieg noch Frieden*" verkündete: Der völkerrechtliche Friedensschluß sollte der Intensivierung des ideologisch-offensiven Kampfes nicht nur nicht entgegenstehen, sondern seine Entfaltung erst recht eigentlich ermöglichen[28]. Nur wenige Zeitgenossen waren so hellsichtig wie der deutsche Historiker Max Lenz, der schon damals von der heranreifenden „untermilitärischen Revolution" mit ihrer „auflösenden Tendenz, die im Innern wühlt", gesprochen hat[29].

Die Machteroberungs-Strategie des Kommunismus

Grundlegend für diese revolutionäre Strategie ist die prinzipielle methodische Gleichartigkeit von innerstaatlicher Machtergreifung und internationalem Operieren. Hier wie dort gilt die Theorie und Praxis der „Bündnispolitik" unter Formeln wie „Aktionseinheit der Arbeiterklasse", „demokratische Einheit" aller „fortschrittlichen und friedliebenden Kräfte", „Volksfront", nationale oder „antifaschistisch-demokratische Einheitsfront" usw. Hier kommt es darauf an, strittige Fragen gegenüber den Bündnispartnern zeitweilig zurückzustellen, vorübergehend Zugeständnisse zu machen usw. Stets aber sollen die „progressiven und demokratischen" Kräfte Instrumente und Vehikel der Durchsetzung kommunistischer Ziele bleiben. Die Partei muß Motor und Zentrum der Strategie bleiben, sie darf in den Bündnissen ihre ideologische Reinheit und organisatorische Einheit nicht preisgeben; sie muß auch warten können, Atempausen einlegen zur Sammlung der Kräfte und nur dann vorstoßen, wenn die objektive Lage dafür reif ist[30].

Neben das Prinzip des langandauernden Kampfes tritt dasjenige der Kombinierung aller Waffen: Gewaltanwendung ist in der Regel nur in Verbindung mit anderen Methoden angebracht und „muß immer von nicht-gewaltsamen Konflikttechniken (Agitation, Propaganda, Wahlen, Infiltration, Sabotage u.a.m.) eingeführt, begleitet und weitergeführt werden…“[31] So konnte auch Stalin in seinem denkwürdigen Gespräch mit dem englischen Schriftsteller H.G. Wells im Jahr 1936 betonen, daß die Kommunisten „keineswegs die Methoden der Gewalt idealisieren“, daß sie vielmehr „ein freiwilliges Abtreten der Bourgeoisie begrüßen“ würden; „die größere oder geringere Schärfe des Kampfes, die Anwendung oder Nichtanwendung von Gewalt beim Übergang zum Sozialismus“ hänge „nicht so sehr vom Proletariat als vielmehr vom Widerstand der Ausbeuter, von der Anwendung von Gewalt durch die Ausbeuter selbst“ ab. Wenn Stalin davon sprach, daß man, um diesen revolutionären Krieg zu gewinnen, „nicht nur an der Front triumphieren, sondern auch das Hinterland des Feindes revolutionieren“ müsse[32], so verstand er unter Hinterland nicht nur einen militärisch-geographischen Begriff, sondern die Gesamtheit aller Lebensbereiche der feindlichen kapitalistischen Welt, nicht zuletzt die schwachen Stellen ihrer ökonomischen, politischen und moralischen Verfaßtheit. Das „Bewußtsein der Massen“ wird für den weltrevolutionären Klassenkampf zum Hauptkampfplatz in einem „friedensähnlichen Zustand“, d.h. in einem grauen Bereich zwischen Schießkrieg und jenem „Frieden“, den die bürgerliche Gesellschaft seit dem 19. Jahrhundert als Normalzustand bewertete. Für das marxistische Klassenkampfdenken sind Krieg und Revolution der Klassengesellschaft inhärent, der Kampf wird gerade hier, in den „ängstlichen Seelen der Bürger“, geführt und entschieden.

Lenins Imperialismus-Theorie bildete in den zwanziger Jahren die Grundlage für eine globale Strategie, die auf dem VI. Weltkongreß der Kommunistischen Internationale 1928 bestätigt wurde: Auf dem Weg über die Bauernkriege in Asien sollte die „Weltrepublik der Sowjets“ errungen werden. Durch die kolonialen Revolutionen und nationalen Freiheitsbewegungen, also vom „*Welt-Dorf*“ in den Kolonien und Halbkolonien aus sollte die „*Welt-Stadt*“ der Industrieländer in einer langandauernden Umfassungs-Strate-

gie eingekreist und sturmreif gemacht werden. Dieses Programm wurde nicht zuletzt die Grundlage für den revolutionären Befreiungskrieg Chinas; in der Ära Lin Piaos wurde es noch einmal zum Modell einer revolutionären Globalstrategie[33].
Man hat diese Entbindung der Kriegsenergien des „Dorfes“ und der bäuerlichen Massen der Dritten Welt in ihrem historischen Gewicht mit der Entdeckung und Entbindung der Atomkern-Energie verglichen[34]. Die Chinesen sprechen von der „geistigen Atombombe“ der unterdrückten und revolutionären Völker, die, in der Einheit von ideologisch-gesellschaftlichem und bewaffnet-militärischem Kampf, das weltpolitische Kräfteverhältnis langsam, aber nachhaltig umzustürzen geeignet sei. Dieser *„Total-Guerilla“* hat jedenfalls gezeigt, daß auch im Schatten der Kernwaffen – von den Chinesen als „Papiertiger“ verachtet – der Krieg weder unmöglich noch sinnlos geworden ist. Die äußerste Verschmelzung von Truppe und Zivilbevölkerung führte zu einer europäischen Vorstellungen lange Zeit unbekannten Totalmobilisierung der gesamten Bevölkerung. Wenn man diesen Revolutionären Krieg als „die eigentlich demokratische Form des Krieges“ bezeichnet hat, dann wird dies begreiflich auf dem Hintergrund des hier skizzierten Kriegs- und Revolutions-Verständnisses und seiner jakobinisch-radikaldemokratisch-marxistischen Herkunft. Was man bislang vor allem als die besondere „asiatische“, grenzenlose Gestalt innergesellschaftlicher Konflikte bezeichnen zu können glaubte, hat unterdessen in der Form des weltweiten Terrorismus auch in den Industriegesellschaften und Wohlstandszonen der Nordhalbkugel seinen Einzug gehalten.

Die „Friedliche Koexistenz“

Vergleicht man den Revolutionären Volksbefreiungskrieg an der Peripherie des „kapitalistischen Weltsystems“ getreu der leninistischen Imperialismus-Theorie mit einer weltweiten *Einkreisungs- und Umfassungs-Strategie,* so könnte die sowjetische Strategie der „Friedlichen Koexistenz“ als die komplementäre indirekte *Abnützungs-Strategie* gegenüber den Industrieländern des Westens verstanden werden. Schon für Lenin konnte das Nebeneinander der jungen Sowjetunion und der imperialistischen Staaten nur ein vorübergehender Zustand sein. 1925 sprach Stalin von einem „zeitweiligen Gleichgewicht“ und einer Phase „friedlichen Zusammenlebens“, die die Fortsetzung des ideologischen Kampfes keineswegs ausschlossen. Das zentrale Axiom der sowjetischen Außen- und Sicherheitspolitik der Stalin-Ära bildete die These von der Unvermeidlichkeit des Krieges zwischen den kapitalistischen Staaten untereinander, weshalb es die Aufgabe der Sowjetunion sein mußte, sich auf diese neuen Auseinandersetzungen vorzubereiten. In einer für sie günstigen Phase des inner-kapitalistischen Konflikts sollte sie ihr Gewicht entscheidend in die Waagschale werfen können im Sinne der Überführung des Staatenkrieges in den Bürgerkrieg, im Interesse der Fortsetzung des weltrevolutionären Prozesses[35]. Nicht zuletzt der Hitler-Stalin-Pakt vom August 1939 muß in diesem Zusammenhang als Instrument und Ausdruck der Politik der „friedlichen Koexistenz“ verstanden werden.

Der 20. Parteitag der KPdSU im Februar 1956 erhob dieses Prinzip bekanntlich zur „Generallinie“ der sowjetischen Außenpolitik. Der grundsätzlich politisch-ideologisch offensive und strategisch indirekte Charakter dieser Doktrin ist von sowjetischer Seite nie bestritten, sondern stets freimütig hervorgehoben worden. Um so unbegreiflicher sind die Mißverständnisse des Westens hinsichtlich der „friedlichen Koexistenz“. Nach dem gültigen Parteiprogramm der KPdSU von 1961 stellt der „*friedliche Wettbewerb zwischen Sozialismus und Kapitalismus im internationalen Maßstab ... eine spezifische Form des Klassenkampfes zwischen ihnen dar*“ und dient er der „*unablässigen Festigung der Positionen des sozialistischen Weltsystems*“. Bei friedlicher Koexistenz besitze „die Arbeiterklasse günstigere Kampfmöglichkeiten“. Der Zusammenhang mit der Revolutionsstrategie gegenüber der Dritten Welt wird nicht vergessen, wenn im Parteiprogramm betont wird, daß es unter den Bedingungen der Koexistenz „den Völkern der kolonialen und abhängigen Länder leichter (fällt), für ihre Befreiung zu kämpfen“[36]. Die Sprache des Parteiprogramms wie aller offiziösen und ideologischen Dokumente ist selbst ein bewußt eingesetztes Instrument der ideologisch-propagandistischen Aktion, so wenn versucht wird, die Koexistenzpolitik (der Sowjetunion) angesichts der Schrecken des Thermonuklearkrieges (der selbstverständlich nur vom „imperialistischen“ Gegner und seinen Führungsgruppen ausgelöst werden könnte) mit den „ureigensten Interessen der gesamten Menschheit“ zu identifizieren, die in Gegensatz gestellt werden zu den Interessen „der Beherrscher der Mammutmonopole und des Militärklüngels“. Da die „Friedliche Koexistenz“ revolutionäre Volksbefreiungskriege und Aufstände „des Volkes um sein Recht auf Selbstbestimmung, auf seine soziale und unabhängige Entwicklung“ sowie gegen „verrottete reaktionäre Regime, gegen die Kolonialherren“ nicht ausschließt, sondern vielmehr durch sie ergänzt wird, schließt sie insbesondere auch für Westeuropa den „friedlichen Weg“ zum „Sozialismus“ ein. In der gegenwärtigen sowjetrussischen Strategie gegenüber Westeuropa hat diese Taktik Priorität. Volksfronten aller „demokratischen, fortschrittlichen und friedliebenden Kräfte“ sollen die klassische leninistische Bündnispolitik wiederbeleben und in Etappen schließlich die Alleinherrschaft der Kommunistischen Parteien zwecks Vollendung der sowjetischen Hegemonie über Resteuropa heraufführen. In diesem Sinne ist dann zum Beispiel die Entwicklung in Portugal ein legitimes Kind der Entspannung und der Friedlichen Koexistenz, wie kürzlich Prof. Michail Wosslenskij ausdrücklich erklärt hat[37].

Was die sowjetische Führung unter „Friedlicher Koexistenz“ versteht, ist in vielen ideologisch-strategischen Dokumenten niedergelegt, deren Unkenntnis oder systematische Verniedlichung in der öffentlichen Meinung des Westens ähnlich bestürzend ist wie vor vierzig Jahren die Ignoranz hinsichtlich des ideologisch-revolutionären Konzepts von Hitler. So verwahrte sich das ZK der KPdSU in seiner Antwort an das ZK der chinesischen KP vom 14. Juli 1963 im Rahmen des Streits um die „Generallinie“ der kommunistischen Weltbewegung gegen den Vorwurf, die Sowjetunion behandle das Problem der Weltrevolution nicht mit dem äußersten Ernst und arbeite nicht „hart – an Stelle von Phrasendrescherei –, um die besten Wege für einen Sieg des Sozialismus herauszufinden, Wege, die den gegenwärtigen Bedingungen am besten entsprechen ... Die Natur und Substanz des weltrevolutionären Prozesses in der modernen Epoche werden dadurch bestimmt, daß in *einem* Strom vereinigt werden: der Kampf gegen den Imperialismus, der von jenen Völkern geführt wird, die den Sozialismus und Kommunismus bauen; die revolutionäre Bewegung der Arbeiterklasse in den kapitalistischen Ländern; der nationale Befreiungskampf der unterdrückten Völker; die demokratischen Bewegungen im allgemeinen."[38] „Friedliche Koexistenz" ist also alles andere als eine dauernde Lebensversicherung für den Kapitalismus, wie die öffentliche Meinung und viele Politiker des Westens anzunehmen scheinen. Sie bedeutet nicht ein friedliches Nebeneinander auf Dauer, sondern „fortgesetzten, kompromißlosen, auf alle politischen Ebenen ausgedehnten Kampf gegen das politische System des Westens". „Friede" kann nach der jakobinischen Logik des Marxismus-Leninismus nur mit dem „Sieg des Sozialismus und Kommunismus" in der Welt identisch sein, wie Breshnew in seiner Rede über die Ergebnisse der internationalen Beratungen der kommunistischen und Arbeiterparteien der Welt am 19. Juni 1969 betonte. Etwa zur gleichen Zeit, als sich die Bundesrepublik nach den Ostverträgen Brandts auf dem Gipfel des Entspannungstaumels befand, veröffentlichte der einflußreiche Sekretär des ZK der KPdSU für ideologische Fragen und für die kommunistische Arbeit in Westeuropa, Boris Ponomarew, in der theoretischen Moskauer Parteizeitung „Kommunist" einen Grundsatzartikel, in dem er auf die zunehmende Stärke „des Kampfes der Völker gegen den amerikanischen Imperialismus" hinwies, der „zur Schaffung immer besserer internationaler Begleitumstände für die Expansion der revolutionären Kräfte in der ganzen Welt"(!) beitrage[39]. Hier zeigt sich in der Tat, „wie vordergründig und nur scheinbar eine Übereinstimmung der Begriffe von ‚Friedlicher Koexistenz' und ‚Entspannung' gegeben ist, wie sehr in den beiderseitigen Grundbegriffen Ost und West auch heute noch durch Welten getrennt sind"[40]. Und nicht zuletzt enthüllen diese autoritativen sowjetischen Dokumente und Richtlinien die Kollaboration der sowjetischen Politik mit pazifistischen und prosowjetischen Kräften im Westen, um die Verteidigungskraft der atlantischen Welt zu lähmen.

Westliche Interpretationen des Revolutionären Kriegs

Hier erhebt sich die Frage, ob und inwieweit die demokratisch gewählten Führer der westlichen Länder sich dieser Grundtatsachen des Politisch-Revolutionären Krieges bewußt sind. Man wird kaum fehlgehen, wenn man vielerorts bare Unkenntnis bis in höchste Führungspositionen voraussetzt, eben die Qualitäten bloßer „Politiker", die nach dem Wort Winston Churchills sich von wirklichen „Staatsmännern" vor allem dadurch unterscheiden, daß jene nur an die nächste Wahl, diese aber an die nächste Generation zu denken vermögen.

Es gibt freilich Zeugnisse, die beweisen, daß sich manche Führer des Westens durchaus der Gefahren bewußt sind. Helmut Schmidt hat in seinem Buch „Verteidigung oder Vergeltung" keinen Zweifel daran gelassen, daß die sowjetische Koexistenz-Doktrin sich nicht allein durch den Wunsch nach Zeitgewinn für den wirtschaftlichen Auf- und Ausbau erklären lasse, sondern auch als Versuch verstanden werden müsse, „bestimmte und begrenzte außenpolitische Vorteile mit einem ebenso begrenzten Risiko zu realisieren". Die Rote Armee habe weniger die Aufgabe des direkten Angriffs, sie soll vielmehr „Bürgerkriegs- und Revolutionssituationen ausnutzen und das gewonnene Terrain konsolidieren". Schmidt kam damals (1960!) zu dem Schluß, daß die Sowjetunion „eine Militärmacht von unerhörter überragender Potenz" sei. Er war sich bewußt, daß die Koexistenz „sowjetisch gesteuerte Zersetzung, Umsturz und Revolution einschließt und im Endergebnis zum Weltsieg des Kommunismus führen soll ... Die erfolgreiche Entwicklung der sowjetischen Außenpolitik und die Expansion des sowjetischen Machtbereichs seit dem Zweiten Weltkrieg machen einen überlegterweise durch die Sowjetführung herbeigeführten totalen nuklearen Krieg als rationale Strategie überaus unwahrscheinlich. Sie hat keinen Grund, ihre bei begrenztem Risiko bisher erfolgreiche Strategie der Fortsetzung des Krieges durch die Mittel der Politik zu verlassen."[41]

Um die gleiche Zeit, im April 1961, charakterisierte der amerikanische Präsident Kennedy diese neue Gestalt des Krieges als „einen unnachgiebigen Kampf in allen Teilen der Welt, der weit über den bloßen Zusammenprall von Armeen oder selbst Atomwaffen hinausgeht. Die Armeen sind vorhanden, und zwar in großer Zahl. Auch die Atomwaffen sind vorhanden. Sie dienen jedoch in erster Linie als Schild, hinter dem Subversion, Infiltration und eine Menge anderer Taktiken sich ständig entwickeln können, wobei ein verwundbarer Teil nach dem anderen verschlungen wird, in Situationen, die unsere eigene bewaffnete Intervention nicht erlauben. Zu lange schon haben wir unsere Augen auf die traditionellen militärischen Erfordernisse gerichtet, auf Armeen, die zum Überschreiten der Grenzen bereit sind, auf Raketen, die klar zum Abschuß stehen. Es sollte jetzt klar sein, daß dies nicht mehr genug ist – *daß unsere Sicherheit verlorengehen kann, Stück um Stück und Land um Land, ohne daß eine einzige Rakete abgeschossen oder eine einzige Grenze überschritten wird.*"[42]

Kein Geringerer als der derzeitige Außenminister der USA, Henry A. Kissinger, hat bereits Ende der fünfziger Jahre die Schwierigkeiten analysiert, denen sich insbesondere die Amerikaner gegenübersahen. Angesichts der Kernwaffen schwanken sie zwischen der These „Koexistenz oder Ko-Annihilation" und der Flucht in eine Strategie der massiven Vergeltung, des push-button war. Die Alternative „Kapitulation oder Selbstvernichtung" erwies sich für die Weltmacht USA als unerträglich. Sie mußte aus der *„Atomparalyse"* herauskommen und Macht wieder in Politik umsetzen können, d.h. in der Lage sein, „alle Möglichkeiten einer Herausforderung und nicht nur in ihrer reinsten Form ins Auge zu fassen". Kissinger und andere entwickelten in der Reaktion auf diese Situation die Konzepte der flexiblen Antwort und des begrenzten Krieges. Und mit der Erkenntnis des Gegensatzes zwischen revolutionären und Status-quo-Mächten stieß Kissinger zumindest an den Rand des Problems des Politisch-Revolutionären Krieges der Gegenwart vor: Die Erfolge, welche die revolutionären Kräfte und Mächte in diesem Jahrhundert, seit 1917, zu erringen vermochten, sah Kissinger vor allem darin begründet, „daß die Mächte, die den Status quo vertreten, dazu neigen, der revolutionären Macht mit Methoden entgegenzutreten, die sie in einer sicheren Umgebung gelernt haben: sie finden es schwierig, sich den grundlegend veränderten internationalen Beziehungen in einer revolutionären Ordnung anzupassen"[43].

Für die nicht-revolutionäre Welt ist der Frieden ein Ziel an sich.

Im Gegensatz dazu ist für die revolutionäre Welt und ihre Führer Frieden nichts anderes als „eine Form des Kampfes" – ein fundamentaler Unterschied, der nicht ohne tiefgreifende Auswirkungen bleiben kann auf das beiderseitige Verständnis der Funktion und des Stellenwerts von Diplomatie, Konferenzen, Verhandlungen, aber auch propagandistischer, auf die öffentliche Meinung der Gegenseite gerichteter Aktionen. Zum Instrumentarium der revolutionären Kampfführung gehört auch der indirekte Angriff, den Kissinger kennzeichnet als „den Kampf, in dem physische und psychologische Faktoren sich in demjenigen proportionalen Verhältnis verbinden, welches am besten geeignet ist, das größte Maß von Verwirrung und Zögern auf der anderen Seite zu erzeugen". Auch Kissinger erscheint daher der Angriff mit Atomwaffen militärisch und politisch die am wenigsten wahrscheinliche Form der sowjetischen Strategie, viel größer dagegen „die Wahrscheinlichkeit eines fortgesetzten revolutionären Kampfes", d.h. eines Konflikts, der durch eine „subtile Mischung politischer, psychologischer, wirtschaftlicher und nebenbei auch militärischer Kriegführung" gekennzeichnet wird.

Die Krise und Herausforderung der westlichen Demokratien

So ist abschließend die Frage zu stellen, warum solche durchaus sachkundigen und zutreffenden Interpretationen des Politisch-Revolutionären Krieges durch verantwortliche politische Führer des Westens bislang so geringen Niederschlag fanden in der Art und Weise, in der der Westen auf diese neue Art von Konflikt reagiert. Die Antwort wird lauten müssen, daß dieser neue Krieg unzweifelhaft moralisch und psychologisch ein weit komplizierteres Problem darstellt als etwa der totale Krieg im Stile des Zweiten Weltkriegs mit seinen, zumindest für das allgemeine Bewußtsein, weitaus klareren Fronten. Auch erscheint es schwierig, in einer Demokratie in „Friedenszeiten" eine angemessene Verteidigungsbereitschaft zu erhalten, wenn den breiten Massen die eigene Lebens- und Ordnungsform nicht offen bedroht zu sein scheint. Diese Konfliktformen stellen „schwere Anforderungen an die Disziplin und die Beweglichkeit der politischen Führung sowie an das Vertrauen, das diese in der Öffentlichkeit genießt"[44]. In dieser Herausforderung der demokratischen Industriegesellschaft wird der *moralische Faktor* wieder mehr denn je zum beherrschenden Element, kommt den geistig-moralischen Kräften nicht nur der Streitkräfte, sondern der Gesellschaft in ihrer Gesamtheit erhöhte Bedeutung zu, gewinnen sie eine unmittelbare strategische Funktion[45]. Die „Revolutionierung des Kriegsbildes" in unseren Tagen besteht darin, daß sie im Zeichen der Abschreckung einerseits den Krieg materiell-militärisch oft enorm beschränkt, andererseits zu einer ungeahnten Intensivierung der kollektiven Konflikte in politisch-ideologischer und moralisch-psychologischer Hinsicht führt. Gefordert wird ein Kämpfer neuen Typs, „der seine Impulse aus einem verdichteten sozialen und staatsbürgerlich-ideologischen Bewußtsein empfängt"[46].

Der Politisch-Revolutionäre Krieg stellt die politische Ordnung der fortgeschrittenen Industriegesellschaft auf die Probe wie nie zuvor. Wie kann eine freiheitliche Gesellschaft für ihre Sicherheit und ihr Überleben sorgen, ohne ihre grundlegenden Werte aufzugeben? Wie kann sie ihren Fortbestand sichern, ohne ihre freiheitlichen Institutionen zu opfern? Inwieweit und in welcher Weise müssen der Imperativ der Selbstbehauptung gegenüber der revolutionären Herausforderung und die freiheitlich-rechtsstaatlichen Institutionen in Übereinstimmung gebracht werden?[47]

Unzweifelhaft ist, daß die revolutionäre Herausforderung auf krisenhafte Zustände der westlichen Industriegesellschaften trifft und daß diese Krise nicht zuletzt in der ungelösten Spannung zwischen Selbstbehauptung und freiheitlicher Grundordnung wurzelt. Bequemer Optimismus treibt viele Politiker immer wieder in die opportunistische Richtung des geringsten Widerstandes und der Nachgiebigkeit. Allzu leicht wird politische und geistige Defensive mit Moral verwechselt und die Neigung zur Ruhe um jeden Preis als Friedensliebe aufgeputzt. Wohlstand wird zum Maß aller Dinge, die Neigung, ihn zu verteidigen, desto geringer – wenn Wohlstand überhaupt je in der Geschichte geeignet war, ein Motiv der Selbstbehauptung abzugeben[48]. Besonders in der Bundesrepublik ist die Neigung verbreitet, Entspannung als Abdankung des eigenen politischen Willens mißzuverstehen, scheint man sich

vielerorts bereits mit der weiteren Existenz als Objekt der Geschichte abgefunden zu haben.
Die neuen Realitäten des Politisch-Revolutionären Krieges fordern die oft bis zur Oberflächlichkeit optimistische Anthropologie der westlichen Demokratien heraus. In zwei Weltkriegen ist es ihnen in der Stunde der Gefahr bis jetzt aber immer wieder gelungen, die Herausforderung zu bestehen und, wenn nötig, den Akzent der Stunde von der Tradition Lockes auf die Anthropologie und Ethik Hobbes' zu verlagern, von der Idealpolitik der Wilson-Tradition auf die Realpolitik der Hamilton-Tradition.
Die „reine Vernunft" des technisch-industriellen Zeitalters hofft auf eine Zukunft der „Weltinnenpolitik" und eine Welt ohne Kriege. Die „praktische", d.h. die politische Vernunft kann nicht verkennen, daß es kollektive Konflikte so lange geben wird, solange die Menschen nicht *einer* Macht erlauben wollen, grenzenlos, absolut zu werden. Auch die Auflösung der bisherigen Bausteine der Geschichte, der souveränen Nationalstaaten, wird den geistigen Regelmechanismus nicht außer Kraft setzen, daß die Menschen neue ideologische und politische Ordnungen zum Zwecke der Selbstbehauptung und Identifikation bauen werden. Der schon weithin vollzogene Übergang vom „klassischen" Staatenkrieg zu den neuen Formen des Politisch-Revolutionären Krieges läßt die Umrisse der zu den Nationalstaaten quer liegenden, sie „aufhebenden" Systeme größerer Unions-Gebilde der Welt von morgen erkennen. Ohne das zureichende Vermögen, die eigene Epoche geistig zu vermessen, müßten Politik und Strategie blind bleiben. Auch im Blick auf die neue Wirklichkeit des Ideologisch-Revolutionären Krieges gilt die alte Erfahrung: Nicht das (traditionalistische oder moralisierende) Wegsehen, sondern allein das unerschrockene Hinsehen macht die Seele und den Geist frei – frei zum Bestehen der Herausforderung und, wo notwendig, zu neuer politischer Gestaltung.

Anmerkungen

1 Vgl. Elmar Wienhöfer: Das Kriegsbild der Bundeswehr im Spiegel heutiger politisch-militärischer Realitäten, in: Wehrkunde 1969, S. 571.

2 Carl Friedrich v. Weizsäcker: Bedingungen des Friedens, Göttingen 1963; Georg Picht: Einleitung zu den Studien zur politischen und gesellschaftlichen Situation der Bundeswehr, 1. Folge, Witten und Berlin 1965, S. 7ff.; Günter Howe: Technik und Strategie im Atomzeitalter, ebd., S. 178ff.

3 Wolf Graf Baudissin: Soldat für den Frieden. München 1972, S. 28.

4 Weißbuch 1970 Zur Sicherheit der Bundesrepublik Deutschland und zur Lage der Bundeswehr, S. 5f., S. 20f.

5 F. O. Miksche: Der Atomkrieg findet nicht statt – Das Versagen der Atomstrategie. Stuttgart 1958, S. 97ff.; ders.: Kapitulation ohne Krieg – Die Jahre 1970–1980. Stuttgart 1965, S. 170.

6 André Beaufre: Die Revolutionierung des Kriegsbildes – Neue Formen der Gewaltanwendung. Stuttgart 1973, S. 9f.

7 Hartmut Schumann: Der politisch-soziologische Tatbestand des Verdeckten Kampfes, in: Wehrkunde, 1968, S. 508f.; Harry Eckstein: Internal War. New York und London 1964, S. 3.

8 Werner Hahlweg: Guerilla – Krieg ohne Fronten. Stuttgart 1968, S. 251; Friedrich August v. d. Heydte: Der moderne Kleinkrieg als wehrpolitisches und militärisches Problem. Würzburg 1972.

9 Dieter Senghaas: Abschreckung und Frieden. Frankfurt a. M. 1969, S. 5.

10 H. Schumann, a. a. O., S. 508; Robert Strauß-Hupé u. a.: A Forward-Strategy for America, S. 2ff.

11 Vgl. Ludwig v. Friedeburg: Zum Verhältnis von Militär und Gesellschaft in der Bundesrepublik. In: Studien zur Situation der Bundeswehr, 2. Folge, Witten und Berlin 1966, S. 10ff., mit weiteren Literaturangaben zum Inkompatibilitätsproblem.

12 Jules Monnerot: Der Krieg um den es geht. Köln und Berlin 1951 (La Guerre en Question), S. 25ff.

13 Ebd., S. 55ff.

14 Sigmund Neumann: Permanent Revolution. New York und London 1942, S. 257ff., S. 282ff.

15 Helmut Plessner: Über das gegenwärtige Verhältnis von Krieg und Frieden. In: Zwischen Philosophie und Gesellschaft. Bern 1953, S. 318.

16 Hermann Rauschning: Die Revolution des Nihilismus. Zürich 1967 (Neuausgabe), S. 179f.

17 Wilhelm Ritter von Schramm: ... sprich vom Frieden, wenn du den Krieg willst. Mainz 1972.

18 A. Beaufre: Totale Kriegskunst im Frieden. Berlin 1964, S. 142ff.; ders.: Die Revolutionierung des Kriegsbilds, S. 42ff.

19 Sven G. Papke: Weltrevolution als Friede. In: Hans Ekkehard Bahr (Hrsg.) Weltfrieden und Revolution. Hamburg 1968, S. 17ff.

20 Hannah Arendt: Über die Revolution. München 1963, S. 17f.

21 Sven Papke, a. a. O., S. 22.

22 Marx – Engels: Werke (MEW), Bd. 23, Berlin 1969, S. 779.

23 Reinhard Höhn: Die Armee als Erziehungsschule der Nation. Bad Harzburg 1963, S. 116.

24 W. I. Wollenberg (Hrsg.): Engels – Lenin. Militärpolitische Schriften. Offenbach – Frankfurt a. M. 1953, S. 44f.

[25] W. I. Lenin: Sozialismus und Krieg. Kleine Bücherei des Marxismus-Leninismus. Ost-Berlin 1960, S. 5.

[26] Lenin: Das Militärprogramm der proletarischen Revolution. In: Ausgewählte Werke Bd. I, S. 868 ff. (Ost-Berlin 1959) sowie: Die Lehren des Moskauer Aufstands, ebd. S. 499 ff.

[27] Lenin: Clausewitz' Werk ‚Vom Kriege' – Auszüge und Randglossen, Verlag des Ministeriums für Nationale Verteidigung. Ost-Berlin 1957, S. 23; Lenins Randbemerkung lautet: „Haha! geistreich!"

[28] E. H. Carr: The Bolshevik Revolution. London 1953, Bd. 1, S. 33 ff.

[29] Max Lenz: Kleine Historische Schriften. München 1931, S. 566; zitiert bei Sven G. Papke, a. a. O., S. 28.

[30] Vgl. zum Problem der kommunistischen Bündnispolitik u. a. Wolfgang Leonhard: Sowjetideologie heute, Bd. II: Die politischen Lehren, Fischer Taschenbuch 461, S. 60 ff.

[31] Vgl. John S. Reshetar, Stefan T. Possony und W. W. Kulski: Methodologie der Eroberung und des Herrschens. In: Joseph M. Bocheński und Gerhart Niemeyer (Hrsg.): Handbuch des Weltkommunismus, Freiburg – München 1958, S. 171. Man erhebt gegen dieses Handbuch verschiedentlich den Vorwurf, daß es auf dem Höhepunkt des kalten Krieges und des „Antikommunismus" geschrieben worden sei; seine Analysen sind gleichwohl unübertroffen und verdienen gerade heute erneute Beachtung.

[32] Ebd., S. 122, S. 168.

[33] Vgl. Heinrich Bechtholdt: Chinas Revolutionsstrategie. dtv-Taschenbuch Bd. 615, 1969, S. 120ff., S. 173ff., S. 198ff.; ferner Walter Grottian: Lenins Anleitung zum Handeln. Köln – Opladen 1962.

[34] Sebastian Haffner: Der neue Krieg, einleitender Essay zu: Mao Tse-tung: Theorie des Guerillakrieges, rororo-aktuell Nr. 886, Hamburg 1966.

[35] René Ahlberg: Weltrevolution durch Koexistenz. Berlin 1962.

[36] Boris Meißner: Das Parteiprogramm der KPdSU 1902–1961. Köln 1962, S. 143 ff.

[37] Der Rote Brief. Nr. 27/XV/1975.

[38] Dieter Cycon: Moskaus Kalter Krieg zweiter Teil. Die Welt, Nr. 71, 24./25. März 1973, S. 7.

[39] Ebd.

[40] Adolf Dedekind: „Friedliche Koexistenz" und sowjetische Strategie. In: Wehrkunde 1969, S. 497.

[41] Helmut Schmidt: Verteidigung oder Vergeltung. 4. Auflage Stuttgart 1965, S. 60 ff.

[42] Zitiert bei Erich Vorwerk: Der Revolutionäre Krieg. In: Wehrkunde 1964, S. 195.

[43] Henry A. Kissinger: Kernwaffen und Auswärtige Politik. München 1959, S. 271 ff. (amerikanische Ausgabe: Nuclear Weapons and Foreign Policy, New York 1957).

[44] Ebd., S. 119f.

[45] Ludwig Schulte: Verteidigung im Frieden. Zur Strategie und Menschenführung moderner Streitkräfte. Frankfurt a. M. 1968, S. 41.

[46] W. Hahlweg: Guerilla, S. 20.

[47] Vgl. dazu aus der amerikanischen Diskussion insbesondere Samuel P. Huntington: The Soldier and the State. New York 1957, S. 62 ff., S. 456, sowie Morris Janowitz: The Professional Soldier. Glencoe 1961, S. 35.

[48] F. O. Miksche: Kapitulation ohne Krieg, bes. S. 18 ff.

WALTER HILDEBRANDT

Weltzusammenhang und Weltinnenpolitik

Der Pluralismus im Weltzusammenhang

Jede Wissenschaft, die sich mit dem Menschen und seinen Verhältnissen befaßt, entzündet sich am *kritischen* Befund ihres Forschungsgegenstandes. Indem sie von dorther ihre Fragestellungen und Methoden entwickelt, weist sie zugleich einen sachimmanenten wie einen vom Beobachter, d. h. von außen, bestimmten, subjektiven Ansatzpunkt auf. Damit wirft das Gespräch zwischen den Fragenden und den Gegenständen ihres Interesses das ganze Problem der Wechselwirkung zwischen der Wissenschaft (sei sie nun Grundlagenforschung oder angewandte Wissenschaft) und dem zu Erforschenden auf und zwingt uns, im Sinne der Erkenntnistheorie und Wissenssoziologie immer neu den schwierigen Konsequenzen dieses Phänomens nachzugehen.
Ist die so gekennzeichnete „Außenbeziehung" geistes- und sozialwissenschaftlicher Forschungsgegenstände von fundamentaler Bedeutung für jede Gesellschaft und so alt wie die Wissenschaft selber, so erfährt das Problem doch noch eine besondere Zuspitzung, wenn der Fragende und der ihn interessierende Gegenstand *verschiedenen* Kulturkreisen angehört oder wenn es sich um internationale Fragen handelt, die einzelne oder alle Kulturkreise übergreifen. Der Sinologe Wolfgang Franke hat einmal sehr eindrücklich daran erinnert, welche Schwierigkeiten in dieser Beziehung das einseitige „europazentrische Denken" mit sich gebracht hat [1].

Wir müssen uns damit abfinden, daß zunächst keine allgemeingültige normative Festlegung dessen möglich ist, *was* als kritischer Befund der Welt, die uns gegenübersteht und der wir zugleich angehören, zu betrachten sei und welche Aufgaben sich hieraus für die Wissenschaft wie für die Politik ableiten. In seiner Schrift „Bildung und Wissen" hat Max Scheler kategorisch deutlich gemacht, daß es „Wissen um des Wissens willen" nirgends gibt. Indem er zwischen „Herrschafts- oder Leistungswissen", „Bildungswissen" und „Erlösungs- oder Heilswissen" unterscheidet, verknüpft er das Problem des Wissens und der Wissenschaft, also das Erkenntnisinteresse, mit den durchdringenden Akzenten der jeweiligen Kultursphäre. Ausdrücklich weist er darauf hin, daß die asiatischen Kulturen „in der Pflege des Bildungswissens und des Erlösungswissens und des auf die vitale Welt gerichteten technologisch abgezweckten Wissens einen ebenso gewaltigen Vorsprung haben, als ihn Europa auf dem Gebiet des der äußeren Naturbeherrschung dienenden Wissens besitzt"[2]. Das Problem des *Verstehens* im wissenschaftlichen wie politischen Sinn hin über die kulturgeographischen Grenzen ist damit auf das schärfste aufgeworfen. Es geht um die Fähigkeit zur *Empathie,* würde man heute sagen. Freilich gebraucht man diesen Begriff und die Leistung, die damit gefordert wird, in unserer Zeit fahrlässig oberflächlich, als ob die „Einfühlung" in andere Rollen, Positionen, menschliche Strukturen oder Kulturkreise eine relativ leicht zu realisierende Sache sei[3]. Natürlich ist das Gegenteil der Fall.

Besonders schwierig wird es, wie gesagt, wenn wir die kulturgeographischen Grenzen überschreiten. Denn abweichend ist hier in signifikanter Weise nicht nur die Richtung jeder Frage, die geistige Position und Absicht des Fragenden, sondern auch der Gegenstand der Forschung oder Betrachtung selber. Wenden wir uns dem Bereich der Sozial- und Kulturwissenschaften zu, so muß jede soziologische, politologische und kulturwissenschaftliche Gegenwartsanalyse außerhalb des engeren europäisch-amerikanischen Bereichs mit dem Problem fertigwerden, daß ihr Forschungsgegenstand nicht mit der bürgerlichen Industriegesellschaft europäisch-amerikanischer Prägung und dem in dieser Gesellschaft versammelten historischen Fundus identisch ist, andererseits aber unserer Soziologie und politischen Wissenschaft (und unseren

Politikern) nahezu ausschließlich und auf alle Fälle schwergewichtig nur solche Kategorien, Fragestellungen und Methoden zur Verfügung stehen, die sich aus der Struktur eben dieser Gesellschaft ableiten. Wenn schon der Beamte den Angestellten, der Angestellte den Arbeiter in seiner Interessenlage und seinem Erkenntnisinteresse nur schwer versteht und wenn, wie Helmut Schelsky in seiner „Ortsbestimmung der deutschen Soziologie" bemerkt[4], im Hinblick auf den abweichenden Problemgehalt der europäischen und amerikanischen Gesellschaft mit überzeugender Notwendigkeit zwischen einer amerikanischen und europäischen oder deutschen Soziologie unterschieden werden muß, dann ist die Forderung berechtigt, im universellen Rahmen unter Einschluß der „Dritten Welt" und des „sozialistischen Lagers" differenziert vorzugehen und die immensen Schwierigkeiten bei jedem internationalen Dialog im weitesten Sinne klar vor Augen zu haben.

Beides, daß der Fragende und Beobachtende mit einem spezifischen, nur ihm und seiner Gruppe eigentümlichen Fragebedürfnis und Kriterium, was er etwa unter Frieden, Demokratie und Freiheit, aber auch unter Nachbarschaft, Kooperation usw. als wesentlich begreift, ausgerüstet ist und daß das Material, auf das die Fragen und Erkenntnisinteressen zielen, in der in Kulturkreise und ideologische Lager aufgespaltenen Welt bemerkenswert unterschiedlich ist, präsentiert sich uns freilich erst dann als Problem im vollen Sinne, wenn erkannt wird, daß jede Erscheinung der Kultur zugleich in einem Wirkungs- wie Sinnzusammenhang steht. Eindrucksvoller als in jeder anderen Forschungsrichtung spiegelt sich diese Tatsache, wie allgemein bekannt ist, in der Geschichte der Soziologie, der Wissenschaft von der Politik und der Geschichtsschreibung wider. So hat es auch Schelsky in der genannten Schrift erneut als die Aufgabe der Soziologie bezeichnet, ebenso empirische Funktionswissenschaft wie sozialphilosophische Deutungswissenschaft zu sein[5].

Wir können freilich bei diesem Dualismus nicht stehenbleiben. Wenn von Sozialphilosophie die Rede ist, so hat das zwar den Anschein, als ob man sich – der traditionellen oder vulgären Interpretation von Philosophie entsprechend – weit von der Praxis, z. B. von der Politik (und das heißt immer zugleich Parteilichkeit), entfernt. Raymond Aron hat jedoch einmal sehr anschaulich darauf aufmerksam gemacht, daß Analyse (die empirische Untersuchung von Einzelheiten) im sozialwissenschaftlichen Bereich nicht ohne Synthese (die auf die gesellschaftlichen Gesamtzusammenhänge gerichtete philosophische Anstrengung) ertragreich wird, die synthetische Absicht jedoch ihrerseits wieder „einer politischen Intention" entspringe. Thukydides habe, so meint Aron in diesem Zusammenhang, seinen „Peloponnesischen Krieg" geschrieben, weil er ein Opfer der Ungerechtigkeit der Athener geworden war. Dank diesem Schock „vermochte er den Kampf zwischen Sparta und Athen als den zwangsläufigen Ablauf einer Dialektik der Ereignisse und Leidenschaften zu begreifen"[6].

Nur wer etwas will, sieht etwas; auf diese Kurzformel hat Hans Freyer das Problem konzentriert. In die gleiche Richtung zielt der Hinweis von Jürgen Habermas in „Erkenntnis und Interesse", Philosophie sei in Wissenschaft als Kritik aufbewahrt, wobei Kritik nicht durch die Gleichsetzung mit Naturwissenschaft desavouiert werden dürfe, wie es Marx getan habe, sondern von der Wissenschaft vom (parteiischen) Menschen her begrifflich entfaltet werden müsse[7]. Das erinnert an Horkheimers Bemerkung: „Der theoretische Gedanke heute ist die gegen die Zeit durchgehaltene, in gesellschaftlichen Lettern buchstabierte philosophische Intention."[8] Horkheimer geht es normativ darum, der Anfälligkeit von Fanatismus entgegenzuwirken, Eric Voegelin wieder um die Konzeption einer Ordnungswissenschaft, wie er es in einer Auseinandersetzung mit Max Weber ausdrückt[9]. Alfred Weber beschäftigt sich mit dem Menschen als dem wertenden Wesen, während Freyer subsumiert: „Gesellschaftliche Formen sind nie absolute, vom Menschen losgelöste Formen; sie sind immer werdende Formen."[10]

Bezogen auf unser Thema, kann man das alles auch in dem Lehrsatz zusammenfassen: Die Geschichtlichkeit des Menschen und seiner Verhältnisse bewirkt ebenso eine hochgradige Differenzierung aller in Zeit und Raum verstreuten, vom Menschen hervorgebrachten Lebensformen, wie einen dezidierten mentalen Subjektivismus *aller* am Prozeß der Geschichte Beteiligten.

Wie viele andere hat Arnold Bergstraesser in einem auch heute noch lesenswerten Aufsatz „Deutsche und amerikanische Soziolo-

die", festgemacht an einem speziellen Problem, die uns beschäftigende Fragestellung ähnlich wie Schelsky präzisiert. Er weist zwar – in der Analyse der Problemlage der amerikanischen Soziologie – auf gewisse Annäherungen an traditionell und aktuell mitteleuropäische Diskussionsgegenstände und Fragebedürfnisse hin. Aber andererseits arbeitet der Autor, der sich seinen Blick für vergleichende Kulturforschung in der Emigration geschult und geschärft hat, in Hinsicht auf Deutschland und Amerika die „andauernden Verschiedenheiten der Daseinsauffassung, des Verhältnisses von geistigem und gesellschaftlichem Leben, ja des geistigen ‚Klimas' überhaupt" doch ganz entschieden heraus[11]. Es ist leicht einzusehen, daß auch an dieser Stelle das Problem des über die empirische Forschung hinausführenden Sinnzusammenhanges einschließlich dessen sozialphilosophischer und schließlich auch politischer Deutung implizit aufgeworfen ist.
Einen an Bergstraessers Analyse erinnernden Beitrag hat vor einigen Jahren auf seine Weise Henry A. Kissinger geleistet und uns dabei sehr nachdrücklich auf den Zusammenhang von Deutungswissenschaft und Handlungsorientierung aufmerksam gemacht. Man kann auch von der engen Verbindung von Philosophie und Politik sprechen, die deutlich zu machen er eine Gelegenheit suchte. Das geschah in seinem Buch „Was wird aus der westlichen Allianz?", in dem er einen „logischen" Plan zur weiteren Entwicklung Europas und des Verhältnisses zwischen West und Ost vorlegte. Der „springende Punkt", wie Kissinger sich ausdrückt, sei die Frage, ob es gelinge, die Verschiedenheit der Anschauungsweisen diesseits und jenseits des Atlantiks, aus der so viele Meinungsverschiedenheiten entspringen, in eine Quelle der Kraft zu verwandeln. In den Vereinigten Staaten, so meint er, sei man geneigt zu glauben, daß Frieden und Stabilität „natürlich" seien. Krisen und Konflikte würden daher von den Amerikanern eher als das Ergebnis persönlicher Böswilligkeit denn als die Folge objektiver Bedingungen angesehen. Das hat nach seiner Ansicht vielfältige Konsequenzen. Von hier aus ist vor allem die Vermutung festzuhalten, daß das taktische Vorgehen der Amerikaner auf dem Felde der Außenpolitik gegenüber dem Osten sowohl in Spannungszeiten als auch in den Phasen einer Entspannung bis zu einem gewissen Grade von einem *„falschen Bewußtsein"* getragen wird.

Unter diesem Gesichtspunkt hat für Kissinger, der die Geschichte und Denkmuster auf beiden Seiten des Atlantiks kennt, die enge Verbindung mit den westeuropäischen Ländern eine tiefere Bedeutung: „Unser amerikanischer Idealismus, unser Ungestüm könnten durch die Verbindung mit dem tragischen Lebensgefühl der Europäer Tiefe und Einsicht gewinnen. Und das historische Bewußtsein der Europäer könnte – gestützt auf unseren hoffnungsvollen Optimismus – neue Dynamik entwickeln.“[12]
Auch hier können wir nur wiederholen: wenn die Verschiedenheit zwischen Amerika und Europa schon ein Problem darstellt (und die Belege könnten beliebig vermehrt werden), wieviel schwieriger stellt sich die Frage, wenn es sich um Kontakte geistiger wie politischer Natur zwischen dem westeuropäisch-amerikanischen Bereich einerseits und der übrigen Welt andererseits oder sogar um die schrittweise Verwirklichung einer Weltinnenpolitik handelt.

Resignation ist keine Lösung

Predigen wir angesichts dieser Ausgangslage Resignation, oder träumen wir davon, die Kulturen wieder auf jene Distanz untereinander zu bringen, die das Kennzeichen früherer, kommunikationsschwacher Epochen in ganz natürlicher Weise war?
Aus mehreren Gründen kann davon keine Rede sein. Da ist zuerst das Faktum zu nennen, daß in unserer Zeit die Notwendigkeit langfristiger und grundsätzlicher *Planungen* auf allen Gebieten des Lebens hin über die Grenzen und damit der Zwang zu Entscheidungen im internationalen Rahmen offensichtlich viel dringlicher ist als in den vergangenen Jahrhunderten. Dabei sind wir in dem Maße, in dem wir erkennen, daß die Planbarkeit des menschlichen Daseins dem Zufall oder der Beliebigkeit der handelnden Personen entrissen werden muß, auf das Problem der internationalen Verantwortung im ordnungs- und strukturpolitischen Sinne zurückgeworfen. Und es gibt keinen Ausweg, diese Herausforderung zu ignorieren oder auf die Ebene traditioneller diplomatischer Usancen zu reduzieren (und auch die lebten nicht nur von der Hervorkehrung der nationalen Souveränität und Distanz der agieren-

den Partner, sondern nicht weniger von der schichtengebundenen feudalhöfischen Gemeinsamkeit der aufeinandertreffenden internationalen Eliten)!

Die Aufgabe grenzüberschreitender Planung und Ordnungspolitik wird dadurch noch aktueller, daß die Menschheit trotz aller gegenteiliger Erfahrungen in unserer Zeit immer mehr versuchen muß, ohne das regulierende und Entscheidungen herbeiführende Mittel des Krieges und sonstiger militanter Handlungen auszukommen. Der Tatsache der Planung und des Dialoges muß von hier aus eine zusätzliche Qualität zugesprochen werden. Implizit ist davon auch im Vorwort zur UN-Veröffentlichung „International Survey of Programmes of Social Development“ (New York 1959) die Rede: „Up to the present, the period of large-scale social advances have usually followed wars, depressions and revolutions, when the social order had broken down so obviously that action could not be avoided. Governments and peoples are now challenged to prove that mankind can progress through foresight better than when spurred by catastrophe.“

Wir bringen diese optimistische Sentenz, um die ganze Härte der Situation zu kennzeichnen. Denn niemand kann die radikale Pervertierung der Weltorganisation übersehen (und nicht nur dieser: man denke nur an Zypern und Libanon, den Antizionismus und Nordirland, Angola und die Vorgänge im südlichen Asien). Aber alle diese schockierenden Schauspiele können uns nicht abhalten, in großer dialektischer Anstrengung von einer gemeinsamen Existenz aller zu sprechen, selbst wenn sich diese uns heute in erster Linie in der Form einer schmerzlichen, bis zum Haß sich steigernden Entfremdung und zugleich komplizierten Abhängigkeit untereinander darstellt. Gerade diese Schwierigkeit ist es, die uns anregt, nicht zuletzt um der Bewältigung der konkreten Aufgaben willen, jene Konzeptionen ganz ernst zu nehmen, die unser Jahrhundert als eine jener sehr seltenen weltgeschichtlichen Kulturschwellen begreifen, durch die die gesamte Menschheit im Rahmen ihrer Gattungsgeschichte gewollt oder ungewollt eine neue Stufe erreicht.

Wir erinnern an Alfred Webers Gedanken vom „vierten Menschen“ und seinen Hinweis auf das unentrinnbar zivilisatorisch Gegebene („ein riesiges unerbittliches Etwas“), das die gesamte

Erde überspannt, oder an Arnold Gehlen und seine philosophische Anthropologie. Wenn der Mensch nicht nur seine engbegrenzte Umwelt hat, auf die hin er kontrapunktisch angelegt ist, sondern – wie Gehlen sagt – im Gegensatz zum Tier als nicht festgerücktes, unfertiges Wesen *weltoffen* ist, dem die gesamte Welt als „Überraschungsfeld unvorhersehbarer Struktur" gegenübertritt [13], dann liegt es nahe, in einem Augenblick von einer Weltkultur zu sprechen, in dem die Geschehnisse und die Kommunikationen tatsächlich dem einzelnen die *gesamte Welt* präsentieren. Der spezifisch menschliche „Kontakt mit dem offenen Reichtum der einströmenden Reizfülle" (A. Gehlen) [14] könnte zusammen mit der Tatsache, daß der Mensch auch als Neugierwesen bezeichnet werden muß, zu einer neuen konkreten Weltverbundenheit führen, deren Konsequenzen heute nur geahnt werden können.

Hendrik de Man äußert sich zu diesem Problem in seinem Buche „Vermassung und Kulturverfall": „Eine Entwicklung, deren Tempo sich seit zwei oder drei Generationen in früher ungeahntem Maße beschleunigt hat, hat der Beziehungslosigkeit der Kulturen ein Ende gemacht. Es ist nicht wahr, daß es in dieser Hinsicht „nichts Neues unter der Sonne" gibt. Neu ist, daß, seitdem das Mittelmeer das Zentrum der Entwicklung bildete, woraus unsere abendländische Kultur entstanden ist, die Tendenz zu wachsender Verwandtschaft und Aufgliederung immer entschiedener die Tendenz zur Differenzierung besiegt. Neu ist auch, daß sich hierbei seit dreitausend Jahren ein fortlaufendes crescendo bemerkbar macht. Neu ist ferner, daß heute zum ersten Male in der Geschichte die ganze Welt von einer einzigen Kultur, wenn nicht gar beherrscht, so doch berührt und beeinflußt wird..." [15] Es ist aufschlußreich, daß auch ein ganz anderer Sprecher unseres Jahrhunderts, Ernst Jünger, das Problem der einheitlichen Weltkultur anspricht. Er schreibt in seinem Buche „An der Zeitmauer": „Die Grenzen schwinden, und damit schmelzen sehr alte Sonderungen ein. Die Menschen werden sich ähnlicher, nicht nur im Weltstil des Denkens und des Handelns, sondern auch im Habitus. Das Wort Mensch gewinnt eine Bedeutung, die ihm bisher nur in der Idee, im Kultus oder im Mythos zugeteilt werden konnte, auf unmittelbare, tatsächliche Art." [16]

Wenn Guardini eines seiner Bücher „Das Ende der Neuzeit"

nennt, so liegt es nahe, daß wir auch hier Gedanken finden, die die Frage der unter gleichen Strukturproblemen zusammenrükkenden Menschheit ansprechen. In der Tat weist Guardini auf die „neue Weltgestalt“ hin, die sich in einer gemeinsamen, alle betreffenden Auseinandersetzung mit den Phänomenen der Macht und der Angst entwickeln wird – oder aber, so meint er, es werde zu einer inneren und äußeren Zerstörung der Welt kommen[17]. Eine Variation des gleichen Themas der den Erdball überziehenden, globalen Schicksalsverbundenheit und Provokation bedeuten die Worte Karl Jaspers': „Der Einschnitt der Weltgeschichte, der seit hundert Jahren vollzogen wird, ist so tief, daß er mit keinem früheren vergleichbar ist. Nur die Erfindung der Feuerentzündung und der Werkzeuge ist eine entsprechende Parallele. Die gesamte bisherige Geschichte schließt sich. Sie wird zur Erinnerung und ihre Kenntnis zum geistigen Erziehungsmittel. Gleich bleiben nur die endgültigen Grundzüge des Menschen. Alle Bedingungen des Lebens sind derart verwandelt, daß die Geschichte im ganzen einen neuen Charakter gewinnt. Jedes Volk muß mit der Technik und deren Folgen zurechtkommen oder aussterben. Ausweichen gibt es nicht.“[18]

Zusammenfassend kann man aus allen diesen Äußerungen das Fazit ziehen, daß wir uns auf der einen Seite mit dem beschäftigen müssen, was man als die egalisierende Wirkung der Europäisierung der Erde bezeichnen kann, die, wie jeder weiß, erst in ihrem ganzen Ausmaß begonnen hat, nachdem die äußere Herrschaft der weißen Kolonialherren ihr Ende gefunden hat. Die „Entkolonisierung“ oder „Dekolonialisierung“ (Ulrich Scheuner)[19] ist nicht von der Europäisierung zu trennen und umgekehrt: die Maschine und die Organisation, die entmythologisierende Wirkung des technischen Kalküls, die Formeln der Wissenschaft samt des Fundus der europäischen Aufklärung, der sich in ihnen wiederfindet, die Ideale einer exakten, auf Massenerzeugung abgestellten Produktionswirtschaft und einer Konsumgesellschaft, die den Menschen in den Fluß ständig neuer Bedürfnisse und Möglichkeiten wirft, langfristige und komplexe Planungen, Frauenemanzipation und Bildungsrevolution, gewisse universale Vorstellungen von Rechtssicherheit und einigen Freiheiten, zu denen man sich formal oder tatsächlich überall grundsätzlich bekennt. Aber die Reihe geht weiter: Das Netz der modernen Kommunikationen und eine unübersehbare Menge äußerer Konventionen von der Mode bis zum Stil der Vergnügungen und dem Einsatz der Massenmedien, wie Radio, Television, Jazz, Kino und Sport, von der abstrakten Kunst bis zum Gebrauch von Tisch und Stuhl – alles das arbeitet daran, die Unterschiede zwischen den Menschen, Kulturkreisen, Lagern und Kontinenten einzuebnen.

In seinem Werk „The Passing of Traditional Society" schreibt der amerikanische Soziologe Daniel Lerner in den einleitenden Kapiteln: „As we shall show, the Western model of modernization exhibits certain components and sequences whose relevance is global. Everywhere, for example, increasing urbanization has tended to raise literacy; rising literacy has tended to increase media exposure; increasing media exposure has ‚gone with' wider economic participation (per capita income) and political participation (voting). The model evolved in the West is an historical fact. That the same basic model reappears in virtually all modernizing societies on all continents of the world, regardless of variations in race, color, creed, will be shown in this chapter." [20] Wenige Zeilen später wird der Autor jedoch schon zurückhaltender, wenn er kritisch meint: „Wanted are modern institutions but not modern ideologies, modern power but not modern purposes, modern wealth but not modern wisdom, modern commodities but not modern cant ..."

Allen diesen Trends zu der *einen* Weltkultur, die aus der europäisch-amerikanischen Modernität erwachsen, steht eben – daran müssen wir uns an Hand des letzten Satzes von D. Lerner noch einmal erinnern – die innere Struktur der überkommenen Sozialformen und Denkgewohnheiten der betroffenen Regionen und Weltteile gegenüber, die nun in eine zähe Auseinandersetzung und Transformationsphase hineingezwungen sind, deren Ausgang noch völlig offen ist. Neben dem Spinnrad, das der einzelne fleißig bedient, ballen sich die Massen an Staudämmen und anderen Projekten zu ameisenhafter Häufung und Organisation, ohne schon von der Moderne geprägt zu sein. Dasselbe gilt für die über Kontinente sich hinziehenden religiösen Verständigungen. Und auch daran ist zu denken: aus der Geschichte tradierte universale Reichsideen ringen, wie das Beispiel China zeigt, bei dem Versuch, unübersehbare Land- und Menschenmassen zusammenzufassen, erfolgreich mit modernen Nationalkonzeptionen und kosmopolitisch gedachten neuen Vorstellungen. Ähnliches, wenn auch im bescheideneren Rahmen, spielt sich heute in Südostasien ab. Unter der Decke der Großformen geht es jedoch weit mehr um das eigentliche, ebenso lebensstarke wie elastische mikrosoziologische Kommunikationsprinzip jener Gesellschaften, um die kleinräumigen Verbindungen von Mensch zu Mensch im Rahmen der Kasten, Sekten und Stämme, der Konfessionsnationalitäten und Communities, der Sippen und Talschaften, der Clans und Klientel, der Orden, Männerbünde und Geheimgesellschaften. Die Auseinandersetzung aller dieser zählebigen Elemente mit der Moderne spiegelt sich in den Armeen und Bürokratien, in den Parteien und Schulen, in den Städten und Dörfern wider. Sie hinterläßt ebenso im politischen wie ökonomischen und kulturellen Bereich und nicht zuletzt in den außenpolitischen Taktiken und Attitüden ihre Spuren, denn sie ist ihrer Natur nach, so kann heute schon gesagt werden, eine totale Erscheinung, die ebenso die Binnenstruktur jeder betroffenen Gesellschaft wie deren Außenbeziehungen berührt.

Das große Thema der Begegnung

Von hier aus kommen wir zu einem weiteren Lehrsatz: Zwar stülpen sich noch weithin die fremden Bedingungen wie eine von außen hertransportierte Klimaanlage über die autochthonen, in der Landschaft, im Menschen und in der Geschichte begründeten Verhältnisse, und dennoch ist ein Umwandlungsprozeß in Gang gekommen, dessen Ausmaß noch nicht zu überblicken ist. Die Rezeption fremder Strukturen, Gedanken und Leitbilder, fremder Gesetze und Maße ist nicht neu in der Geschichte. Nicht neu ist andererseits auch, daß die Natur in allen Fällen der Aneignung den notwendigen Versuch macht, das neu Übernommene umzuwandeln, zu verändern und mit eigenen Elementen zu versetzen. Die Erfahrung von Jahrtausenden zeigt, wie zwingend dieser Vorgang ist. Vielleicht bietet der Versuch, die übrige Welt mit den Formen Europas bekannt zu machen und zu verschmelzen, das

größte und aufregendste Schauspiel eines solchen Prozesses, der keinen Sieger und keinen Besiegten kennt, sondern nur von der Phantasie der Geschichte zeugt.
Die Pessimisten sehen bald den Geist und die Tiefe Asiens und Afrikas sowie anderer Regionen unter der hohlen Maske technischer Überlegungen und quantitativer Erfolge, wie sie aus Europa entlehnt sind, verschwinden und Kulturen untergehen, die in wunderbarer Weise die Seele in die Mitte des Lebens gestellt haben. Die Optimisten glauben an den fruchtbaren Sinn dieses Abenteuers, dessen chaotische Ungewißheiten mit Sicherheit irgendwann einmal neuen Ordnungen und Satzungen Platz machen, in denen sich ebenso die ehrwürdigen geistigen und gesellschaftlichen Erfahrungen der außereuropäischen Kulturen widerspiegeln werden wie die Versuche Europas, dem einzelnen Menschen ein Höchstmaß an Verantwortung und Kompetenz einzuräumen.
Die Frage, wer hier recht behält, muß wohl noch lange in der Schwebe bleiben. Doch überblickt man alle quantitativen und qualitativen Probleme, die wir zur Diskussion gestellt haben, ergibt sich wissenschaftlich wie politisch eine besonders vordringliche Aufgabe: wir müssen dem Weltzusammenhang und seinen Wandlungen in Zukunft eine Aufmerksamkeit schenken, die sich grundsätzlich von den bisherigen Bemühungen unterscheidet. Dabei wird eine Reihe von Tatsachen und Begriffen in den Mittelpunkt der Theorie und der Praxis zu rücken und anschaulich zu machen sein, die unmittelbar aus dem Problemkreis der interkulturellen Beziehungen erwachsen, ungeachtet, ob es sich um politische, ökonomische, technische oder im engeren Sinne kulturelle Kontakte handelt. Wichtiger ist es, die Frage nach Struktur und Dichte der Kohäsion, dem sich anbahnenden (oder schwankenden) Gruppenzusammenhalt der miteinander agierenden Partner aufzuwerfen. Der Gedanke an eine „Weltinnenpolitik" kann nur auf dieser Grundlage seriös diskutiert werden.
Begriffe (und Wirklichkeiten) wie *Kontakt, Kommunikation, Koexistenz* und *Distanz* stecken zunächst den allgemeinen Rahmen ab. Auf weit Genaueres wird eingegangen, wenn von *Interdependenz, Challenge and Response, Symbiose* oder *Interferenz* die Rede ist. Diese Begriffe ermöglichen es bereits, den Prozeß des interkulturellen Wandels im allgemeinen und dessen Einfluß auf die interna-

tionalen Beziehungen im besonderen in analytisch ertragreicher Weise zu bestimmen, zu systematisieren und zu spezifizieren. Eine Hilfe für die Analyse und Lagebeurteilung sind auch Begriffe wie *Rezeption, Assimilation* und *Akkulturation.*

Am folgenreichsten für den Umgang miteinander über die kulturgeographischen und ideologischen Grenzen hin ist jedoch die Antwort auf die in unserem Zusammenhang wissenschaftlich wie politisch interessante Frage, inwieweit die unter dem Eindruck der Modernisierung und Europäisierung der Erde (und der Steigerung der Kommunikationsdichte) sich vollziehende Angleichung des Phänotypus der Weltkulturen von einer echten *Konvergenz* begleitet wird, d.h. nach der biologischen Begriffsbestimmung von der Erscheinung, daß gleiche äußere Bedingungen zur Ausbildung ähnlicher Gestalt und Organbeschaffenheit führen. Dieses Bild, das sich zunächst leicht auf das Feld der Gesellschaft projizieren läßt, deutet eine der wichtigsten Fragestellungen einer Weltfriedens- und Empathieforschung an, die sich ebenso der Politikwissenschaft wie der Soziologie und der Kulturforschung verpflichtet weiß.

Eng verbunden mit dem Problem der Konvergenz ist das Phänomen des *Cultural Lag.* Dieser von F. W. Ogburn benutzte und anschließend von vielen Soziologen aufgegriffene Ausdruck bezeichnet eine partielle Kulturrückständigkeit, die sich aus dem abweichenden Tempo der Entwicklung der einzelnen Elemente einer Gesellschaft oder aber der einzelnen Regionen innerhalb einer Weltkultur ergibt. Im letztgenannten Fall stellen sich erfahrungsgemäß nur allzu leicht sozialpsychologisch gravierende internationale und interkulturelle *Spannungen* ein. Tiefenpsychologisch zu erklärende Probleme machen sich bemerkbar. Auf der Seite der Unterprivilegierten sind Frustrationen zu beobachten, gepaart mit dem Verlust der Identität und gesteigerter Aggressivität; auf der anderen Seite stehen Existenz- und Konkurrenzangst samt ihrer Verdrängungen im Vordergrund. Schwieriger kann kein Verhältnis unter Partnern angelegt sein, ob man nun an bilaterale Zusammenhänge oder die Beziehungen innerhalb des demokratischen Weltsystems denkt. Jeder Versuch, die Bedingungen für Frieden, Verständigung und Kooperation in der Welt zu erforschen, muß diese verstümmelte Ausgangslage berücksichtigen und als Datum in die realen Experimente eingeben.

Hier stoßen wir auf die Erkenntnis, daß der biologische Begriff der Konvergenz doch nur in sehr vorsichtiger Weise in die gesellschaftliche Sphäre übertragen werden kann. Denn im Gegensatz zu den biologischen Gesetzen sind im gesellschaftlichen Bereich stets *geschichtliche* Kräfte der mannigfaltigsten Art wirksam. Häufig genug tritt das Gegenteil des Erwarteten ein.

So vermehren sich, um nur ein Beispiel zu nennen, das die Zeitgeschichte hundertfach zu belegen vermag, mit zunehmender Urbanisierung und kommunikativer Verdichtung durchaus nicht automatisch die Rationalität und kosmopolitische Orientierung der innen- wie außenpolitischen Entscheidungen, wie in vielen Entwicklungsmodellen der Welt angenommen wird, die durch eine naive, geschichtsabgewandte Vorstellung vom Fortschritt gekennzeichnet sind. Nur wenn Weltinnenpolitik nüchtern betrieben wird und daraus Handlungsimpulse erwachsen, kann von einem realistischen Fortschritt gesprochen werden. Auch vermag man auf diese Weise die Enttäuschungen in Grenzen zu halten.

Trotz dieses pragmatischen Aspektes sollte zum Schluß freilich doch noch einmal auf die existentielle Dimension unseres Themas hingewiesen werden. Es geht um die Widersprüche, die sich aus der Verdichtung des Weltzusammenhanges in unserem Zeitalter ableiten. Denn das Zusammenrücken der Menschheit ist einerseits ein problembeladener Vorgang, der ständig von Ärgernissen begleitet wird. Und er hat doch andererseits im metaphorischen wie praktischen Sinne den Rang eines der dringlichsten Postulate. Das schließt nicht aus, den anderen in seiner Eigenart leben zu lassen oder, wie es Hannah Arendt in ihrem Buch über Eichmann getan hat, die Unterschiede zwischen Menschen und Menschengruppen geradezu als „das Charakteristikum der Menschheit, des menschlichen Status" zu bezeichnen und verstehend in sie einzudringen. Ganz im Gegenteil. Erst die Verbindung (und Verschränkung) beider Elemente, des kosmopolitischen mit dem partiellen, eröffnet dem menschlichen Geschlecht die Chance, sich der sozio-kulturellen wie politisch-militärischen Selbstzerstörung zu entziehen, von der als unser mögliches Schicksal heute nicht nur in den Kreisen der professionellen Kulturpessimisten die Rede ist[21].

Anmerkungen

[1] Wolfgang Franke: Probleme und heutiger Stand der China-Forschung in Deutschland. In: Moderne Welt. Zeitschrift für vergleichende geistesgeschichtliche und sozialwissenschaftliche Forschung, Jg. 1959/60, H. 3/4, S. 409ff. Vgl. auch Walter Hildebrandt: Siegt Asien? Traditionalismus, Nationalismus, Kommunismus – Strukturprobleme eines Kontinents. Göttingen 1966.
[2] Max Scheler: Bildung und Wissen. Frankfurt a.M. 1947, S. 27.
[3] Es ist bedauerlich, daß in der landläufigen Friedensforschung dieses Problem so wenig kritisch thematisiert wird. Man betrachte nur einige Abhandlungen in dem Sammelwerk von Ekkehart Krippendorff (Hrsg.): Friedensforschung. Köln 1968. Paradigmatisch ist der Artikel von Robert C. Angell: Auf dem Wege zum Frieden (S. 537ff.).
[4] Helmut Schelsky: Ortsbestimmung der deutschen Soziologie. Düsseldorf 1959, S. 26.
[5] H. Schelsky, a.a.O., S. 18.
[6] Raymond Aron: Die industrielle Gesellschaft. Frankfurt a.M. 1964, S. 15f.
[7] Jürgen Habermas: Erkenntnis und Interesse. Frankfurt a.M. 1968, S. 86.
[8] Max Horkheimer: Philosophie und Soziologie. In: Der Monat, H. 134, November 1959, S. 10.
[9] Eric Voegelin: Die neue Wissenschaft der Politik. München 1959, S. 33ff.
[10] Hans Freyer: Soziologie als Wirklichkeitswissenschaft. Leipzig 1930, S. 158ff.
[11] Arnold Bergstraesser: Deutsche und amerikanische Soziologie. In: Vierteljahreshefte für Zeitgeschichte, Jg. 1953, H. 3, S. 242.
[12] Henry A. Kissinger: Was wird aus der westlichen Allianz? Wien–Düsseldorf 1965.
[13] Arnold Gehlen: Der Mensch, seine Natur und seine Stellung in der Welt. Bonn 1955, S. 38.
[14] A. Gehlen: Das Bild des Menschen im Lichte der modernen Anthropologie. In: Die neue Weltschau. Zweite internationale Aussprache über den Anbruch eines neuen aperspektivischen Zeitalters, veranstaltet von der Handelshochschule St. Gallen. Stuttgart 1953, S. 84.
[15] Hendrik de Man: Vermassung und Kulturverfall. Salzburg 1951, S. 38.
[16] Ernst Jünger: An der Zeitmauer. Stuttgart 1959, S. 302. Das anschließende Werk Jüngers (1960) trägt den bezeichnenden Titel „Der Weltstaat".
[17] Romano Guardini: Das Ende der Neuzeit. Würzburg 1950, S. 106.
[18] Karl Jaspers: Vom europäischen Geist. München 1947, S. 20f.
[19] Ulrich Scheuner: Politische Probleme der nachkolonialen Epoche in den Entwicklungsländern Asiens. In: Moderne Welt, Jg. 1960/61, H. 1, S. 19ff.
[20] Daniel Lerner: The Passing of Traditional Society. 1962, S. 46f.
[21] Vgl. zur Fundamentalproblematik: Anselm Strauss: Spiegel und Masken. Die Suche nach Identität. Frankfurt a.M. 1974.

Wollen wir den Gegner niederwerfen, so müssen wir unsere Anstrengung nach seiner Widerstandskraft abmessen; diese drückt sich durch ein Produkt aus, dessen Faktoren sich nicht trennen lassen, nämlich: die Größe der vorhandenen Mittel und die Stärke der Willenskraft.

Clausewitz: Vom Kriege

ERNST TOPITSCH

Kapituliert der Westen?

Es ist ein uralter machtpolitischer Kunstgriff, die Untertanen des Gegners mit Hilfe von Befreiungsparolen aufzuwiegeln, ihnen aber nach dem Sieg nicht die Freiheit zu geben, sondern sie womöglich noch brutaler zu knechten. Marx und die Linke haben diesen Trick nicht erfunden und nicht als erste praktiziert. Vielmehr hat man ihn schon seit der Antike immer wieder erfolgreich angewendet. Beispielsweise sind die Spartaner im Peloponnesischen Krieg als „Befreier" der Griechen von der Athenischen Vorherrschaft aufgetreten, aber nach der Niederlage Athens zogen statt der ersehnten und versprochenen Freiheit in die tief enttäuschten Griechenstädte die spartanischen Harmosten ein, die ein barsches Regiment führten und sich oft genug aneigneten, was von den Kriegszerstörungen verschont geblieben war. In ähnlicher Weise haben später die Römer den Aufstand der Makkabäer gegen König Antiochos IV. unterstützt, dann jedoch die Juden rücksichtslos unterdrückt. Die mittelalterliche Kurie favorisierte nicht selten demokratische Gedankengänge, um die Fürsten unter Druck zu setzen, nicht aber im Interesse der Freiheit der Laien[1]. Eine besonders raffinierte Spielart solcher Strategien besteht darin, die Getäuschten an möglichst gefährlichen Stellen einzusetzen und so in den Kämpfen zu „verheizen", um sich auf diese Weise gegen jede Einmahnung der „Befreiungs"versprechungen abzusichern.

Doch nicht nur Freiheits-, sondern auch Friedensparolen lassen sich leicht als Instrumente der Machtpolitik manipulieren. Ansätze dazu finden sich schon im 18. Jahrhundert, als das aufsteigende Bürgertum den feudal-absolutistischen Staat nicht nur der Unterdrückung beschuldigte, sondern den Ehrgeiz der Dynastien anklagte, die Ursache des größten Übels, des Krieges, zu sein. Nach der Entmachtung der Fürsten werde es in der friedlich wirtschaftstreibenden, natur- und vernunftgemäßen bürgerlichen Gesellschaft keine Unterdrückung und keinen Krieg mehr geben. Dieser illusionäre Optimismus, hinter dem sich aber auch der moralisch verbrämte Machtanspruch des Bürgertums verbarg, wurde von den Tatsachen bald widerlegt. So konnte der Sozialismus dieselben Beschuldigungen, die das Bürgertum gegen die Fürstenmacht gerichtet hatte, an den bourgeoisen Kapitalismus adressieren und konnte dieselben Hoffnungen mit seinem eigenen Sieg verbinden. Doch wurde er durch die faktischen Entwicklungen in noch nachdrücklicherer Weise Lügen gestraft. In den inneren Machtkämpfen der sozialistischen Richtungen sind eine Grausamkeit und ein Fanatismus zutage getreten, wie sie Europa seit den Bluthochzeiten der Religionskriege nicht mehr gekannt hatte, und die Auseinandersetzungen zwischen sozialistisch firmierenden Staaten haben bereits zur Androhung und zum Einsatz militärischer Gewalt geführt. Heute erleben wir das Schauspiel, daß die beiden sozialistischen Weltmächte einander nicht zu Unrecht der Tyrannei, des Militarismus, des Imperialismus und des Großmacht-Chauvinismus beschuldigen[2].

In diesem Zusammenhang ist auch der sogenannten Friedensforschung kritisches Augenmerk zuzuwenden. Das soll keine pauschale Verdächtigung bedeuten, da unter diesem Etikett sehr verschiedenartige und verschiedenwertige Aktivitäten betrieben werden. Angesichts der wahrhaft apokalyptischen Vernichtungsmittel der modernsten Kriegstechnik ist es sehr wichtig, die Kriegsursachen systematisch zu untersuchen und sich Gedanken über Kriegsverhütung zu machen. Doch in manchen Formen der gegenwärtigen Friedensforschung scheint versteckt oder sogar offen der durch die Tatsachen längst widerlegte Mythos aufzuleben, daß der Weg zum ewigen Frieden über die sozialistische Weltrevolution führe. Aber auch dort, wo jene Bemühungen nicht direkt einer sozialistischen Machtergreifung das Wort reden, können sie den Blick für die harten politischen Realitäten trüben und die Bereitschaft vermindern, rechtzeitige Vorbereitungen zur Abwehr konkreter Bedrohungen zu treffen. So wird die Friedensforschung mitunter zu einer regelrechten Kapitulationsideologie.

Friedensforschung als Opium

Auf diese – vielleicht von den Friedensforschern nicht immer beabsichtigten – Wirkungen muß um so nachdrücklicher hingewiesen werden, als sie eine in Europa ohnehin weitverbreitete Mentalität verstärken und ihr den Schein einer wissenschaftlichen Rechtfertigung verleihen. Es ist dies die ausgeprägte Neigung, vor unbequemen Tatsachen die Augen zu schließen und unter dem Druck der Inflation der Ansprüche und Erwartungen im Wohlfahrtsstaat die Notwendigkeiten der Selbstbehauptung zu vernachlässigen. Diese Geisteshaltung und ihre Konsequenzen hat schon vor einem Jahrzehnt der bekannte Militärschriftsteller Ferdinand O. Miksche in einem Buch kritisiert, das den beunruhigenden Titel „Kapitulation ohne Krieg" trägt. Der Verfasser – übrigens zuerst tschechoslowakischer und später französischer Stabsoffizier – gibt darin eine Vorschau auf die Entwicklung der weltpolitischen Situation in den siebziger Jahren und die sich daraus ergebenden Gefährdungen der westlichen Demokratien. Er schließt seine scharfsinnigen Analysen mit einem wahren Kassandraruf: „Man hat den Eindruck, als hätte der westliche Mensch den Willen verloren, sein Geschick zu bestimmen, als würde er sich lieber treiben lassen, anstatt seine Zukunft durch mutiges Handeln erkämpfen zu wollen. Der in eine passive Verteidigung gedrängte Westen bedarf der Entfaltung gewaltiger seelischer Kräfte, um die bevorstehenden Kraftproben meistern zu können… Sollte dies nicht bald geschehen, dann scheint die stufenweise Abdankung der Europäer, ihre allmähliche Kapitulation ohne Krieg unvermeidlich zu sein.“[3] In den seither vergangenen zehn Jahren haben sich Miksches Vorhersagen weitgehend bewahrheitet, das weltpolitische Szenarium hat sich in geradezu dramatischer Weise zuungunsten Europas und der westlichen Welt verschlechtert, aber von der geforderten Entfaltung gewaltiger seelischer Kräfte ist bisher keine Spur zu bemerken. Statt dessen scheint man sich mancherorts „Friedensforschung“ als Tranquilizer zu verordnen, der es verhindert, daß man auf die harten Herausforderungen der Weltpolitik überhaupt noch reagiert.

Eine derartige Friedensforschung arbeitet schließlich bewußt oder unbewußt jenen in die Hände, die unter Umständen die Friedenspropaganda als Instrument unmittelbarer Angriffsvorbereitung benützen könnten. So mag eine solche Propaganda dazu dienen, bei den präsumtiven Opfern der Aggression einen euphorischen Trancezustand hervorzurufen und so das Bewußtsein der Gefährdung und den Selbstbehauptungswillen auszuschalten. Darüber hinaus ist es möglich, in den zu erobernden Ländern Friedenskongresse, Friedenskomitees und Unterschriftensammlungen für den Frieden zu organisieren, die den Okkupanten schon im vornhinein Aufschluß über voraussichtliche Kollaborateure und Gegner geben sollen. Zur Einschläferung des Selbstbehauptungswillens kommt dann die direkte, massive Einschüchterung mit Hilfe der Friedensparolen: Wer die Mitwirkung an den erwähnten Veranstaltungen verweigert, soll wissen, daß er sich damit zum „Friedensfeind“ und „Kriegshetzer“ stempelt und im Ernstfalle einschneidende Konsequenzen zu tragen hat. So wird die illusionäre Friedensutopie zum Vehikel des Terrors.

Die sozialistischen Utopien der Freiheit und des Friedens sind also nicht nur gescheitert, sondern sie sind oft zur Tarnung und Waffe ihres genauen Gegenteils, der Tyrannei und der Gewalttätigkeit geworden. Nicht anders steht es um die Utopie des Glückes.

Grenzen der Beglückbarkeit

Meist haben sich die „Menschheitsbeglücker“ nicht einmal die Frage gestellt, ob und inwiefern ein Wesen mit den spezifischen Eigenschaften des Menschen überhaupt dauernd glücklich sein oder gemacht werden könne.

Das ist um so erstaunlicher, als Denker sehr verschiedener Richtungen in dieser Hinsicht zu völlig negativen Antworten gelangt sind. Schon Kant hat eine solche in seiner „Kritik der praktischen Vernunft" (V 212) formuliert: Die Befriedigung des menschlichen Glücksbedürfnisses, „welche auf der Befriedigung der Neigungen, so fein sie auch immer ausgeklügelt werden mögen, beruht, kann niemals dem, was man sich darüber denkt, adäquat sein. Denn die Neigungen wechseln, wachsen mit der Begünstigung, die man ihnen widerfahren läßt, und lassen immer ein noch größeres Leeres übrig, als man auszufüllen gedacht hat." Auch ein ganz anders als Kant orientierter Denker, nämlich Sigmund Freud, hat sich mit ähnlichem Nachdruck gegen die Möglichkeit eines „irdischen Paradieses" ausgesprochen. Er hält jenes Lustprinzip, das die Grundlage aller diesbezüglichen Vorstellungen ist, aus prinzipiellen Gründen für undurchführbar: „Alle Einrichtungen des Alls widerstreben ihm; man möchte sagen, die Absicht, daß der Mensch ‚glücklich' sei, ist im ‚Plan der Schöpfung' nicht enthalten. Was man im strengsten Sinne Glück heißt, entspringt der eher plötzlichen Befriedigung hoch aufgestauter Bedürfnisse und ist seiner Natur nach nur als episodisches Phänomen möglich. Jede Fortdauer einer vom Lustprinzip ersehnten Situation ergibt nur ein Gefühl von lauem Behagen; wir sind so eingerichtet, daß wir nur den Kontrast intensiv genießen können, den Zustand nur sehr wenig. Somit sind unsere Glücksmöglichkeiten schon durch unsere Konstitution beschränkt. Weit weniger Schwierigkeiten hat es, Unglück zu erfahren."[4]
Diese Betrachtungen werden durch unsere Höllen- bzw. Paradieses- und Himmelsvorstellungen bestätigt. Es ist ganz leicht, sich die fürchterlichsten Höllenbilder auszumalen. Man braucht dafür beispielsweise nur an das zu denken, was die Menschen einander – oft sogar im Namen der wahren Menschlichkeit – zufügen. Ganz anders liegen die Dinge bei den Paradiesesvorstellungen. Hier handelt es sich vor allem um Gegenbilder zu realen Situationen des Leides und des Mangels. „Ewige Jugend, Freisein von Krankheit und Leid, reichliche Muße, Essen und Trinken und alle Freuden im Überfluß, Glanz und Pracht ... alles das sind ja Knappheitsbegriffe, d.h. Werte nur durch ihren erlebten Kontrast zum überwiegenden Gegenteil, ohne den sie sich selbst aufheben: In der Fülle vorhanden, senken sie so schnell ihren Grenznutzen, daß sie als etwas Besonderes und Auszeichnendes nicht mehr fühlbar werden. – Entsprechendes gilt für das Ideal der vollkommenen Gesundheit, des vollkommenen Glücks, der vollkommenen Mühelosigkeit oder Muße. Immer beruhen diese Werte auf dem Kontrast zum Gegenteil, dem rhythmischen Wechsel zwischen Wohlbefinden und Gebresten, Erfolg und Mißgeschick, Erholung und Mühsal, Fülle und Frugalität. Diesen Rhythmus streichen zu wollen hieße das Verhältnis von Spannung und Lösung streichen. Im ‚irdischen Paradiese' geschieht dies; das Resultat müßte, durchlebt, jene tödliche Langeweile aufweisen, die alle ‚Paradiese' kennzeichnet."[5]
So sind zwar die utopischen Spekulationen über ein irdisches Paradies meist als Reaktionen auf bestimmte Formen unmittelbar erlebter Not entstan-

den, aber sie tragen der Tatsache nicht Rechnung, daß nach der Beseitigung dieser Not sich häufig nicht Glück und Zufriedenheit einstellen. Vielmehr steigen dann mit der Verbesserung der Lebensbedingungen auch die Ansprüche und mit dem Wegfall vieler Härten vergrößert sich die Empfindlichkeit gegen die verbleibenden. So weicht das Ziel der irdischen Glückseligkeit mit jedem vermeintlichen Schritt darauf zu immer weiter zurück, und das Ergebnis dieser Bemühungen ist oft nur Langeweile, gesteigerte Unzufriedenheit, ja manchmal Verzweiflung. Als Beispiel dafür kann man etwa einen Brief eines amerikanischen Studenten anführen, in dem es heißt: „Ich bin 22 Jahre alt, besitze einen akademischen Grad, besitze einen luxuriösen Wagen, bin finanziell unabhängig, und es steht mir mehr Sex und mehr Prestige zur Verfügung, als ich verkraften kann. Jetzt stellt sich mir die Frage: Was für einen Sinn hat all das?“[6]
Damit soll natürlich nicht behauptet werden, es sei im Grunde gleichgültig, ob in der Welt Armut und Krankheit, Krieg und Tyrannei herrschen oder nicht. Außer Zweifel soll auch der Wert einer Sozialpolitik stehen, die vor allem jenen zugute kommt, welche dem Druck der Realität am meisten ausgesetzt sind und darum in der Regel auch dessen Erleichterung am meisten zu schätzen wissen. Wohl aber muß man daran erinnern, daß der „Beglückbarkeit“ des Menschen durch Befriedigung seiner Bedürfnisse und Ansprüche gewisse konstitutionsbedingte Grenzen gesetzt sind, bei deren Überschreitung zumindest die Gefahr besteht, einen völlig entgegengesetzten Effekt zu erzielen[7].
Wenn aber die Forderung erhoben wird, daß die „wahre“ und „gerechte“ Gesellschaftsordnung das Glück aller garantieren solle und nur eine solche Gesellschaftsordnung existenzberechtigt sei, so stößt dies auf weitere grundsätzliche Schwierigkeiten, die schon Hans Kelsen hervorgehoben hat: „Es ist klar, daß es eine gerechte, d.h. das Glück aller gewährleistende Ordnung nicht geben kann, wenn man mit Glück, dem ursprünglichen Sinne des Wortes gemäß, das subjektive Gefühl, das ist dasjenige meint, was ein jeder darunter für sich selbst versteht. Denn dann ist es unvermeidlich, daß das Glück des einen mit dem Glück des anderen in Konflikt gerät.“ Außerdem hängt unser Glück „sehr häufig von der Befriedigung von Bedürfnissen ab, die keine gesellschaftliche Ordnung gewährleisten kann“[8]. Solche und ähnliche Einwände erheben sich beispielsweise gegen die berühmte Formel vom größtmöglichen Glück der größtmöglichen Zahl, wie sie der englische Philosoph und Jurist Jeremy Bentham aufgestellt hat. „Benthams Formel ist nicht anwendbar, wenn unter Glück ein subjektiver Wert verstanden wird. Denn verschiedene Individuen haben höchst verschiedene Vorstellungen von dem, was ihr Glück ausmacht.“[9] Eine Gesellschaftsordnung kann höchstens die Befriedigung gewisser Bedürfnisse gewährleisten, die von der gesellschaftlichen Autorität als solcher anerkannt sind, etwa diejenigen nach Nahrung, Kleidung und Behausung. Das ist aber etwas völlig anderes als das subjektiv erlebte Glück und braucht mit diesem nicht übereinzustimmen oder zu harmonieren.
Über diese und verwandte Probleme pflegen allerdings diejenigen wenig

nachzudenken, denen die hehren Ideale der Menschheitsbefreiung und Menschheitsbeglückung nur Tarnung und Instrument ihrer Machtgier und ihrer destruktiven Gelüste sind. Freilich brauchen sich diese Leute darüber nicht viel den Kopf zu zerbrechen, denn nach der Machtergreifung verfügen sie über ebenso wirkungsvolle wie unorthodoxe Mittel, um mit allen derartigen Schwierigkeiten fertigzuwerden. In den sozialistisch firmierenden Systemen haben die Menschen pflichtschuldigst glücklich zu sein – und sind sie es nicht, so beweisen sie damit nur ihre „reaktionäre" Gesinnung und haben die Folgen zu tragen. Dementsprechend dienen dort auch exzessive Rüstungen und aggressive Aktionen per definitionem nur dem Frieden, und der Untertan ist per definitionem frei, wenn er den Befehlen des Diktators oder der Partei gehorcht. Auf diese gewiß unkonventionelle Weise gelingt es dann doch, der Menschheit die Segnungen der Freiheit, des Friedens und des Glückes zuteil werden zu lassen.

Selektiver Moralismus

Nun ist es nicht überraschend, daß sozialistisch firmierende Diktaturen solchen Definitionen im eigenen Machtbereich Geltung verschaffen können. Erstaunlicherweise finden diese Sprachregelungen aber auch in anderen Regionen lebhaften Anklang. Vor allem werden sie von jenen intellektuellen Cliquen der westlichen Welt übernommen, die sich ihrerseits der moralisierenden Ideologie der Menschheitsbefreiung und Menschheitsbeglükkung als eines Instrumentes der Machtpolitik bedienen und sich auf diese Weise als verantwortungsfreie Über-Regierung etablieren wollen. Diese weit über alle in einer Demokratie unerläßliche Kritik und Kontrolle der Staatsführung hinausgehende Kampfstellung jener Intellektuellen hat – wie Robert Waelder in seinem bemerkenswerten Buch „Fortschritt und Revolution" hervorhebt – schließlich das Ergebnis, daß man „den Feinden jede Tyrannei verzeiht, aber im eigenen Lande die geringste Einschränkung der Freiheit verurteilt, ohne zu bedenken, daß die letztere vielleicht eher der Verteidigung als dem Angriff dient, also die Reaktion auf die Bedrohung durch die besagte Tyrannei sein könnte ... Es gibt keinen Grad von Grausamkeit oder Gemeinheit, der einen Menschen oder ein Regime dafür disqualifizieren würde, von westlichen Moralisten als Musterbild der Tugend und als unschuldiges Opfer westlicher Bosheit hingestellt zu werden; und es gibt keinen Grad an Unsinnigkeit, der in den Augen der Moralisten ein Argument für die Verurteilung der eigenen Gesellschaft unbrauchbar machen könnte." [10]

In massivster Form ist die Doppelbödigkeit eines solchen Moralismus und Humanismus während der Ereignisse des Frühjahrs 1975 in Indochina offenkundig geworden. Hunderttausende flohen in panischer Angst vor ihren „Befreiern" und „Beglückern". Da klammerten sich manche in ihrer Verzweiflung an die Fahrwerke startender Flugzeuge, da flüchteten gejagte Menschen in schwachen Booten auf die hohe See hinaus, in der vagen

Hoffnung, von einem westlichen Schiff gefunden und aufgenommen zu werden – viele von ihnen sind verdurstet, verhungert oder ertrunken. Aber diese Apokalypse ließ das so empfindsame Herz und das so sensible Gewissen unserer Menschheitsfreunde völlig ungerührt. Keine Welle der Empörung und des Protestes ging durch Amerika und Westeuropa. Die selbsternannten Gralshüter der wahren Moral und Humanität hüllten sich auch in der Bundesrepublik in tiefes Schweigen. Die Honoratioren, Laureaten und Gottesmänner, die sich einst über angebliche oder wirkliche Missetaten der Amerikaner in Vietnam nicht genug hatten entrüsten können und die dann in die Zellen der Baader-Meinhof-Banditen gewallfahrtet waren, brachten nun angesichts der Tragödie in Indochina kein Sterbenswörtlein der Mißbilligung über die Lippen.
Doch auch die Vorkämpfer der Presse- und Informationsfreiheit, die sich während des Vietnam-Krieges über die geringste Beschränkung durch amerikanische Kommandostellen bitter beklagt hatten, scheinen heute wenig daran zu finden, wenn aus diesem Gebiet nur mehr zensurierte Berichte kommen. Was wir von dort erfahren, ist im Sinne der neuen Herren gefiltert. Die Ermordeten deckt nicht nur der grüne Rasen, sondern auch das große Schweigen. Die Sieger versichern lächelnd, sie würden die Bewohner der „befreiten“ Gebiete human behandeln. Vielleicht sagen sie sogar die Wahrheit, aber niemand kann sie kontrollieren. Dieselbe linksliberale amerikanische Presse, die durch beharrliche Recherchen das Massaker von My Lai ans Licht gebracht hatte, kocht nicht vor Empörung darüber, daß es ihr unmöglich gemacht wird, Gerüchten über ähnliche oder sogar noch schlimmere Vorkommnisse im nunmehr „befreiten“ Südvietnam und Kambodscha nachzugehen.
Überhaupt bietet sich im Westen oft das paradoxe Schauspiel, daß gerade die engagiertesten Vertreter der Pressefreiheit offen oder versteckt politischen Systemen Vorschub leisten, in denen es diese typisch bürgerlich-demokratische Institution nicht gibt, ja deren Vertreter einer freien Presse völlig verständnislos gegenüberstehen. Selbst mittlere und höhere Funktionäre solcher Systeme können sich gar nicht vorstellen, daß eine Kritik an kommunistischen Diktaturen in westlichen Blättern unabhängig von Anordnungen und meist auch von Anregungen durch die Regierung erfolgt.
Gewiß hat man gerade in Deutschland die verheerenden Auswirkungen des Chauvinismus bis zur Neige kennengelernt, und es ist gut, wenn diese Erfahrungen nie mehr in Vergessenheit geraten. Doch dies darf nicht für die Tatsache blind machen, daß ein „umgekehrter Chauvinismus“ nicht weniger katastrophale Folgen haben könnte. Auch davor hat Robert Waelder eindringlich gewarnt [11].
Waelder hat seine Betrachtungen noch vor der großen Welle der Vietnam-Proteste niedergeschrieben, in welcher das ganze Ausmaß der pseudo-moralistischen Zermürbungsarbeit offenkundig wurde. Mit dieser Herausforderung verbinden sich aber noch die Drohung des Kommunismus und die Ressentiments der Dritten Welt. Zwar kann der Westen nach

Waelders Meinung mit jeder einzelnen dieser Gefährdung fertigwerden. „Ob jedoch die westlichen Gesellschaften mit ihrer Atmosphäre der Freiheit und Unverkrampftheit einen gleichzeitig losbrechenden und aufeinander abgestimmten Angriff von drei Seiten überleben können; ob sie also überleben könnten, wenn die weltanschauliche Feindschaft der Kommunisten die Ressentiments der Dritten Welt als Vorwand zur Einkreisung des Westens benutzt, bei der jeder Angriff auf die westlichen Interessen mit Sicherheit von einem erheblichen Teil der öffentlichen Meinung mit moralischen Argumenten unterstützt würde – das liegt noch in der Zukunft verborgen.“ [12]
Diese hellsichtige Kennzeichnung der von den Moralisten erzeugten Kapitulationsatmosphäre und ihres politischen Stellenwertes hat heute eine neue, beklemmende Aktualität gewonnen.

Anmerkungen

1 Vgl. dazu auch A. M. Knoll: Katholische Kirche und scholastisches Naturrecht. Zur Frage der Freiheit. Neuwied – Berlin 1968, S. 61f.
2 Aufschlußreiche Dokumente der sowjetischen Polemik gegen die Volksrepublik China bringt K.-D. Grothusen: Moskau contra Mao. Düsseldorf 1971.
3 F. O. Miksche: Kapitulation ohne Krieg. Stuttgart 1965, S. 259.
4 S. Freud: Das Unbehagen in der Kultur. Werke, Bd. XIV, S. 434.
5 W. E. Mühlmann: Chiliasmus und Nativismus. Berlin 1961, S. 431.
6 Zit. n. V. E. Frankl: Die Frage nach dem Sinn. In: Frankfurter Allgemeine Zeitung v. 30. 11. 1974.
7 Vgl. auch K. Lorenz: Die acht Todsünden der zivilisierten Menschheit. München [4]1973, bes. S. 39ff.
8 H. Kelsen: Was ist Gerechtigkeit? Wien 1953, S. 2f.
9 H. Kelsen, a. a. O., S. 4.
10 R. Waelder: Fortschritt und Revolution. Stuttgart 1970, S. 353.
11 R. Waelder, a. a. O., S. 343ff.
12 R. Waelder, a. a. O., S. 358f.

So sehen wir also, daß der Krieg nicht bloß ein politischer Akt, sondern ein wahres politisches Instrument ist, eine Fortsetzung des politischen Verkehrs, ein Durchführen desselben mit andern Mitteln ... Die politische Absicht ist der Zweck, der Krieg ist das Mittel, und niemals kann das Mittel ohne Zweck gedacht werden.

Clausewitz: Vom Kriege

HEINZ TRETTNER

Die Strategie der Zersetzung

Unpopuläre Bemerkungen eines Generals a. D.

Die scheinbar so festen Begriffe wie Krieg und Frieden sind längst nicht mehr eindeutig. Ihre klare Trennung war eine Kulturleistung allerersten Ranges und hat zu einer Begrenzung und Hegung der Gewaltanwendung durch das Völkerrecht und zur Disziplinierung und Ethisierung des Soldaten geführt. Heute erleben wir mit Sorge, wie diese ehemals eindeutigen Begriffe ihre Konturen verlieren, wie das herkömmliche Völkerrecht versagt und wie das Urphänomen des Krieges sich neue Wege sucht, nachdem die Entwicklung der Waffentechnik außenpolitische Gewaltanwendung durch Staaten ad absurdum geführt zu haben schien.

Neu sind diese Wege nicht. Wenn man in unserm Jahrhundert bleiben will und nicht bis auf Sun Tzu, die Kaiser von Byzanz oder auch nur Scharnhorst, Gneisenau und Friedrich Engels zurückgehen mag, dann ist vor allen andern Lenin zu nennen, der die klassische Definition von Clausewitz umdrehte und vom Frieden als der Fortsetzung des Krieges mit andern Mitteln sprach. Diese Formel drückt zwei wichtige Gedanken und Tatsachen aus: 1. Der Kommunismus, als eine auf die Weltrevolution zielende Ideologie, enthält ein unverzichtbares, immer waches, reaktionsbereites aggressives Element; 2. es sind Kampfformen denkbar, die andere Mittel anwenden, als sie der klassische Krieg kennt, d.h. Mittel, die nicht eine militärische Gewaltanwendung bedeuten.

Dasselbe hat wohl auch General Beaufre, der klarste militärische Denker unserer Zeit, im Auge, wenn er Strategie definiert als „*die Kunst der Dialektik der Willen, die sich der Macht zur Lösung ihres Konfliktes bedienen*“ (Beaufre, „Introduction à la stratégie“, Seite 16: „l'art de dialectique des volontés employant la force pour résoudre leur conflit“). Es heißt hier „Macht“ ganz allgemein, nicht etwa militärische Macht.

Carl Schmitt hat in einer 1963 erschienenen Schrift (Theorie des Partisanen", Seite 59ff.) die Fortentwicklung der leninschen Gedanken bei seinen Erben treffend beschrieben:
„Stalin ist es gelungen, das starke Potential des nationalen und des heimatlichen Widerstandes – also die wesentlich defensive tellurische Kraft der patriotischen Selbstverteidigung gegen einen fremden Eroberer – mit der Aggressivität der internationalen kommunistischen Weltrevolution zu verbinden. Die Verbindung dieser beiden heterogenen Größen beherrscht den heutigen Partisanenkampf auf der ganzen Erde." Und weiter: „Für Mao, der vom Partisanen her denkt, ist der heutige Friede nur die Erscheinungsform einer wirklichen Feindschaft. Sie hört auch im sogenannten kalten Krieg nicht auf. (1963 sprach man noch nicht von Entspannung. Verf.) Dieser ist demnach nicht etwa halber Krieg und halber Friede, sondern eine der Lage der Dinge angepaßte Bestätigung der wirklichen Feindschaft mit andern als offen gewaltsamen Mitteln. Darüber können sich nur Schwächlinge und Illusionisten hinwegtäuschen. Praktisch ergibt sich daraus die Frage, in welchem quantitativen Verhältnis die Aktion der regulären Armee des offenen Krieges zu den andern Methoden des Klassenkampfes steht, die nicht offen militärisch sind. Hierfür findet Mao eine klare Ziffer: der revolutionäre Krieg ist zu neun Zehntel nicht-offener, nicht-regulärer Krieg und zu einem Zehntel offener Militärkrieg."
In den Schriften von Engels, Lenin und Mao findet man beliebig viele Belege für diese Kriegsvisionen.
„Der Marxist steht auf dem Boden des Klassenkampfes und nicht des sozialen Friedens. In gewissen Perioden scharfer wirtschaftlicher und politischer Krisen entwickelt sich der Klassenkampf zum unmittelbaren Bürgerkrieg, d.h. zum bewaffneten Kampf zwischen zwei Teilen des Volkes", heißt es bei Lenin. (Abgedruckt bei Joachim Schickel: Guerilleros, Partisanen. Theorie und Praxis, Seite 135.)
Wir tun also gut daran, die Abwesenheit von offenem Krieg *nicht* schon als Frieden anzusehen, sondern die sogenannten friedlichen Kampfmethoden, die gegen uns ununterbrochen, Tag für Tag und Stunde für Stunde angewandt werden, scharf im Auge zu behalten.
Der Kleinkrieg, als eine die großen Kriege begleitende Kriegs*form*, hat sich zu einer selbständigen Kriegs*art* entwickelt, mit der die selbstmörderischen atomaren und auch die eskalationsverdächtigen konventionellen Auseinandersetzungen unterlaufen werden können. Nur in seiner letzten Phase gleicht dieser moderne Krieg noch dem in den NATO-Definitionen behandelten subversiven Krieg, der mit militärischen Mitteln geführt wird. Vorher bleibt er unter dieser Schwelle und reicht etwa von der Waffenlieferung an Partisanen in fremden Ländern, über psychologische Feldzüge gegen Personen, Gruppen und Staaten, Desinformation und ideologische Aggressionen bis hin zur Infiltration durch revolutionäre Kader. Dieser Krieg wird weder formal erklärt, noch kennt er einen definitiven Friedensschluß. Da er alle moralischen und rechtlichen Bindungen leugnet, hat er immanent die Tendenz, sich zum *totalen* Krieg zu entwickeln. Er berührt

sich hier mit dem andern Extrem, das er vermeiden will, dem Atomkrieg.

Es ist offensichtlich, daß dieser Krieg nicht mehr allein Sache des Militärs sein kann. Er berührt vielmehr alle Bevölkerungskreise, und niemand kann sich ihm entziehen. Der Passive ist ein entscheidender Faktor auch gegen seinen Willen, denn er ist nach Mao – da immer in der Überzahl – das Wasser, in dem der Partisan wie ein Fisch schwimmen soll.

Es gilt also Verantwortung zu übernehmen für das Überleben unserer freiheitlichen Demokratie, dieser Staatsform, die vielleicht die menschenwürdigste unter allen bekannten ist, die aber auch zerbrechlich ist, wenn ihre Bürger nicht bereit sind, sie zu verteidigen. Zerbrechlich vor allem, wenn Zweifel bestehen, ob noch Einmütigkeit herrscht über Ziele und Aufgaben von Staat und Gesellschaft, oder wenn es Diskrepanzen gibt, die herrühren aus einem Dissens über die Welt der Werte, über Ethik und Moral, über Utopie und Wirklichkeit, also einem Dissens im Grundsätzlichen.

Keiner kann leugnen, daß es solche Meinungsverschiedenheiten im Grundsätzlichen heute gibt und daß ihretwegen – im Gegensatz etwa zu den fünfziger Jahren – die ideologisch-politische Polarisierung zugenommen hat.

Keiner kann auch übersehen, daß ein offenes Gesellschaftssystem einem geschlossenen bezüglich Spionage, Infiltration und Subversion unterlegen ist. In der Bundesrepublik tummeln sich die Nachrichtendienste. Der Fall Guillaume – der an sich unter jeder Regierung denkbar ist – enthüllt, mit welcher Harmlosigkeit und mit welchem Leichtsinn die Probleme der inneren Sicherheit und Geheimhaltung bei uns behandelt wurden.

Die Radikalen in der Bundesrepublik Deutschland

Das Bundesinnenministerium gibt jährlich einen „Verfassungsschutzbericht“ heraus, in dem alles Wissenswerte – oder das, was die Regierung für allgemein wissenswert hält – über die staatsfeindlichen Radikalen in übersichtlicher Form zusammengestellt ist.

Im letzten Bericht (1974) wird der Rechtsradikalismus als bloße Randerscheinung unseres politischen Lebens bezeichnet. Wir können ihn, weil er die Willensbildung in der Bundesrepublik nicht zu beeinflussen vermag und vor allem weil er keine Unterstützung aus dem Ausland erhält, hier vernachlässigen.

Bei den linksradikalen Kräften wird im allgemeinen zwischen den sogenannten *orthodoxen Kommunisten* und der *Neuen Linken* unterschieden.

Die einen sind moskautreu und übernehmen die sowjetische Interpretationen von Marx, Engels und Lenin ohne Widerspruch. Letztere haben zusätzlich zu den drei Klassikern noch Trotzki, Stalin und vor allem Mao zu ihren Leitbildern erkoren, wenn sie nicht einfach Anarchisten sind, deren geistige Väter Bakunin und Kropotkin ebenfalls aus dem vorigen Jahrhundert stammen.

Die Neuen Linken gebärden sich radikaler, sind aber in sich zersplittert, an Zahl geringer (16%) und ohne nachhaltige Unterstützung aus dem Ausland. Sie sind wesentlich weniger gefährlich als die „Orthodoxen", hinter denen die Sowjetunion und die DDR stehen. Wir werden uns deshalb vor allem mit den Orthodoxen zu beschäftigen haben. Im übrigen haben beide Richtungen viel Gemeinsames. Beide lehnen die parlamentarische Demokratie ab und versuchen, dem Sozialismus auf revolutionärem Wege, d.h. notfalls mit Gewalt, zum Durchbruch zu verhelfen. Beide sehen in der Betriebsarbeit ihr wichtigstes Betätigungsfeld, haben aber ihre größten Erfolge bei der studentischen Jugend. Beide bedienen sich ausgiebig aller Möglichkeiten der Publizistik und legen auf systematische Schulung ihrer Kader in eigenen Bildungsstätten großes Gewicht.
Die Zahl der linksradikalen Organisationen fluktuiert stark. Die Gesamtzahl betrug Ende 1975 über dreihundert. Die Zahl der organisierten Mitglieder hat die Marke von 135000 überschritten und damit eine Größenordnung erreicht, die die der FDP übertrifft. Die periodischen Schriften – etwa 1600 an der Zahl – haben eine Wochenauflage von fast anderthalb Millionen. Das sind im Jahr weit über siebzig Millionen, etwa das Doppelte des gesamten Fachzeitschriftenbestandes der Bundesrepublik.
In den Studentenparlamenten und AStAs der Universitäten und Hochschulen sind die Linken stark überrepräsentiert. In manchen Städten beherrschen sie diese Gremien total, so in Bremen, Frankfurt und Heidelberg. Aber alle Skandale werden in den Schatten gestellt von den Zuständen an der sogenannten „Freien Universität" in West-Berlin, die einst gegründet wurde als geistige Hochburg gegen den Druck aus dem Osten. Hier kann von einer „schweigenden Mehrheit" keine Rede mehr sein. Schon 1971 hatten sich 31% der Studenten für die Abschaffung des Grundgesetzes ausgesprochen. 1975 erhielt die kommunistische Linke über 70% aller Stimmen bei den Wahlen zu den Fachbereichsräten, während in West-Berlin selbst die SEW, für die 94 Hochschullehrer einen Wahlaufruf unterzeichneten, weniger als 2% der Stimmen erhielt.
Nur wenige machen sich klar, was solche Zustände bedeuten. Die „Notgemeinschaft für eine Freie Universität" hat 1972 eine genaue Wahlanalyse durchgeführt und dabei errechnet, daß innerhalb von zwei bis drei Jahren etwa

300 kommunistische Juristen,
250 kommunistische Erziehungswissenschaftler
330 kommunistische Politologen und
1000 kommunistische Gymnasiallehrer

die Universität verlassen würden. Diese Zahlen wurden durch eine neue Berechnung im Jahre 1974 fast zur Gänze bestätigt. Sie zeigen, daß der Beschluß des Bundesverfassungsgerichts über die Beschäftigung von Radikalen im öffentlichen Dienst ernst genommen und sorgfältig beachtet werden sollte.
Die kritiklose Übertragung des für den politischen Raum gedachten demokratischen Prinzips auf völlig andersgeartete Verhältnisse, wie z.B. die

Universitäten, haben aus unsern Hochschulen politische Kampfstätten gemacht, auf denen unter großer Verschwendung von Zeit, Studienplätzen und Energie für und gegen die Veränderung unseres Gesellschaftssystems gekämpft wird und wo – wenn die Radikalen den AStA beherrschen – Millionen von Steuergeldern, die der Staat für studentische Belange zur Verfügung stellt, nicht so sehr für soziale Zwecke als vielmehr für die Förderung des Umsturzes verwandt werden. Daran können auch nachträgliche Kontrollen des Rechnungshofes nichts ändern.
Die leninistische Theorie fordert, daß die Revolution der proletarischen Massen „von oben“ unterstützt werden soll. Dementsprechend ist der *Marsch durch die Institutionen* seit Jahren planmäßig betrieben worden. Im Jahre 1975 waren fast 1500 Linksradikale im öffentlichen Dienst erkannt, davon etwa zwei Drittel im Landesdienst. Während die Radikalen im Bundesdienst sich in der Mehrzahl in unbedeutenden Positionen bei Bahn und Post befinden, sind die Landesbediensteten an einflußreicheren Stellen tätig. Über 900 Personen sind als Lehrer (76%), als wissenschaftliche Mitarbeiter an Schulen und Hochschulen oder bei der Justiz beschäftigt. Bezeichnend ist die soziale Zusammensetzung der Linksextremisten im öffentlichen Dienst. Die Beamten stellen mit 46% den stärksten Anteil, gefolgt von den Angestellten mit ca. 40% und im weiten Abstand den Arbeitern mit ca. 14%.
Von den Beamten wiederum gehören 23,5% zum höheren, 13,7% zum gehobenen, 5% zum mittleren und nur 3,5% zum einfachen Dienst. Das ist eine geradezu groteske Schichtung. Die Umstürzler können sich nicht auf das Volk stützen; sie bestehen vorwiegend aus Intellektuellen, die sich selbst als Elite gebärden.
Die verhältnismäßig große Zahl von kommunistischen Lehrern entspricht der kommunistischen Revolutionstheorie, nach der die Eroberung des Erziehungswesens als das erste Teilziel einer Revolution zu gelten hat.
Die „*Fortsetzung der Politik mit pädagogischen Mitteln*“ hat die Indoktrination wehrloser Kinder und Jugendlicher zum Ziele und untergräbt den Frieden in den Familien und in der Gesellschaft an der Basis. Es wird Jahrzehnte dauern, bis die Schäden dieser Entwicklung beseitigt werden können (vgl. INITIATIVE 2 „Klassenkampf und Bildungsreform“).
Die DKP hat mit ihren vielfältigen Kontakten zu den „Bruderparteien“ in der Sowjetunion, in Polen, Frankreich, Ungarn, der Tschechoslowakei und der DDR bereits internationale Bedeutung gewonnen. Finanziell massiv aus dem Osten unterstützt, ist sie als einzige Partei der Bundesrepublik in der Lage, eine Tageszeitung herauszugeben (UZ mit einer Auflage von 60 000 Exemplaren).
Sie betreibt ein „Institut für marxistische Studien und Forschungen“ unter Professor Schleifstein in Frankfurt und einen Verlag „Marxistische Blätter“ mit preiswerten sozialistischen Klassikern, Taschenbuchreihen, Paperbacks und „Marxistischen Lehrbriefen“. Sie hat in einer „Arbeitsgemeinschaft sozialistischer und demokratischer Verleger und Buchhändler“ etwa 40 Kollektiv-Buchläden und 19 Verlage zusammengefaßt und ver-

kauft in den Universitätsstädten neben eigenen Erzeugnissen Literatur aus der DDR und der Sowjetunion. Auch eigene Druckereien stehen ihr zur Verfügung.

Die DKP bildet ihre Funktionäre in Moskau und Ost-Berlin aus. Ost-Berlin hat ihr das „Franz-Mehring-Institut“ als Parteischule eingerichtet.

Für die Jugend- und Studentenarbeit stehen der DKP die „Sozialistische Deutsche Arbeiterjugend“ und der „Marxistische Studentenbund Spartakus“ zur Verfügung. Für die Rekrutierung von Kindern arbeitet der Verband der „Jungen Pioniere“.

Von diesen Ablegern der DKP hat bisher der *Spartakus* die größte Bedeutung gewonnen. *Mit 4500 Mitgliedern ist er der stärkste radikale Studentenverband. Er spielt – finanziell aus der DDR reichlich unterstützt – eine führende Rolle unter den linken Studentenverbänden aller Hochschulen und Universitäten der Bundesrepublik.*

Die SED kümmert sich intensiv um das Gedeihen ihrer Tochterpartei. Neben den finanziellen Zuwendungen in Höhe von ca. 100 Millionen DM helfen Funktionäre der SED auch bei der Gleichschaltung und Verbreitung der Ideologie. Im Jahre 1974 sind 1650 solcher Funktionäre in der Bundesrepublik erkannt worden, von denen über 1200 auf etwa 900 öffentlichen Versammlungen gesprochen haben. Breschnew scheute sich nicht, während seines kurzen Besuchs in Bonn der vom Bundesinnenminister verfassungsfeindlicher Ziele beschuldigten DKP einen provozierenden Empfang zu geben, gegen den niemand zu protestieren wagte.

Die Parteischule „Karl Liebknecht“ mit einem angeschlossenen Internat in Essen hält mit mehrwöchigen Kursen die Parteimitglieder aus den Betrieben auf dem laufenden, während die „Marxistische Arbeiterbildung e. V.“ in 80 Bildungsgemeinschaften zur Verbreitung des „Wissenschaftlichen Sozialismus“ an der Basis beiträgt.

Zwischen orthodoxen Kommunisten und der Neuen Linken, die sich ganz ähnlich organisieren und engagieren, gibt es trotz der Übereinstimmung im Negativen, d. h. in dem, was sie nicht wollen, scharfe Spannungen. Das hat z. T. historische Gründe, denn zweimal wurden anarchistische Sozialrevolutionäre von den Bolschewiken ausgerottet, 1924 in Rußland und 1937 in Spanien. Der aktuelle Streitpunkt ist aber die Einstellung zur Gewalt. Während die Moskautreuen Gewaltanwendung zum gegenwärtigen Zeitpunkt in Europa für unzweckmäßig halten, fordern die Neuen Linken den gewaltsamen Umsturz schon jetzt, ganz nach der Mao-Weisheit „Alle Macht kommt aus den Gewehren“.

Deshalb sind die meisten Gewaltaktionen von Angehörigen der Neuen Linken durchgeführt worden, wobei die oft spontane Beteiligung von Mitläufermassen nicht übersehen werden darf.

Die DKP hält der Neuen Linken vor, daß sie durch solche nutzlosen Gewaltaktionen nur die Ablehnung der Bevölkerung hervorriefe und dadurch den Kapitalisten direkt in die Hände arbeite, eine zweifellos richtige Beobachtung.

Jedenfalls ist der Terror das einzige, was unsere allgemeine Gleichgültig-

keit in Empörung und Widerstand umzuwandeln vermag. Die Zerschlagung der „Baader-Meinhof-Bande" und des „Sozialistischen Patientenkollektivs Heidelberg" brachten leider nur vorübergehende Entlastung. Aus den Zellen heraus gelang es der Führung der „Roten-Armee-Fraktion" (RAF), wie sie sich selbst nennt, mit Hilfe ihrer Anwälte, neue illegale Gruppen aufzubauen.
Im Jahre 1974 haben sich die Bombenanschläge im Vergleich zu den Vorjahren wieder vermehrt. Hamburg, Bremen, Frankfurt und andere Orte wurden zu Schauplätzen neuer Terroraktionen, bei denen sich die „Bewegung 2. Juni" durch einen Fememord und die Erschießung des höchsten Richters von Berlin durch besondere Brutalität hervortat. Das Jahr 1975 begann mit der Entführung des CDU-Vorsitzenden von Berlin, Peter Lorenz, die die Freilassung einer Anzahl von früher verurteilten Terroristen zur Folge hatte. Ein Teufelskreis, den die verstärkten Polizeikräfte durch z. T. erfolgreiche Fahndungen zu durchbrechen suchen.
Es wäre falsch, wenn man den Terror als isolierte Erscheinung betrachten wollte. Er erwächst vielmehr einer revolutionären Mentalität, die von gewissen Kulturpolitikern und Pädagogen schon den Kindern beigebracht, anschließend in den radikalen Jugendorganisationen demokratischer Parteien und schließlich in radikalen Parteien und Zirkeln vertreten wird.
Ein Spiegelbild aller radikalen Organisationen finden wir in verkleinertem Maßstab bei den ausländischen Extremisten in unserm Land: gut organisierte orthodoxe Kommunisten in der Mehrzahl, Neue Linke immer mehr aufkommend und Terroristen, vielfach aus dem Ausland gesteuert.
Wenn schon die Beschäftigung von Millionen von Ausländern an sich ein Risiko darstellt, das in Spannungszeiten unbeherrschbar werden kann, so sind die über zweihundert ausländischen Extremistengruppen mit fast 50 000 Mitgliedern bereits heute eine mehr als unangenehme Beeinträchtigung unserer Sicherheit. Sie geben sieben verschiedenen kommunistischen Parteien aus dem Ausland die Möglichkeit, sich bei uns zu betätigen und ungehindert ihre Parteihierarchien auszubauen.
Ihre zahlreichen Periodika (über 150), von denen nur ein Drittel in der Bundesrepublik gedruckt wird, stellen mit einer Auflage von ca. 200 000 im Monat einen massiven publizistischen Faktor dar.
Es ist sicher keine Übertreibung, wenn man große Teile der linksradikalen Organisationen in Anbetracht ihrer eiskalten Infiltrationstaktiken, ihrer revolutionären Zielsetzungen, der Unterstützung aus dem Ausland und ihrer Bereitschaft zur Gewaltanwendung gegen Personen und Sachen als *Träger kleinkriegsmäßiger Aktionen* bezeichnet. Hinter diesen vielschichtigen und keineswegs einheitlichen Gruppen der moskautreuen Linken, der Neuen Linken und der ausländischen Linken steht direkt oder indirekt der Weltkommunismus, der sich in zwei der drei Weltmächte als herrschendes System etabliert hat und ein unerschöpfliches Hinterland bildet für die revolutionären Stoßtrupps aller extremen Linken.
Auch wenn Sowjets und Chinesen zur Zeit bittere Feindschaft gegeneinander hegen, der unbeugsame Wille zur Zerstörung der Freien Welt kenn-

zeichnet das Handeln beider und einigt sie über alle Feindschaft hinweg im strategischen Fernziel.

Lähmung der freiheitlichen Kräfte

Es ist eine alte Methode der Kommunisten, sich offen oder versteckt um Aktionsgemeinschaften mit den verschiedensten Gruppen im Sinne einer *„Volksfront"* zu bemühen, sofern sie allein ihre Ziele nicht erreichen können.

Im Unterschied zu den Zeiten Kurt Schumachers, der noch deutlich aussprach: „Kommunisten sind Feinde, Agenten einer ausländischen Macht", finden zumindest die orthodoxen Kommunisten zunehmend Entgegenkommen bei nichtkommunistischen, pazifistischen, christlichen, gewerkschaftlichen und studentischen Verbänden, bei denen sie mit ihren geschickt gewählten Agitationsthemen – etwa Vietnam, Afrika, Palästina oder Chile – erstaunliche Solidarisierungseffekte hervorrufen. Die Teilnahme von Nichtkommunisten am „Weltkongreß der Friedenskräfte" im Oktober 1973 in Moskau wurde mit Recht als ein Erfolg dieser Volksfrontpolitik gefeiert.

Die Wiederzulassung der alten KPD unter dem Neugründungsnamen DKP ist im Grunde genommen eine ständige öffentliche Verhöhnung unseres Bundesverfassungsgerichtes.

Von den 40000 Mitgliedern der DKP sind schätzungsweise 34000 gleichzeitig Mitglieder des DGB. Der DGB hat es bisher vermieden, sich von dieser Partei zu distanzieren.

Jusos und Judos sowie die linken Studentenverbände arbeiten bei sich bietender Gelegenheit unbekümmert mit dem Spartakus oder der SDAJ zusammen und verhindern in ihren Parteien einen klaren antikommunistischen Kurs.

Immer mehr Sozialdemokraten bezeichnen sich in jüngster Zeit selbst als Sozialisten, und bei vielen sozialistischen Parteien im Westen wird im Zweifelsfall eine Zusammenarbeit mit Kommunisten der mit bürgerlichen Parteien vorgezogen. Schweden, Italien und Portugal sind bedauerliche Beispiele mangelnder demokratischer Solidarität.

In der Bundesrepublik gibt es eine ganze Anzahl von Verbänden, die sich als Hilfstruppen der Kommunisten erweisen. Die großen Organisationen der Kriegsdienstverweigerer, die sich kürzlich zur *„Deutschen Friedensgesellschaft – Vereinigte Kriegsdienstgegner"* zusammengeschlossen haben, werden von Kommunisten beherrscht. Dasselbe kann man von der Organisation der Ersatzdienstleistenden sagen, ungeachtet der echten Verweigerer aus Gewissensgründen in ihren Reihen. Gewissen lassen sich nicht organisieren, es sei denn, man funktioniere diesen religiösen Begriff in einen politischen um. Das geschieht in der Tat immer häufiger, und es gibt sogar schon ein Gerichtsurteil, das *politische* Ablehnung als Gewissensent-

scheidung anerkennt. Demgegenüber bleibt festzustellen, daß politische Kriegsdienstverweigerung durch das Grundgesetz *nicht* gedeckt ist.
Als weitere Hilfstruppe des Kommunismus wäre die *„Deutsche Friedensunion“* zu nennen, in der Teile aufgelöster prokommunistischer Organisationen aufgegangen sind. Sie konzentriert sich auf die Beeinflussung und Sammlung von Angehörigen des Mittelstandes und der Intelligenz und betätigt sich hauptsächlich auf den Gebieten der Bildungs-, Mittelstands- und Frauenpolitik. Auch die *„Vereinigung der Verfolgten des Naziregimes – Bund der Antifaschisten“* steht den Kommunisten nahe und unterstützt ihre Volksfrontpolitik in gleicher Weise wie die *„Vereinigung demokratischer Juristen“*, der Regionalausschuß der *„Christlichen Friedenskonferenz“* oder der *„Bund demokratischer Wissenschaftler“*.
In sogenannten *„Freundschaftsgesellschaften BRD–UdSSR“*, in denen auch gutgläubige Demokraten mitarbeiten, haben Prokommunisten vielfach die entscheidenden Vorstandsposten inne.
Der SDAJ ist es gelungen, in zwei Landesjugendringe und 50 Ortsjugendringe aufgenommen zu werden und dadurch öffentliche Gelder zu erhalten, die der Staat für die Jugendarbeit bereitstellt.
Alle diese Verbände und Organisationen fordern seit längerem lautstark den Abbau des „Antikommunismus“, den sie als mit dem Geist der Ostverträge unvereinbar bezeichnen. Sie rechnen dabei mit der Unwissenheit der vielen, oder sie unterlegen den Verträgen ihr substanzloses Wunschdenken. Unsere östlichen Vertragspartner hingegen betonen immer wieder, daß friedliche Koexistenz sich *nur* auf den staatlichen Bereich erstreckt und keinesfalls einen ideologischen Waffenstillstand einschließt. Es ist pure Verantwortungslosigkeit, wenn nicht Schlimmeres, diese Tatsache nicht zur Kenntnis nehmen zu wollen.
Seit einigen Jahren sind in der Bundesrepublik die Informationen über den Kommunismus künstlich eingeschränkt worden. Die Ostwissenschaftler erhalten für ihre Forschungsarbeiten nicht mehr genug Geld, für die Information östlicher Völker bestimmte Sender müssen um ihre Existenz kämpfen, Institute werden geschlossen und gewonnene Erkenntnisse bleiben – wie im Falle Guillaume – an der Spitze unbeachtet.
Die Linkslastigkeit der Massenmedien, vieler Journalisten und Schriftsteller sowie eines großen Teils der Buchproduktion schaffen ein geistiges Klima, das dem Widerstand gegen den linken Radikalismus abträglich ist und in dem die Bezeichnung „Antikommunist“ zu einem Schimpfwort geworden ist. „Ein Hinüberwachsen in die sozialistische Revolution“ nennt man das in östlichen Verlautbarungen.
Die zur „Befreiung“ hochstilisierten Rauschgift- und Sexwellen, die antiautoritäre Pädagogik und der Materialismus einer übertriebenen Wohlfahrtsgesinnung, die keine Askese mehr kennt, lassen ein Bild von dem moralischen Zustand unseres Volkes entstehen, das geeignet ist, auch bei ernsten Beobachtern der Szene Zweifel daran hervorzurufen, unter welcher Gesellschaftsordnung letztlich die höheren ethischen Werte gedeihen.

Dazu kommt, daß eine meistens noch unbewußte Furcht vor der wachsenden Machtentfaltung der sozialistischen Länder viele Bürger und Politiker lähmt. „Je mehr die Macht der Sowjetunion wächst, um so schwieriger kann die sozialistische Revolution abgewehrt werden", lesen wir bei Jegorow (W. N. Jegorow, „Friedliche Koexistenz und revolutionärer Prozeß", Seite 148). Dieser Gedanke gibt auch die einzige stichhaltige Begründung her für die unmäßige Aufrüstung der Sowjetunion, deren unmittelbaren Zusammenhang mit der Revolution kein Geringerer als Stalin schon betont hat. Malraux überliefert uns folgenden Ausspruch von ihm: „Zu Beginn der Revolution warteten wir darauf, daß die europäische Revolution uns rette, und jetzt wartet die europäische Revolution auf die Rote Armee" (Antimemoiren, Seite 110).

Solche alten und neuen Aussagen beweisen, daß kein Zielwechsel stattgefunden hat. Sie lassen auch nach den KSZE-Abmachungen von Helsinki keinen Optimismus zu. Nur der durch unsere Bildungspolitik bewußt geförderte Mangel an geschichtlichen und ökonomischen Kenntnissen macht es erklärlich, daß selbst bei Intellektuellen noch Emotionen angeheizt werden können mit Doktrinen aus längst vergangenen Wirtschaftsepochen.

Ein anderes ist die Leichtfertigkeit, mit der die hier skizzierten vielschichtigen Entwicklungen von der Masse der Publikationsorgane heute abgetan werden. Man beruft sich gern auf die geringe Zahl der Radikalen und nimmt nicht zur Kenntnis, daß auch Lenins Revolution, von Intellektuellen durchgeführt, nur eine winzige Minderheit hinter sich hatte, und man überhört die öffentliche Erklärung des portugiesischen Kommunistenführers, daß Wahlergebnisse für ihn unerheblich seien.

Vorsicht und Mißtrauen sind geschichtlich weit überzeugender zu begründen als Vertrauensseligkeit, denn schließlich gibt es Dutzende von feierlichen Verträgen, die von der Sowjetunion ohne Bedenken gebrochen worden sind. Der einzige mir bekannte Vertrag, der von der UdSSR nicht gebrochen wurde, war der Hitler-Stalin-Pakt.

Abwehr der sozialistischen Revolution

Die Abwehr der sozialistischen Revolution ist in den letzten Jahren tatsächlich schwieriger geworden. Vieles ist aber auch deutlicher geworden.

Die Älteren unter uns haben das Kommen, Wirken und Vergehen eines totalitären Systems erlebt. Sie haben nach der Katastrophe geholfen, einen freiheitlichen Staat aufzubauen, und sie haben stärker als die Jüngeren empfunden, welches Glück es bedeutet, in einem Rechtsstaat – so unvollkommen er sein mag – persönliche Sicherheit und viele Chancen der Selbstverwirklichung zu besitzen.

Die Bundesrepublik gehört trotz ihrer bedrohten Lage zu den freiesten Rechtsstaaten der Welt. Sie gehört zu den wenigen Staatswesen, denen Amnesty International *keine Verstöße gegen die Menschenrechte* vorzuwerfen hat, und Alfred Grosser irrt gewaltig, wenn er nach mehr Schutz vor dem Staat ruft, statt die Gefahren ernst zu nehmen, die von Gruppen in der Gesellschaft ausgehen.

Die an die Forderungen des Grundgesetzes gebundene Rechtlichkeit ist das Entscheidende an unserem Staat und nicht etwa Schwächen der Gesellschaftsordnung, die jederzeit diskutiert und nach dem Willen der Mehrheit behoben werden können und sollen. Das ist das erste, was unsern Bürgern unablässig ins Gedächtnis zurückgerufen werden muß, denn wir wissen zu genau, wo „Volksdemokratien" enden. Beinahe täglich erleben wir, wie verlogen und zynisch das traurige Schicksal der osteuropäischen Völker umgedeutet wird. Wir dürfen nicht passiv bleiben, wenn sich ähnliche Entwicklungen bei uns anbahnen. Wir dürfen nicht zusehen, wie es unsere Väter in der Weimarer Republik vielfach getan haben. Sie hatten immerhin die Entschuldigung, daß sie keine Erfahrungen mit dem Totalitarismus hatten. Wir aber haben sie und tragen deshalb die volle Verantwortung für die Erhaltung unserer freiheitlichen Demokratie und ihre Weitergabe an die kommende Generation. Und wir tragen sie alle gemeinsam, denn im Kleinkrieg, der sich gegen alle richtet, ist die Verteidigung nicht Aufgabe einzelner damit betrauter Gruppen, sondern Sache des ganzen Volkes.

Es muß zweitens dafür gesorgt werden, daß das wahre Wesen der friedlichen Koexistenz und Entspannung für jedermann erkennbar gemacht wird. Kein Vernünftiger kann im Prinzip gegen Entspannung sein. Aber wir müssen immer im Bewußtsein behalten, daß der Begriff zweideutig ist. Entspannung ist etwas Dynamisches, nicht etwas Statisches. *Entspannung ist der Weg, nicht das Ziel.* Das Ziel ist Entspanntheit. Die aber kann es so lange nicht geben, als nicht auch auf *ideologischem* Gebiet Toleranz auf *beiden* Seiten geübt wird.

Das ist erklärtermaßen auf der östlichen Seite nicht beabsichtigt. Der kalte Krieg wird von dort aus auf gewissen Sektoren mit unverminderter Härte weitergeführt. In dem Buch „Soldat und Krieg", erschienen 1972 im Ostberliner Militärverlag, wird unmißverständlich gefordert: „Die Kommandeure und Politarbeiter sollten ständig beachten, daß die Erziehung zum *Haß auf den Klassenfeind* ein untrennbarer Bestandteil der moralisch-politischen und psychologischen Vorbereitung auf einen Krieg ist..."

„Friedliche Koexistenz ist eine Form des internationalen Klassenkampfes auf wirtschaftlicher, politischer und ideologischer Ebene", lesen wir in dem marxistischen Taschenbuch „Probleme der Strategie des antimonopolistischen Kampfes".

Das liegt genau auf der Linie der Moskauer Beschlüsse des ZK der KPdSU von 1970, in denen es heißt: „Zugleich setzt die friedliche Koexistenz von Staaten mit entgegengesetzter gesellschaftlicher Ordnung, wie Lenin betonte, einen heftigen politischen, wirtschaftlichen und ideologischen Kampf zwischen Sozialismus und Kapitalismus, zwischen Arbeiterklasse und Bourgeoisie voraus. Sie hat nichts gemein mit Klassenfrieden und stellt das heilige Recht der unterdrückten Völker, alle Mittel für ihre Befreiung einzusetzen, nicht im geringsten in Zweifel" (s. Jegorow, a. a. O., Seite 188).

Bei Jegorow finden wir eine noch deutlichere Aussage, die jeden Zweifel über das Wesen der Koexistenzpolitik beseitigen sollte: „Aber die Kommunisten sind niemals für den Frieden an sich eingetreten, das heißt für einen Frieden, der die Zuspitzung der Klassenwidersprüche in den kapitalistischen Ländern hemmt und die Verstärkung des nationalen Befreiungskampfes der unterdrückten Völker behindert“ (Seite 190).
Zynischer ist wohl nirgends *der Frieden zum Mittel des Klassenkampfes* gemacht worden, und die weltweite Usurpierung des Friedenskampfes durch die Sowjets erweist sich als nichts anderes als eine gigantische Täuschung der Völker. Angola und Mozambique sind dafür warnende Musterbeispiele.
Nachdenklich stimmen auch die seltsamen Völkerrechtsauffassungen der Sowjets. Jeder sollte wissen, daß nach ihrer Lehre die ethischen Grundsätze des klassischen Völkerrechts nur bürgerliches Machtstreben verbergen und deshalb in dem Augenblick abgeschafft werden müssen, wo ein Staat sozialistisch wird. Achtung der Souveränität, Nichteinmischung in die inneren Angelegenheiten und Gleichberechtigung der Staaten – alles Prinzipien der Freien Welt – erhalten dann einen andern Sinn. Diese alten allgemeinen Rechtsgrundsätze werden verdrängt durch die speziellen Normen des „proletarischen Internationalismus“, die angeblich eine höhere Stufe internationaler Integration darstellen und in erster Linie nicht mehr dem individuellen Staat, sondern dem Aufbau des Weltsozialismus dienen. Sie stellen nach sowjetischer Auffassung einen neuen Typ des Völkerrechts von erhabenerer und umfassenderer Qualität dar. Die blutigen Interventionen in Ungarn (1956) und der Tschechoslowakei (1968) waren demnach keine Aggressionen, sondern pflichtgemäße Hilfeleistungen der Sowjetunion bei der Verteidigung der Souveränität und Unabhängigkeit dieser Länder. Das jetzt so vielgepriesene Prinzip der friedlichen Koexistenz wird durch den sozialistischen Internationalismus abgelöst und das Prinzip des Nichtangriffs zwischen sozialistischen Staaten nicht mehr ausdrücklich erwähnt. Ein Staat, der den Sozialismus annimmt, verliert nach sowjetischer Auffassung seine Souveränität. Niemand weiß, ob unsere führenden Sozialisten das wollen. Ihre Wähler wollen es bestimmt nicht, aber sie werden auf andere Konfliktfelder abgelenkt.
Als letztes wäre noch eine bessere Information über die Unterschiede der Wirtschaftssysteme zu fordern. Es kann bewiesen werden, daß eine zentral gelenkte Planwirtschaft nur um den Preis wirtschaftlicher Prosperität *und* individueller Freiheit zu haben ist.
Information ist also der erste und wichtigste Schritt zur Bekämpfung der drohenden Gefahr einer linksradikalen Diktatur. Erst wenn die Folgen sozialistisch-kommunistischer Machtergreifung allgemein erkannt und die Methoden des revolutionären Kampfes von jedermann durchschaut werden, wird der Preis der Freiheit, die Wachsamkeit, von allen Gesellschaftsgruppen erbracht werden. Sollte es noch eines geschichtlichen Beispiels bedürfen, wohin ein Volk gerät, das seine Freiheit aufgibt – eigentlich müßten unsere eigenen Erfahrungen genügen –, dann kann

uns das Studium der Ereignisse in der Tschechoslowakei – 1948 und 1968 – volle Aufklärung geben. Auch die Tschechoslowakei war einmal eine liberal-demokratische Republik. Ihr trauriges Schicksal widerlegt alle Konvergenztheorien westlicher Intellektueller und alle Träume von nationaler Souveränität im Ostblock.

Solschenizyn sagte einmal: „Die westliche Gesellschaft nähert sich einer Grenze, hinter der das System unstabil wird und zerfallen muß. Immer weniger beschwert von der vielhundertjährigen Legalität marschiert die Gewalt schamlos und siegreich durch die ganze Welt." Wer mit kritischem Blick die Bundesrepublik und die Welt betrachtet, wird diese Aussage bestätigen müssen. Im Gegensatz zur Lehre von Karl Marx jedoch gibt es keine zwangsläufigen, mechanischen Geschichtsabläufe. Vielmehr bleibt das mahnende Goethewort wahr: „Nur der verdient sich Freiheit wie das Leben, der täglich sie erobern muß."

Das ist es. In dieser unserer bewegten Welt kann es keine Ruhe, keine Statik, keine Entspannung geben. Wer könnte das auch annehmen, wo doch das Schlagwort von der sich stürmisch ändernden Welt längst zum Allgemeinplatz geworden ist. Wir – und nur wir selbst – haben es in der Hand, den furchtbaren Marsch der Gewalt aufzuhalten. Noch können wir unsere Freiheit verteidigen durch unser Wort, durch unsere Wahlstimme, durch Leserbriefe, durch Bürgerinitiativen, durch Arbeit in den demokratischen Parteien, in den Gemeinden, Schulpflegschaften, Vereinen und wo immer es geht.

Wir sollten ein Beispiel kämpferischer Demokraten geben, uns nicht einschüchtern lassen durch die Arroganz linker Ideologen und nicht mutlos werden ob der Lauheit so vieler verantwortlicher Politiker.

Trotz aller Entspannungsbemühungen kann die weltweite Auseinandersetzung unterschiedlicher Gesellschaftssysteme nicht aufhören, weil diese beiden, das freiheitliche und das kommunistische, unvereinbar miteinander sind. Denn für das eine ist Frieden nur denkbar in Freiheit, für das andere ist Frieden erst möglich, wenn alle Welt sozialistisch geworden ist, d.h. ohne Freiheit.

„Freiheit ist ein bürgerliches Vorurteil", meinte Lenin. Freiheit ist uns die Krönung der Menschlichkeit. Keine Dialektik sollte uns davon abbringen, an allem festzuhalten, was unsere Freiheit ausmacht, und abzulehnen, was sie zerstört; auch nicht „die Dialektik der Willen, die sich der Macht zur Lösung ihrer Konflikte bedienen".

Der Krieg ist das Gebiet des Zufalls. In keiner menschlichen Tätigkeit muß diesem Fremdling ein solcher Spielraum gelassen werden, weil keine so nach allen Seiten hin in beständigem Kontakt mit ihm ist.

Clausewitz: Vom Kriege

Dokumentation

Matthias Claudius

Kriegslied

's ist Krieg! 's ist Krieg! O Gottes Engel, wehre,
Und rede Du darein!
's ist leider Krieg – und ich begehre
Nicht schuld daran zu sein!

Was sollt' ich machen, wenn im Schlaf mit Grämen
Und blutig, bleich und blaß,
Die Geister der Erschlagnen zu mir kämen
Und vor mir weinten, was?

Wenn wackre Männer, die sich Ehre suchten,
Verstümmelt und halb tot
Im Staub sich vor mir wälzten und mir fluchten
In ihrer Todesnot?

Wenn tausend, tausend Väter, Mütter, Bräute,
So glücklich vor dem Krieg,
Nun alle elend, alle arme Leute,
Wehklagten über mich?

Wenn Hunger, böse Seuch' und ihre Nöten
Freund, Freund und Feind ins Grab
Versammelten und mir zu Ehren krähten
Von einer Leich' herab?

Was hülf' mir Kron' und Land und Gold und Ehre?
Die könnten mich nicht freun!
's ist leider Krieg – und ich begehre
Nicht schuld daran zu sein!

Daniel Patrick Moynihan

Wir haben unsere Fronten verkürzt

Daniel Patrick Moynihan, geboren am 16. März 1927 in Tulsa (Oklahoma) als Sohn armer irischer Einwanderer, arbeitete als Barkeeper, Schuhputzer, Zeitungsjunge und Dockarbeiter, studierte dann am New Yorker City College, promovierte zum Dr. phil. und wurde schließlich Professor der Urbanologie an der berühmten Harvard University. 1961 Assistent im Arbeitsministerium der USA, 1965 Unterstaatssekretär im gleichen Ministerium. Unter Präsident Nixon eine Zeitlang Leiter des Amtes für Städteprobleme, 1973–1974 Botschafter der USA in Indien, 1975–1976 Botschafter bei den Vereinten Nationen in New York. Seine Reden vor der UNO-Vollversammlung und bei anderen Gelegenheiten – etwa vor dem 11. Kongreß der Gewerkschaft AFL/CIO in San Francisco – wurden von Freunden und Feinden in ungewöhnlichem Maße beachtet. Manche Kritiker nennen Moynihan einen Demagogen und kalten Krieger, andere sehen in ihm einen Politiker, dem zuzutrauen wäre, daß er seiner von vielen Schwierigkeiten bedrängten Nation nach einem Jahrzehnt der Erniedrigung und Selbstzerfleischung wieder neues Selbstbewußtsein einflößen könnte. Der englische Schriftsteller Henry Fairlie meinte von Moynihan: „Er ist ein großer Mann. In einem anderen Jahrhundert hätte er einen bedeutenden Kardinal abgegeben, vielleicht sogar einen Papst." Der folgende Text wurde kurz vor dem Rücktritt Moynihans als UNO-Botschafter Ende Januar 1976 verfaßt.

Der Mann, der ursprünglich für die Détente verantwortlich ist, schrieb unlängst: „Détente steht für eine Phase der Geschichte, in der die Gefahr des Krieges abnimmt und die Gefahr von Eroberungen ohne Krieg wächst. Für die Kommunisten ist die Détente ein Mittel zum Zweck. Für uns scheint sie – zumindest für viele naive Menschen – Selbstzweck."

Dies klingt ja alles sehr vernünftig; so ungefähr haben wir uns das ja gedacht. Warum aber tun wir uns dennoch so schwer, wirklich richtig zu verstehen, was Détente bedeutet?

Vielleicht ist es gut, zunächst einmal festzustellen, daß die Sowjets mit dem Verständnis der Détente keine Schwierigkeiten haben. Kommen sie an einem Punkt nicht weiter, wechseln sie zu einem anderen über. Die Vereinten Nationen bieten ihnen hierbei nahezu unbegrenzte Möglichkeiten. Im vergangenen Herbst befand die Generalversammlung in einem ihrer infamsten Augenblicke, daß der „Zionismus eine Form von Rassismus" sei. Diese Resolution ging angeblich auf eine arabische Initiative zurück. Aber war das wirklich so? Die Ukraine, beispielsweise, fungierte als einer der Hauptbefürworter der Anti-Zionismus-Erklärung, die genau zu längst bekannten politischen Zielen der Sowjets paßte.

Schon vor vier Jahren hatte die „Prawda" – in einem zweiteiligen Artikel unter der Überschrift „Antisowjetismus ist das Anliegen aller Zionisten" – die Juden beschuldigt, Angriffe gegen den Kommunismus auszuhecken, ähnlich wie Hitler ihnen einst Unterstützung für den Kommunismus unterstellt hatte.

Es gab groteske Vorfälle, die die Absicht unmißverständlich deutlich werden ließen, eine Parallele zwischen Nazismus und Zionismus zu ziehen. So wurde in einem Fernsehdokumentarfilm das Gesicht Ben Gurions auf jenes von Hitler projiziert. Es war daher auch kein Zufall, daß zwei Tage nach der Zionismus-Resolution der Generalversammlung der UNO ein TASS-Kommentator schrieb: „... der Rassismus der Zionisten ist so lupenrein und einfach wie jener, den das Hitler-Deutschland praktizierte."
Das alles ist, wie man sieht, Teil einer großen Kampagne. Das alles ist ganz und gar nicht undurchschaubar. Mehrfach haben die sowjetischen Führer kundgetan, daß die Détente für sie nicht das Ende des ideologischen Wettstreits einläutet. Dabei haben sie vielleicht nicht unbedingt betont, daß Détente eine Verschärfung desselben bedeutet. Aber dies festzustellen ist ja schließlich auch unsere Sache.
Noch einmal gefragt: Warum tun wir uns dann mit dem Verständnis von Détente so schwer? Ich biete als Antwort drei Einflußfaktoren an.
1. Die erste – eine vorläufige – Voraussetzung unserer Schwierigkeit rührt von dem Nervenversagen innerhalb jener amerikanischen Eliten her, die in der Nachkriegszeit unsere Außenpolitik lenkten und dirigierten – eine Politik, die in Vietnam ihr Waterloo erlebte.
Die Zeit heilt zwar viele Wunden, die Zeit und der Wechsel von Eliten, von dem Pareto schrieb. Für den Augenblick aber müssen wir resümieren, daß in der Arena des ideologischen Kampfes unsere Reflexe langsamer geworden sind.
2. Eine zweite Komponente – eine von mittlerer Dauer –, die unsere Antwort auf die kommunistische Aggression so schwerfällig macht, liegt wohl einfach darin begründet, daß der Marxismus überlegen ist in der Fähigkeit, Schuldgefühle einzuflößen. Es gibt keine freie Gesellschaft, die in dieser Hinsicht nicht ihren nagenden Zweifel hätte. Der Dichter Yeats nahm die Stimmung vorweg:
„Komm, richte auf mich dein anklagend Auge.
Ich dürste nach Verurteilung..."
Es heißt, daß in der Sahara, wenn dort ein kommunistisches Regime die Macht übernähme, der Sand bald knapp würde. Zweifelsohne werden wir Gelegenheit bekommen, diese Prognose zu überprüfen. Aber ebenso sicher ist auch, daß bis zum Schluß einige im Westen behaupten werden, den Sand hätten einige reiche Leute im Westen beiseite geschafft – zum Bau ihrer Swimmingpools oder so.
3. Die dritte Komponente endlich ist langfristig, ist die Abkehr von der liberalen Demokratie, die ihren Höhepunkt 1919 beim Ende des Ersten Weltkrieges erlebte und seither immerfort zurückgegangen ist.
Alles schien noch für eine Weile gutzugehen, bis der orientalische Despotismus als Kommunismus wieder einmal als eine der wichtigsten Kräfte der Welt ein Haupt erhob.
Eine Absicht ist nun nicht länger zu verwirklichen: die universelle Gesellschaft, eine Gemeinschaft gleichrangiger Nationen, jede aus freien und gleichen Männern und Frauen bestehend. Statt dessen ist die politische

Gesellschaft für absehbare Zukunft zu dem zurückgekehrt, was sie immer gewesen ist und was Leo Strauss eine „Partikular-Gesellschaft" nannte, „die nur auf ihre eigene Verbesserung ausgerichtet ist".
Das heißt aber auch: eine Gesellschaft, die verteidigt werden kann und, wie ich hoffe, auch verteidigt werden wird.
Darauf läuft es also hinaus. Aus dem Niedergang des Abendlandes wird für mein Gefühl eine geistige Aufwärtsbewegung hervorgehen. Wir haben unsere Fronten verkürzt. Wir werden angegriffen. Aber es gibt nicht das geringste in unserer Kultur, das vermuten ließe, wir würden uns schließlich und endlich nicht erfolgreich verteidigen. Denn wir haben in unserer Rüstkammer die unvergleichliche Waffe der Freiheit.
Wir alle zusammen sind die Partei der Freiheit. Und wenn die Lichter in der übrigen Welt ausgehen, scheinen sie bei uns um so heller. Es erfordert vor allen Dingen, daß wir die Wahrheit sagen – uns selber und der Welt.

Klaus D. Kernig

Krieg heute

I. Probleme des totalen Vernichtungskrieges

1. Die Waffenentwicklung

Der Einsatz der ersten Atombomben in Japan zur Beendigung des 2. Weltkriegs führte zu einer ganzen Reihe von militärtheoretischen und militärpolitischen Überlegungen. Die Frage, ob die Entwicklung der Atombombe die Menschheit dazu zwinge, eine Weltregierung zu schaffen, die mittels dieser Superwaffe einem Weltrecht Geltung verschaffen könne, war angesichts der in dieser Hinsicht wenig wirkungsvollen Entwicklung der Vereinten Nationen und angesichts des sich herausbildenden Ost-West-Konflikts bald negativ zu beantworten. Neben der Hoffnung, es existiere eine die Menschheit zum friedlichen Verhalten hin disziplinierende Waffe, wuchs die Skepsis, ob diese Waffe überhaupt in diesem Sinn verwendet werden könne, sobald man die Fragen zu beantworten suchte, wer sie herstellen, verwalten und wer über ihren Einsatz befinden sollte. Die Befürchtung, die neue Waffe werde lediglich eine unermeßliche Steigerung künftiger Kriegsverheerung mit sich bringen und ihre Entwicklung sei nur als fatale Errungenschaft zu werten, war sehr bald stärker als jede an ihre Existenz geknüpfte hoffnungsvolle Erwartung. Das Atomwaffen*monopol* in den Händen einer moralisch und ideologisch zum Frieden verpflichteten amerikanischen Regierung war von vornherein ungesichert. Es konnte nur eine Frage der Zeit sein und erwies sich auch als eine solche, daß auch die Sowjetunion in den Besitz dieser Waffen kam und daß der Besitz von Atom- und Wasserstoffbomben im Ost-West-Konflikt die ausschlaggebende Rolle spielte.
Die Entwicklung der *nuklearen und thermonuklearen Waffen,* der sog. A-Waffen, vollzog sich in beiden Lagern in zwei Richtungen. In der einen

Entwicklungsrichtung setzte man sich die Herstellung immer größerer Sprengkörper zum Ziel und kam so zur Wasserstoffbombe. Die Gesamtheit des Arsenals der Atom- und Wasserstoffbomben sowie ihrer Träger (Bombenflugzeuge und Raketen) bezeichnet man als *strategische Atomwaffen*. In der anderen Entwicklungsrichtung suchte man zu besonders handlichen Sprengsätzen zu kommen, deren Zerstörungskraft in sehr gut berechenbarer Weise begrenzt sein sollte, um die Waffe auf dem Gefechtsfeld verwenden zu können. Das gesamte Arsenal dieser Sprengsätze bezeichnet man als *taktische Atomwaffen*. Die Entwicklung der strategischen und taktischen Atomwaffen implizierte technische Probleme, deren Lösung an Schwierigkeit alles übertraf, was jemals auf rüstungstechnischem Gebiet erwachsen war.

Die in langen Testreihen stattfindende Erprobung der Atomwaffen brachte jedoch eine unerträglich starke radioaktive Verseuchung der Atmosphäre auf der nördlichen Erdhalbkugel mit sich. Dies führte zu einem zunächst stillschweigenden Teststop und später zu einem ratifizierten Teststopabkommen.

Wahrscheinlich hat es in der Geschichte der Militärtechnik noch niemals eine Waffe gegeben, deren bloße Produktion nach einem einmaligen Einsatz die politischen Führungen von Weltmächten so stark zu beeinflussen vermochte. Die modernen Waffensysteme verlangten – wie zuvor auch schon einige herkömmliche Waffensysteme – auf beiden Seiten den Aufbau gleichartiger Rüstungsindustrien und die gleichartige Ausbildung hochqualifizierter Waffentechniker, um jeder Seite zu ermöglichen, über gleichartige Kräfte zu verfügen. Der hohe finanzielle Aufwand verursachte darüber hinaus auf beiden Seiten vergleichbar hohe und unangenehm wirkende soziale Kosten und brachte daher z. T. innenpolitische Schwierigkeiten mit sich. Es ist ein einzigartig dastehendes Phänomen, daß ein Waffensystem, welches noch nie eingesetzt wurde, allein durch seinen in wettlaufartiger Konkurrenz erfolgenden Aufbau, seine Pflege und Weiterentwicklung die politisch-strategischen, militärpolitischen und rüstungswirtschaftlichen Handlungen und Überlegungen zweier möglicher Kriegsparteien im Frieden über Jahre und Jahrzehnte zu einer *Gleichschaltung* zwingt, deren Effekt die wechselseitige *Abschreckung* vor einem Waffengang ist. Es gehört deshalb zu den wichtigsten und untersuchenswertesten Fragen der Nachkriegszeit, warum bei so vielen Gleichartigkeiten der politische Nutzen der Verfügung über diese Waffensysteme nicht auch gleichartig, sondern recht unterschiedlich beurteilt wurde und warum die Konsequenzen, die für das politische Handeln gezogen wurden, differierten. Dennoch ist eine gewisse Gleichschaltung der Verhaltensweisen nicht zu übersehen.

Am eindringlichsten wurde die Gleichschaltung der Handlungen und Überlegungen während der Wende der fünfziger zu den sechziger Jahren demonstriert, als beide Seiten erkannten, daß die Zerstörungskräfte der Arsenale zur wechselseitigen, nahezu kompletten Ausrottung ausreichten, daß demgegenüber aber die Vorkehrungen zur Vermeidung eines durch

Fehlkalkulation, Zufall oder *Eskalation* ausgelösten K.s inadäquat niedrig geblieben waren. Die Herausbildung der bipolaren Konstellation im weltpolitischen Kräftefeld der Nachkriegszeit wurde durch das gleichartige Gefahrenbewußtsein der Supermächte nur unterstrichen. Sekundärmächte unterstellten zuweilen eine über die Lagergrenzen hinwegreichende Verständigung der Supermächte auf Kosten der Wahrung ihrer Interessen. Indessen hat die Parallelität der Waffenentwicklung eine Parallelität der politischen Überlegungen nur insoweit mit sich gebracht, als die überlegenen Machtpositionen der Supermächte davon unberührt blieben.
Die Entwicklung der *chemischen Waffen* (C-Waffen) und *biologischen Kampfmittel* (B-Waffen) seit 1945 führte zur Herstellung einer Vielfalt von Wirkstoffen. Es handelt sich bei ihnen um sehr variabel einsetzbare Waffen. Der Vorteil ihres Einsatzes besteht gegenüber dem von nuklearen und thermonuklearen Sprengkörpern darin, daß eine Zerstörung der materiellen Basis in einem Gebiet, welches besetzt werden soll, weitgehend vermeidbar ist. Zudem sind die chemischen und biologischen Waffen im Vergleich zu den atomaren relativ billig. Mit bestimmten Wirkstoffen (z.B. dem BZ) könnte möglicherweise das gesamte Areal eines Staates verseucht, vom Angreifer besetzt, seines Waffenpotentials beraubt und der politischen Führung entledigt werden; wenn sich die Bevölkerung dann von der C-Waffen-Wirkung erholt hat, steht sie bereits mit unversehrtem Wirtschaftspotential unter Besatzungsstatut und kann entsprechend eingesetzt werden. Alle derartigen, z.T. spekulativ anmutenden Überlegungen zum Einsatz von B- und C-Waffen müssen aber folgendes in Rechnung stellen: Der Einsatz von B- oder C-Waffen – wenn er sich gegen einen nuklear gerüsteten Gegner richtet – kann den Fall nicht ausschließen, daß der Angegriffene *einen Gegenschlag mit A-Waffen* auslöst. Eine Rückwirkung der B- und C-Waffen auf den Einsetzenden muß ebenfalls kalkuliert werden (Ansteckungsgefahr bei der Besetzung verseuchter Gebiete, Verbreitung der Kampfstoffe außerhalb des Zielgebietes usw.). Die B- und C-Waffen sind also für Eroberungszwecke nur dann sinnvoll einsetzbar, wenn sie möglichst isoliert beim Angegriffenen *vorübergehend* kampfunfähig machende Wirkungen erzeugen. Weder die Tötung der gesamten Feindbevölkerung noch deren langfristige Schädigung kann als erstrebenswert gelten, da die daraus resultierenden Leichenbeseitigungs- bzw. Krankenversorgungsprobleme unlösbar wären und die Übernahme von ausgestorbenen und verseuchten Industrieregionen ohnehin keinen Siegeseffekt hat. Der Einsatz dieser Waffen ist daher in begrenztem Ausmaß oder in entlegenen Regionen, in denen Guerillakriegführung möglich ist, wahrscheinlicher als in Industrieregionen. Eine *kombinierte* – konventionelle, taktisch-atomare und biologisch-chemische – *Kampfführung* ist beim heutigen Stand der Waffenentwicklung daher das noch am ehesten vorstellbare Kriegsbild der Zukunft.

2. Das Problem der rechtlichen Einhegung des Krieges

Die beiden Weltkriege haben eine Reihe von Differenzierungen, die einer herkömmlichen Betrachtung des K.s noch möglich waren, eingeebnet. Solange K. als eine Verhaltensform galt, die in bezug auf ihre Ziele und Mittel begrenzt war, schien er auch einer rechtlichen Einhegung zugänglich. Für den Europäer des 18. und 19. Jahrh. ist die rechtliche Einhegung des K.s keine undenkbare Angelegenheit gewesen. Sie realisierte sich während des K.s vorwiegend in der Verschonung der Zivilbevölkerung und nach Abschluß der Kampfhandlungen in Friedensregelungen, die das Zusammenleben langfristig zu sichern suchten. Das war aber weder zu allen Zeiten noch an allen Orten der Fall. Die Feldzüge der Israeliten zur Zeit der Landnahme des jüdischen Volkes z. B. waren in ihrer Zielsetzung unbegrenzt. Es waren Ausrottungskriege: Der Feind wurde vernichtet; Frieden mit ihm gab es nicht. Die Landnahme der Europäer in Amerika hat sich gegenüber den Indianern in ähnlicher Weise entfaltet. Rechtlich einhegbare, zu vertraglich gesichertem Frieden führende K.e sind nur möglich, wenn Ziele und Mittel des K.s begrenzt werden. Nur wenn der Feind als überlebende, in seiner Willensäußerung zwar zeitweilig beeinträchtigte (weil seiner Kräfte zur Willensdurchsetzung beraubte), aber weiterhin gleichberechtigt existierende Gruppe betrachtet wird, kann K. als begrenzt gelten. Vernichtung des Feindes (also nicht nur Vernichtung seiner Kampfkräfte) ist immer unbegrenzter Krieg. Vernichtungswille ist zugleich die Konstituierung der Unmöglichkeit von Frieden (der immer Frieden *mit* noch lebenden gleichgerechtigten anderen ist), d. h. die Unmöglichkeit, K. in irgendeiner Form rechtlich einzugrenzen.
Man kann sagen, daß die beiden Weltkriege einen enormen Beitrag zu der strikt im Gegensatz zu den Haager Bestimmungen stehenden Entwicklung geleistet haben, die Unterscheidung von Kämpfenden und Nichtkämpfenden und die von Ausrüstung und Zivilisationsgut aufzuheben. Die beiden Weltkriege hatten die Tendenz, sich auf Vernichtungskriege, die sich gegen die Gesamtbevölkerung richten, hin zu entwickeln; die waffentechnischen Möglichkeiten allein haben dieser Entwicklung eine Grenze gesetzt. Im 1. Weltkrieg war man waffentechnisch freilich noch weit entfernt davon, die Grenze von der gegen die Streitkräfte angesetzten Vernichtungsschlacht zu dem gegen die Gesamtbevölkerung gezielten Vernichtungskrieg überschreiten zu können. Im 2. Weltkrieg rückte dann die Möglichkeit, diese Grenzüberschreitung tatsächlich vollziehen zu können, in erreichbare Nähe. In einem 3. Weltkrieg wird sie mit Sicherheit stattfinden können. Die Entwicklung der modernen Waffentechnik hat in der Zeit des kalten Krieges zu dieser Einsicht geführt.
Von einem künftigen K. kann die gesamte Bevölkerung und das gesamte Territorium einer kriegführenden Nation betroffen werden. Da niemand weiß, ob zwischen Gegnern, die mit ABC-Waffen gerüstet sind, noch so etwas wie infantristische Grenzscharmützel möglich sind, ohne daß sich an solche ein Einsatz größerer Truppeneinheiten, sodann massierter Panzer-

kräfte mit Luftwaffenunterstützung und schließlich der Einsatz taktischer und strategischer atomarer Waffen anschließt, da also niemand weiß, ob eine Eskalation bewaffneter Konflikte ein auswegloses oder ein vermeidbares Geschehen ist, hat ein zukünftiger K. zwischen atomar gerüsteten Gegnern nicht nur in noch stärkerem Maß als die beiden vorangegangenen Weltkriege die Tendenz, zum totalen und die Gesamtbevölkerung treffenden Vernichtungskrieg zu werden, sondern von der Kampfkraft her auch die technischen Voraussetzungen dazu. Totaler K. würde in Zukunft darüber hinaus aber sogar noch mehr sein als Vernichtungskrieg der Kriegsgegner, d.h. der unmittelbaren Kriegsparteien untereinander: Die durch nichts aufhaltbare Verbreitung des radioaktiven Ausfalls (möglicherweise auch der Wirkung von B- und C-Waffen) kennt keine politischen Grenzen. Sie ist allein an geophysikalische Gegebenheiten und bestimmte biologische Größen gebunden. In einem mit thermonuklearen, chemischen und bakteriologischen Waffen geführten K., den vorläufig nur die Industrienationen der nördlichen Erdhemisphäre untereinander austragen können, würde die Zivilisation dieser Hemisphäre ohne Ansehung der Kriegspartei, und d.h. also auch ohne Ansehung irgendwelcher Formen und Spielarten von Neutralität einzelner Bevölkerungsgruppen, vernichtet werden.
Ein mit Einsatz aller verfügbaren Kampfkraft ausgetragener K. zwischen Industrienationen wäre rechtlich nicht mehr einhegbar, da er sich seinem Charakter nach als ein globaler Vernichtungskrieg entfalten würde. Zwei Momente sind für die Ausschließung der Möglichkeit rechtlicher Einhegung entscheidend. Ein mit atomaren, chemischen und biologischen Waffen geführter K. erlaubt eine *Konzentration der Kräfte in der Zeit,* die bislang für völlig unmöglich gehalten werden mußte. Eine Eskalation bis zum totalen Kräfteeinsatz, dem Einsatz aller Mittel, vermag in Stundenfristen zu erfolgen. Herkömmliche Unterscheidungen von Feldzügen, Schlachten und Gefechten werden damit gegenstandslos. Eine Kriegführung mit totalem Kräfteeinsatz bedeutete darüber hinaus eine bislang für unmöglich gehaltene *Auffächerung der Kräfte im Raum.* Politische Grenzen spielten dabei keine Rolle. Die Gebiete der Nichtkriegführenden würden von den Folgen einer thermonuklearen Auseinandersetzung in einer solchen Weise betroffen werden, daß die Dauerschädigung nicht unter der zu liegen brauchte, welche die Kriegführenden selbst hinnehmen müßten. Die technischen Möglichkeiten des modernen territorialen Vernichtungskrieges von globalem Ausmaß sind zugleich Möglichkeiten der Vernichtung nicht nur des materiellen, sondern auch des geistigen Zivilisationsgutes und also *eo ipso* Ausschließungen einer rechtlichen Einhegung des Krieges.
Die Kräftesteigerung geht mit einem ausweglos wirkenden *Zwang zur Eskalation* einher. Alle strategischen Überlegungen, die angestellt wurden, um Möglichkeiten zu finden, dem ausweglos zum Äußersten des Kräfteeinsatzes hintreibenden Zwang zur Eskalation zu entrinnen, verlangen einen gleichartigen Vernunftgebrauch auf beiden Seiten. Es müßte also vorausgesetzt werden, daß *beiden* Kriegsparteien der Wille eigen ist, eine begonnene Auseinandersetzung auf irgendeine Weise *erfolglos* abzubrechen,

weil der Abbruch der Feindseligkeiten vernünftiger ist als deren Fortführung. Das aber ist gleichbedeutend mit der Einsicht, daß es sich nicht gelohnt hat – und wenn man dieses bereits zuvor theoretisch durchdenkt: nicht lohnen kann –, eine Auseinandersetzung überhaupt erst zu beginnen. Denn wenn man eine Auseinandersetzung erfolglos abzubrechen bereit sein muß, weil der Zwang zur Eskalation nur Zwang zu gleichfalls gesteigerter Unvernunft – indirektem Selbstmord auf Zweiseitigkeit – bedeutet, dann ist alles, was bis zum Abbruch der Feindseligkeiten geschieht, ein Verlustgeschäft und daher tunlichst zu unterlassen.
Dem Zwang zur Eskalation entspricht – wenn und sobald er als solcher begriffen worden ist – vor dem Ausbruch der Feindseligkeiten mit gleich hohem Wirkungsgrad ein *Zwang zur Abschreckung;* denn dasselbe militärische Potential, das es den Supermächten ermöglicht, in gleichrangiger, d. h. gleich schlagkräftiger Weise auf der Eskalationsleiter voranzuschreiten, wirkt durch sein *bloßes gleichrangiges Vorhandensein* auf den Gegner abschreckend. Man kann somit dasselbe militärische Instrumentarium sowohl als Eskalationsinstrument als auch als Abschreckungsinstrument betrachten; man ist sogar *gezwungen,* es als beides zu *behandeln.* Das gesamte militärische Zerstörungspotential hat also zwei Betriebszustände, Abschreckung (= I) einerseits, Eskalation (= II) andererseits. Selbst derjenige, der nie anzugreifen gedenkt, muß abschrecken. Die Handlungsweisen einer Seite entsprechen dabei denen der anderen Seite. Auf diese Weise kann der Effekt einer Handlung zeitweilig einseitige Vorteile bieten. Beim Nachziehen der Gegenseite können diese wieder ausgeglichen werden. Sind zeitweilige Vorteile auf einer Reihe von Gebieten möglich, so heben sich – nicht nur statistisch gesehen, sondern auch in der Praxis – meist alle Vor- und Nachteile wieder auf. Die Identität der Handlungseffekte kann also den gesamten Rüstungswettlauf charakterisieren. Dadurch kommt zwar auch eine Stabilität in die Sicherheit, aber sie ist ein rein statistischer Effekt und hat keine rechtliche Qualität. Rechtliche Fixierung der Sicherheit setzte nämlich mehr als nur einen statistischen Ausgleichseffekt voraus. Sie verlangte eine Umkehrung der Absichten, die heute das Handeln motivieren. Da die weitgehend in der Sprache der Ideologie geäußerten Handlungsabsichten inzwischen aber in beiden Bereichen eine herrschaftslegitimierende Funktion haben, wäre diese Umkehrung der Absichten mit innenpolitischen Konsequenzen belastet, die keine Seite in Kauf zu nehmen bereit ist. Umkehrung der Absichten heißt in zugespitzter Formulierung, daß die USA eine Sicherheitsgarantie für die UdSSR und umgekehrt übernehmen würden. Das ist im Sinn der kommunistischen Ideologie, die den Kapitalismus, und im Sinn jeder westlichen Ideologie, die den Kommunismus als politische Weltordnung auszuschließen sucht, unmöglich. Sicherheit bleibt also weiterhin auf Abschreckung gegründet. Abschreckung ist aber nur ein Betriebszustand des vorhandenen militärischen Instrumentariums. Da der Ausbruch von Feindseligkeiten nicht mehr rechtlich einhegbar ist, kann man nur folgende Alternative herausschälen: *Vor* dem Ausbruch militärischer Auseinandersetzungen zwischen modern

hochgerüsteten Gegnern wirkt der Zwang zur Abschreckung, *nach* dem Ausbruch wirkt der Zwang zur Eskalation. Beide Zwangsmechanismen sind als Betriebszustände gegeben, und die Frage ist demnach, ob, wie und wann und unter welchen Bedingungen irgend jemand die *Umschaltung* von dem erstgenannten Betriebszustand auf den zweitgenannten vornimmt bzw. auslöst. Das Vorhandensein des Abschreckungszwangs schließt den Eskalationszwang nicht aus, sondern ein und umgekehrt. Der totale territoriale Vernichtungskrieg globalen Ausmaßes unterbleibt, solange die Abschreckung *wirkt.* Er findet – das ist logisch einsichtig – statt, sobald diese Wirkung ausfällt. Es ist unmöglich, sich einen allmählichen Übergang von dem einen auf den anderen Betriebszustand vorzustellen; es gibt offensichtlich nur das Umschalten vom Zwang zur Abschreckung auf den zur Eskalation, d. h. die faktische Nutzung ein und desselben Instrumentariums in dem einen oder dem anderen Sinn.
Das alternative Wirken der beiden Zwangsmechanismen im Sinn des *Entweder-Oder* geht mit besonderer Deutlichkeit aus den Überlegungen hervor, die im Lauf der sechziger Jahre über die Möglichkeiten einer *begrenzten Kriegführung im rein militärischen Sinn* angestellt wurden.

3. Der begrenzte Krieg als Ausschnitt des totalen Vernichtungskrieges

Zuweilen wird die Annahme vertreten, begrenzte K.e seien eine Alternative zum totalen Vernichtungskrieg. Diese Annahme kann unter bestimmten Voraussetzungen als falsch erwiesen werden. Wenn sich Gegner gegenüberstehen, die mit ABC-Waffen ausgerüstet sind, dann besteht nämlich folgender Zusammenhang: Das Vorhandensein dieses Waffenarsenals impliziert beide Betriebszustände. Begrenzte Kampfhandlungen sind grundsätzlich mit der Umschaltung von dem Zustand Abschreckung auf den der Eskalation gleichzusetzen. Mit der Abschreckung verhält es sich wie mit einer Schwangerschaft, entweder sie existiert oder existiert nicht; ein Mittelding ist unmöglich. Erfaßt man diese Alternative, dann ergeben sich entsprechende Konsequenzen. Begrenzter K. ist auch in seiner Begrenztheit eine Stufe der Eskalation. Selbst wenn kein weiteres Voranschreiten auf der Eskalationsleiter stattfindet, operiert man doch mit den Kampfhandlungen im Bereich des Zustands II. Definiert man den voll ausgefahrenen Zustand II – die vollendete Eskalation – als totalen Vernichtungskrieg, dann ist jeder begrenzte K. ein Ausschnitt daraus. Für diesen Fall scheint es daher besser, statt von einem „begrenzten Krieg" von einem K. „mit stufengebremster Eskalation" zu sprechen. Daß diese Sprachregelung mehr ist als definitorische Willkür, wird sich zeigen, denn es ergeben sich daraus einige zusätzliche Einsichten.
Unter *stufengebremster Eskalation* ist der Fall zu verstehen, daß zwar Kampfhandlungen eingetreten sind, die auch ausweglos unter Eskalationszwang stehen, daß aber keine Konzentration der Kräfte in der Zeit erfolgt. Das Fortschreiten auf der Eskalationsleiter wird vielmehr auf einer erreichten Stufe gebremst, so daß zeitweilig der Eindruck entstehen muß,

es fände statt des totalen Vernichtungskrieges ein sich evtl. langfristig ausdehnender Abnutzungskrieg statt. Wenn die Gegner freilich lange genug mit konventionellen Kräften (oder limitiert mit taktischen Atomwaffen bzw. mit begrenztem Einsatz von B- und C-Waffen) gegeneinander gekämpft haben, wird der von der Niederlage bedrohte Teil zur Eskalation Zuflucht nehmen müssen, da darin dann seine einzige Chance zur Zurückweisung der Aggression – oder wenn er der Aggressor ist, zur wenigstens gleichwertigen Schädigung des Gegners – liegt. Begrenzte K.e entrinnen also auch bei stufengebremster Eskalation dem Eskalationszwang als solchem nicht. Der begrenzte K. bestätigt lediglich den Tatbestand, daß Abschreckung und Eskalation zwei Betriebszustände ein- und desselben Instrumentariums sind. Wird vom Betriebszustand I (= Abschreckung) auf den Betriebszustand II (= Eskalation) umgeschaltet, so ist die Umschaltung als solche vorgenommen, auch wenn im Betriebszustand II nicht alle verfügbaren Kräfte in ungebremster Eskalation zum Einsatz gebracht werden, dieser also nicht voll ausgefahren wird.
Die Betriebszustände I und II sind stets alternativ im Sinn des Entweder-Oder eingeschaltet. Die *Wirksamkeit* der Abschreckung ist freilich nicht ein für allemal verlorengegangen, wenn durch Kampfhandlungen vom Abschreckungszwang eines Vorkriegszustandes auf den Eskalationszwang des Kriegsgeschehens umgeschaltet wurde, das Abschreckungsinstrument somit zum Eskalationsinstrument wurde. Es ist daher durchaus möglich, vom kriegerischen Eskalationszwang wieder auf den nichtkriegerischen Abschreckungszwang zurückzuschalten, d.h. vom Betriebszustand II auf den von I zurückzugehen. Diese Tatsache, daß man zurückschalten kann, ändert nichts an der Arbeitsweise des einmal so oder anders eingeschalteten Betriebszustandes. Sie besagt nur, daß es keine stufenlos regelbare Umschaltung gibt, durch die z.B. große Abschreckung mit ein wenig Eskalation gemischt werden kann oder umgekehrt.
K.e, die man als „lokale Kriege“ klassifiziert, verleiten in dieser Hinsicht zuweilen zu einer Fehleinschätzung. Tatsächlich sind sowohl im Korea- wie im Vietnam-Krieg bestimmte Aktionen nur deshalb unterblieben, weil sie den Konflikt *ausgeweitet* hätten. Der Ausdruck „ausgeweitet“ ist dabei im lokalen und im eskalierenden Sinn zu verstehen. Lokale K.e sind also – wenn hinter ihnen an irgendeiner Stelle die Supermächte als engagierte Partei in Erscheinung treten – auf jeden Fall als stufengebremster Kräfteeinsatz der Betriebsstufe II zu verstehen. Hinsichtlich begrenzter oder lokaler K.e zwischen Gegnern, die mit ABC-Waffen gerüstet sind, gilt es zwei Feststellungen zu treffen: Sie können trotz eingeschalteter Eskalation stattfinden und vermögen sogar zur langfristigen Erscheinung zu werden. Sie können nur deswegen stattfinden, weil es die Möglichkeit gibt, die Eskalation stufengebremst erfolgen zu lassen. – Die sog. *Strategie der abgestuften Reaktion* auf einen mit konventionellen Mitteln vorgetragenen Angriff *(strategy of flexible response)* hat hierin ihren Halt, denn angesichts modern hochgerüsteter Gegner hat sie nur im Rahmen des Betriebszustands II, der Eskalation, einen Sinn. Wenn hinter ihr nicht der klare Wille

steht, auf der Eskalationsleiter Schritt für Schritt voranzuschreiten, falls der Gegner nicht unter Akzeptieren eines Patts (im Sinn der Anerkennung der Erfolglosigkeit begangener Schritte) die Auseinandersetzung abbricht, wäre diese Strategie Unsinn. Sie ist nur glaubhaft, wenn die Umschaltung von dem einen auf den anderen Betriebszustand perfekt ist und als unabdingbar geltend behauptet wird. In jedem anderen Fall wäre sie eine leichtfertige Aggressionsermunterung. Der wirkliche Vorteil einer *strategy of flexible response* ist ein Rest von moralischer Differenzierung: Das Beschreiten jeder neuen Eskalationsstufe wird von vornherein dem Gegner angelastet. Ins Positive gewendet heißt das, man versichert ständig, man werde dem Gegner nach jedem Gegenschlag die Möglichkeit einräumen, unter Anerkennung des Patts wieder auf Abschreckungszwang umzuschalten. Mitten im Unrechtsvollzug keimt noch einmal ein rechtliches Verhalten auf.
Mit dem Blick auf die Möglichkeit der stufengebremsten Eskalation erhält die Rede vom begrenzten (bzw. auch lokalen) K. einen anderen Sinn. Sie erweckt nicht mehr den Eindruck, als werde von einer Alternative zum totalen Vernichtungskrieg gesprochen. Das ist für die Einschätzung von K.en, die man als „lokale Kriege" bezeichnet, noch aus einem anderen Grund von besonderer Wichtigkeit. Wenn nämlich hinter solchen K.en Mächte stehen, die mit ABC-Waffen gerüstet sind, dann ist ein lokal begrenzter K. ein solcher, den andere Nationen unter der Obhut der Supermächte ausfechten. Die Obhut kann sich von politischer Flankensicherung, Lieferung von Ausrüstung und Entsendung von Beratern bis hin zu evtl. nur mäßig getarnter Kampfbeteiligung erstrecken. K., den auf diese Weise abgesicherte *Stellvertreter-Nationen* führen, ist dann freilich *immer* als stufengebremster totaler Vernichtungskrieg zu verstehen. Ein solcher kann dabei durchaus in einen langfristigen Abnutzungskampf der Stellvertreter übergehen (ein kompliziert gelagertes Beispiel dafür ist der arabisch-israelische K.). Die Beteiligung der Absicherungsmächte kann überdies sehr unterschiedlich hoch sein und zu unterschiedlich hohem Abnutzungsgrad der Absicherungsmächte selbst führen. Sowohl der Koreakrieg wie der Vietnam-Krieg sind Beispiele für stufengebremste Eskalation mit unterschiedlichem Abnutzungsgrad der engagierten Absicherungsmächte.
Für die Unmöglichkeit der rechtlichen Einhegung des K.s zwischen modern hochgerüsteten Gegnern bedeutet die Möglichkeit von zeitweilig begrenzten, d. h. stufengebremst eskalierenden bzw. im Patt annulierten K.en eine fatale Stabilisierung. Die dem Wesen nach vollendete Unmöglichkeit der Einhegung des modernen territorialen Vernichtungskrieges erfährt durch die Ermöglichung von begrenzten K.en nur eine Bestätigung. Von diesem Betrachtungsschema werden nur diejenigen K.e nicht erfaßt, die sich zwischen konventionell gerüsteten Nationen oder Gruppen abspielen, denen das strategische Interesse der Supermächte nicht oder noch nicht gilt. Es wäre der begrifflichen Schärfe dienlich, wenn man diese K.e statt als „lokale Kriege" als „antiquierte Kriege" bezeichnen würde. „Lokale Kriege" sollte man dann nur diejenigen nennen, in denen im Gewand der regionalen Eingrenzung eine stufengebremste Eskalation stattfindet.

4. Rüstungswettlauf als Konkretisierung des Zwangs zur Abschreckung

Das Abschreckungspotential ist kein fest etabliertes Waffenarsenal, welches, einmal errichtet, ein für allemal seine Abschreckungswirkung ausübt. Ständig neue Entwicklungen und Erweiterungen dieses Arsenals sind notwendig. Die Bemühungen der Supermächte, einander darin zu überflügeln, haben den Abschreckungszwang *dynamisiert*. Die Rüstung für den totalen Vernichtungskrieg, den es zu vermeiden gilt, hat eine Eigendynamik entwickelt, für die a) technische Faktoren, b) strategische Konzeptionen, c) ideologische Kampfmotivationen und d) politische Entscheidungen konstitutiv sind. Nachdem der Rüstungswettlauf bereits über zwanzig Jahre dauert, kann keinem einzigen dieser Faktoren mehr eine Priorität eingeräumt werden, da sie sich inzwischen zur Gleichrangigkeit entwickelt haben. Diese Gleichrangigkeit hatten sie jedoch nicht von Anfang an. Bei der *Herausbildung* des Rüstungswettlaufs spielte vielmehr die ideologische Kampfmotivation eine besondere Rolle, indem sie für die Entwicklung der Eigendynamik des Rüstungswettlaufs die ursprüngliche Schubkraft lieferte. Die wechselseitige Verdächtigung, d.h. die gegenseitig vorgebrachte Unterstellung der Angriffsabsicht des anderen, wirkte dann innovativ auf das strategische Denken. Es entstand so eine Situation, die sich für militärstrategische Überlegungen in früheren Zeiten nur dann ergab, wenn ein Land auf bereits in Gang befindliche Kriegsvorbereitungen eines potentiellen Gegners zu reagieren hatte.
Die klassische Generalstabsarbeit in Friedenszeiten besteht darin, Pläne aufzustellen, die der gesamten Skala der politischen Möglichkeiten entsprechen (z.B. Kriegserklärungen der eigenen Seite oder der Feindseite, Offensive zur Eroberung von Provinzen oder ganzen Ländern, entsprechende Defensive oder Gegenangriff usw.). Durch konkrete Kriegsvorbereitungen eines möglichen Gegners werden dann diejenigen Pläne ins aktuell Bedeutsame aufgewertet, in denen der entsprechende Fall vorbedacht ist. Die Gesamtheit der normalen friedensmäßigen Generalstabsarbeit wird dann in einer solchen Situation aufs Reaktive bzw. Präventive hinsichtlich einer konkret vorgegebenen Feindlage eingeschränkt. Die in den auf die konkrete Lage bezogenen Plänen enthaltenen Ziffern – z. B. über das Ausrücken in Bereitstellungsräume, über Einberufungen, Truppen- und Materialnachführungen usw. – gelten nunmehr als reale Anforderungen. Je nach Stärke des Gegners und Umfang der notwendigen Maßnahmen und je nach politischer Entscheidung über das Ausmaß der Realisierung dieser Maßnahmen erlangen die Pläne eine Bedeutung, die das gesamte Dasein der Nation berühren. Dieser Zustand kann also allein durch reaktive bzw. präventive Maßnahmen angesichts einer konkreten Lage hervorgerufen werden.
Im Rüstungswettlauf der gegenwärtigen Zeit sind die in der klassischen Situation für eine konkrete Feindlage vorgesehenen Reaktiv- und Präventivmaßnahmen bei den Supermächten und den mit ihnen verbündeten Staaten Dauerzustand geworden. Die Generalstabsarbeit ist bei diesen im

gegenseitigen Bezug nicht mehr nur normale friedensmäßige Tätigkeit, die sich damit begnügt, alle möglichen Pläne für alle denkbaren politischen Fälle aufzustellen. Die friedensmäßige Truppenführung kann sich daher auch nicht mehr nur auf Kräfte beschränken, die nach Umfang, Ausrüstungs- und Ausbildungsstand günstige Voraussetzungen für die Erfordernisse konkreter Lagen bieten. Generalstabsarbeit und Truppenführung sind vielmehr in Permanenz bereits auf eine konkrete Feindlage und darüber hinaus auf permanente Wandlung dieser konkreten Lage eingestellt. Im heutigen Rüstungswettlauf ist also das, was in früheren Zeiten nur eine vorübergehende, möglicherweise sehr kurzfristige, konkrete Vorkriegslage war, zur Permanenz geworden.

Mit dem permanenten Gegebensein einer konkreten Vorkriegslage ändert natürlich der Friedenszustand seine Qualität. Er ist nicht mehr der normale Friedenszustand, aber er ist auch noch kein Kriegszustand. Er ist vielmehr eine zur Beständigkeit erstarrte Vorkriegslage. Damit ändert sich aber auch die politische Bedeutsamkeit der Forderungen der Militärs. Es sind nicht mehr nur militärische Potentiale zu unterhalten, die gute Startvoraussetzungen beim Eintreten einer konkreten Feindlage bieten, sondern es sind, da die konkrete Feindlage zur Permanenz geworden ist, ständig schlagkräftige Potentiale zu unterhalten. Die strategischen Konzeptionen sind nicht allein Pläne für irgendeine politische Lage, sondern es sind bezifferte Pläne, aus denen ständig konkrete Anforderungen hinsichtlich der gegebenen Feindlage hervorgehen.

Man kann sagen, daß bis zum 2. Weltkrieg die meisten strategischen Studien im großen und ganzen ohne direktiven Einfluß auf die politischen Führungen blieben. In den strategischen Überlegungen von heute ist die politische Einflußschwelle a priori überschritten. Wie in jeder konkreten Vorkriegslage nehmen die Pläne und Forderungen des Militärs eine Gestalt an, die politische Entscheidungen hinsichtlich deren Verwirklichung verlangt. Eine Regierung, die diese Entscheidungen trifft, beeinflußt mit ihnen nicht nur einzelne Lebenspläne, d. h. individuelle Lebensläufe, sondern auf Grund der Rüstungsaufträge die gesamte Wirtschaft, den sozialen Standard, das Konsumniveau, die Ausbildungspläne, die Forschung usw., d. h. also alle Lebensbereiche. Ist die permanente Angriffs- und Eroberungsabsicht des möglichen Gegners zunächst nur ideologisch fixiert, so ergeben sich dann aus den ersten konkreten Feindlagen in Gestalt gegnerischer Kriegsrüstung doch jene reaktiven und präventiven Maßnahmen, die ihrerseits auf die gegnerische Ideologie bestätigend wirken und so Reaktiv-Präventiv-Zwänge in wechselseitiger Bestätigung und Beängstigung hervorrufen.

Die Militärs erlangen, zunächst ohne ihr Zutun, einen direktiven Einfluß auf die politischen Entscheidungen. Sind aber die rüstungspolitischen Entscheidungen rüstungstechnisch erst einmal in die Tat umgesetzt, so ergeben sich im technischen Bereich neue Einsichten, die wiederum strategische Konsequenzen nach sich ziehen. Die politische Führung kann dann nicht umhin, diese strategischen Konsequenzen wiederum zu berücksichtigen.

Der Gegner findet in diesem Kreislauf seine Verdächtigungsideologie bestätigt und sieht sich von daher stimuliert, die gleiche Abfolge bei sich ebenfalls wieder in Gang zu setzen. Nach wenigen Jahren ist daraus ein über die Lagergrenzen hinweggreifender Ursache-Wirkungs-Mechanismus geworden, dessen Eigendynamik man von außen nicht mehr beikommen kann.
Es ist also bereits nach wenigen Jahren eines solchen Fixierungsvorganges nicht mehr interessant, ob die Stiftung der Verdächtigungsideologie von der einen oder von der anderen Seite ausging. Es gehört zwar zum Inhalt der Verdächtigungsideologie, die Schuld für ihre Entstehung jeweils der Gegenseite anzulasten und die auf solche Weise erfolgte einseitige Klärung der Schuldfrage jeweils zur Rechtfertigung des eigenen Verhaltens zu zitieren, aber diese Binnenstruktur in der Tradierung der Verdächtigungsideologie ist ebenfalls insofern uninteressant, als von einem bestimmten Zeitpunkt an die Entscheidungen, die von der politischen Führung gefällt wurden, inzwischen reale militärpolitische Überlebensentscheidungen für die eigene Gesellschaft geworden sind. Jede dieser realen Entscheidungen (Verteidigungsentscheidungen) wird von der Gegenseite ideologisch interpretiert und als weiteres Beweisglied in ihre Verdächtigungsideologie eingebaut. Daraus werden wieder neue Bedrohungen abgeleitet, die zu neuen strategischen Überlegungen zwingen, diese wieder zu neuen militär- und rüstungspolitischen Entscheidungen usw. Ist dieser Kreislauf erst einmal auf beiden Seiten in Gang gesetzt, gibt es keine Möglichkeit mehr, von außen oder von innen an irgendeiner Stelle seinen Ursache-Wirkungs-Zusammenhang zu durchbrechen. Zum Überfluß gehen von allen Faktoren gleicherweise sogar noch Impulse zur Erhaltung der Eigendynamik des Rüstungswettlaufs aus. Es ist daher gleichgültig, an welcher Stelle und in welchem Stadium man die Analyse der Eigendynamik beginnt. Neue rüstungstechnische Errungenschaften können neue strategische Konzeptionen nach sich ziehen; diese vermögen ideologische Kampfmotivationen zu vertiefen und diese wiederum neue politische Entscheidungen zu provozieren. Einfallsreichtum und Phantasie der Rüstungstechniker, Strategen, Ideologen und Politiker beflügeln sich gegenseitig und stabilisieren so den Vorwärtstrend im Rüstungswettlauf.

II. Die Verflechtung von Kriegs-, Politik- und Gesellschaftstheorie

1. Die Ausrufung der Kriegstheorie

Das wahrscheinlich gravierendste Vorkommnis in der Entwicklung der Kriegstheorie ist die Ausdehnung der Kriegstheorie in die Gesellschaftstheorie hinein und das Entwerfen einer Gesellschaftstheorie aus der Kriegstheorie heraus. Dieses theoriegeschichtliche Ereignis manifestiert sich in *Erich Ludendorffs* 1935 veröffentlichtem Werk „Der totale Krieg". In diesem Buch hat der weniger als Stratege denn als Organisator bewährte General und Anführer des deutschen Heeres im 1. Weltkrieg in gewisser

Weise die Ungleichgewichtigkeit seiner eigenen Begabung verabsolutiert und theoretisiert.
Zum Verständnis dieser seltsamen Leistung muß man den Wandlungsprozeß der Kriegstheorie in Deutschland im Auge behalten. v. Clausewitz hatte das Kriegshandwerk eindeutig der politischen Zwecksetzung zugeordnet. Seine besondere Leistung bestand darin, diese Zuordnung zu einer Zeit aufrechtzuerhalten und sogar noch zu verdeutlichen, als sich wesentliche Charakterzüge des K.s zu wandeln begannen. Die Unterordnung des Kriegshandwerks unter die Politik konnte man zu seiner Zeit für die Vergangenheit kaum irgendwo eindeutiger ablesen als am Einsatz der Flotten seitens der großen Kolonialmächte. Diese Mächte hatten über viele Dezennien hinweg Seestreitkräfte zur Sicherung und Ausweitung ihrer Handelsgebiete und Handelswege verwendet und damit militärisches Potential dem politischen Gesichtspunkt des nationalen Selbstinteresses untergeordnet. Flotteneinsatz macht solche Unterordnung besonders augenfällig. Auch die „Heere glichen sonst den Flotten, die Landmacht der Seemacht in ihrem Verhältnis zum übrigen Staat“, sagte v. Clausewitz (a. a. O. S. 311) mit dem Blick auf die Zeit vor den Napoleonischen K.en und brachte damit zum Ausdruck, daß auch für den Einsatz der stehenden Heere auf dem Land dieses Unterordnungsverhältnis galt. Die Wandlung wesentlicher Charakterzüge der K.s im Gefolge der Französischen Revolution lag für v. Clausewitz darin, daß die Regierungen zu seiner Zeit gelernt haben, mit dem Appell an die Gesinnung der Völker ganze Nationen zu mobilisieren, d. h. Volkskriege im großen Stil zu führen. Auf diese Weise wurden freilich die Strategien relativiert, denen gemäß *stehende Heere* auf dem Land wie Flotten in die Schlacht geführt werden konnten. Der Eindruck entstand, man könne nur *ganze Völker* gegeneinander in den Krieg führen. Während v. Clausewitz diese Charakterwandlung des K.s deutlich sieht und eindringlich beschreibt, legt er in seiner Darstellung zugleich einen nicht mehr zu übersteigernden Wert darauf, daß *ein* Grundcharakter der K.s *nicht* der Wandlungsfähigkeit anheimgegeben werden dürfe, nämlich die *Unterordnung* unter die politische Ziel- und Zwecksetzung.
Die *Auswirkung* der von v. Clausewitz beobachteten und beschriebenen Charakterwandlung des K.s (in bezug auf den zum Äußersten tendierenden Einsatz der Kräfte) auf die politische Ziel- und Zwecksetzung ist eine andere Seite derselben Sache. Eine sinnvolle Unterordnung des Kriegshandwerkes unter die Politik ist – das ergibt sich aus dem v. Clausewitzschen Ansatz ausweglos – nur dann möglich, wenn die politische Ziel- und Zwecksetzung selbst begrenzt ist. Krieg als Mittel, einen veränderten Rechtszustand, d. h. einen Friedenszustand auf veränderter rechtlicher Basis, zwischen Völkern herbeizuführen, hat nur dann einen Sinn, wenn auch die politische Zielsetzung in einen Rechtshorizont eingebettet bleibt. Dieser Rechtshorizont wird überschritten und für immer verlassen, wenn das Kriegsziel auf totale Vernichtung der gegnerischen Steitkräfte, d. h. auf Deklassierung oder sogar auf Ausrottung des Gegners, ausgerichtet ist. Bei einer solchen Perversion des Kriegsziels verliert das Kriegshandwerk na-

türlich seinen Sinn. Seine moralische Rechtfertigung besteht nur dann, wenn es noch von einem Rechtshorizont umfangen ist, d.h. einem künftigen Frieden dient. Wenn aber totale Vernichtung oder sogar Ausrottung zur Zielsetzung wird, gibt es nur das rechtsverachtende Überleben des Stärkeren. Eine derart das Recht mißachtende Verwendung des Kriegshandwerks ist nicht nur für v. Clausewitz, sondern für alle in diesem Sinn moralisch gefestigten soldatischen Existenzen eine Unmöglichkeit gewesen; und eine solche Haltung hat im 20. Jahrh. insbesondere während des 2. Weltkriegs in Deutschland das Schicksal vieler Offiziere besiegelt.
Die K.e v. Bismarcks zeigten sehr deutlich, auf welche Weise auch nach der schon eingetretenen Wandlung in wesentlichen Charakterzügen des K.s, also nach bereits eingeräumter Möglichkeit, die Kräfte des Kriegseinsatzes bis zum Äußersten zu steigern, eine begrenzte politische Zielsetzung mit dosiertem Kräfteeinsatz durchaus noch verwirklichbar war. Bevor aber im 20. Jahrh. politische Zielsetzung und militärischer Einsatz die Tendenz zum Unbegrenzten an den Tag legten (*verbrannte Erde* und *unconditional surrender* – bedingungslose Kapitulation – sind später die Stichworte für die fatale Dialektik des Abtriftens ins Unbegrenzte der Zielsetzung und Mittelverwendung), wurde in der Schlieffen-Schule eine militärische Konzeption entwickelt, die dazu neigte, vom Militärischen her politische Entscheidungen zu prädisponieren. Schlieffens Pläne für einen deutschen Sieg über Frankreich (unter Einberechnung aller militärisch dafür nutzbaren Kräfte und Komponenten) sind ihrer historischen Plazierung nach das Grundmodell für eine Militärtheorie geworden, deren militärpolitische und allgemein politische Konsequenzen den untergeordneten Charakter des Kriegshandwerkes durch Prädispositionen politischer Entscheidungen ins Gegenteil verkehren. Schlieffens Planung implizierte die Mißachtung oder zumindest die gezielt provozierte Aufhebung der garantierten Neutralität Belgiens. Seine Militärtheorie leistete damit einer politischen Ziel- und Zwecksetzung Vorschub, die den das Kriegshandwerk rechtfertigenden Rechtshorizont überschreitet. Das politische Sanktionieren des Schlieffen-Plans seitens der deutschen Führung bei Beginn des 1. Weltkriegs ist das historische Grundmodell einer Ausuferung der Militärtheorie in den Bereich der politischen Entscheidungsfindung hinein.
Interessant ist, daß in der Interpretation des Schlieffen-Plans und im Diskutieren des Problems der belgischen Neutralität ein *circulus vitiosus* unvermeidbar wurde. Sollte Schlieffen, wie manche Interpreten vermuten, durch forcierten Aufmarsch entlang der belgischen Grenze ein Eindringen der Franzosen und Engländer nach Belgien provoziert haben wollen, um dadurch der eigenen politischen Führung einen Grund zum Beschluß des Überrennens dieses Landes zu liefern, so impliziert das folgendes: Die eigene militärische Aktion soll eine gegnerische politische Entscheidung, diese eine gegnerische militärische Aktion, diese wiederum eine eigene politische Entscheidung und letztere schließlich die eigene militärische Aktion hervorrufen. Auf diese Weise bedient sich aber der Anführer im K. einer politischen Entscheidung, die er selbst provoziert, um seine Füh-

rungsentscheidung verwirklichen zu können, und das heißt kurz gefaßt: Die Politik wird zum Mittel der Kriegführung. Auch die plumpere Interpretationsversion, wonach im Fall eines deutschen Sieges der erfüllte Zweck das Mittel geheiligt hätte, niemand also dem Sieger seine Kriegsakte zum Vorwurf gemacht haben würde, läuft auf dasselbe hinaus: Das Überrennen Belgiens hätte den Sieg garantieren und der Sieg den Akt des Überfalls rechtfertigen sollen. Damit wird die Politik zum Mittel herabgewürdigt. Durch die militärische Planung wird die politische Entscheidung in eine bestimmte Richtung gedrängt, nur um der militärischen Planung zur Durchsetzung zu verhelfen. In diesem Wechselwirkungsverhältnis deutet sich an, was in unserer Zeit in der Eigendynamik des Rüstungswettlaufs die Form einer fatalen Vollkommenheit angenommen hat. Strategen, Techniker, Politiker und Ideologen argumentieren und entscheiden – heute freilich auf erweiterter Stufenleiter – nach dem Modell des militärisch-politischen *circulus vitiosus,* für den der Schlieffen-Plan ein zwar primitives, aber folgenschweres Vorbild ist.

Ludendorffs Lehre vom totalen Krieg ist nach ausdrücklicher Verwerfung des durch v. Clausewitz als nicht wandelbar angesetzten Grundcharakters des K.s der Versuch, aus der sich schon bei Schlieffen andeutenden Not eine Tugend zu machen. Angesichts der schuld- und fehlerhaften Verstrikkung der deutschen Diplomatie in die Abhängigkeit der militärischen Planung zu Beginn des 1. Weltkrieges mußte dieser Versuch von vornherein zum Scheitern verurteilt sein. Er konnte nur die grandiose Steigerung der Not in die Untugend, das Verabsolutieren des Schuld- und Fehlerhaften und damit die perverse Steigerung der Kriegstheorie zur politischen Theorie, ja sogar zur Gesellschaftstheorie darstellen. Ludendorff meint, der Anführer im K. sei die größte Gestalt, die ein Volk hervorzubringen vermöge, wie der K. die höchste Lebensäußerung eines Volkes überhaupt sei. Ein Volk habe seinen Friedenszustand nur zu nutzen, um den weitgespannten, alle moralischen, politischen, wirtschaftlichen und menschlichen Kräfte der Nation in Anspruch nehmenden Forderungen des Anführers im K. gerecht werden zu können. Konsequent – und bei Ludendorff auch so formuliert – ist, daß ein solcher Anführer im K. bereits im Frieden diktatorische Vollmacht ausübt, um schon zu diesem Zeitpunkt alle diejenigen auszumerzen, welche sich seinen Forderungen entgegenstellen oder entgegenstellen könnten. In Ludendorffs phantastisch üblen Konzeptionen wird damit der das politische Handeln absichernde Rechtshorizont im Innern eines Staates bereits im Frieden überschritten. Es ist kein Wunder, daß Ludendorff zu respektierten Figur im Dritten Reich avancierte, und es gehört sicherlich zu den signifikanten Grotesken der Geschichte, daß Hitler eine Reihe seiner Befehle zur Ardennen-Offensive – der Schlacht, in welcher er seine letzten Reserven verlor – wörtlich bei Ludendorff abschreiben ließ.

2. Die Zuspitzung der marxistischen Gesellschaftslehre zur Kriegstheorie

Zur Ausuferung der Kriegstheorie haben die politischen Führungen insbesondere während der Zeit des 2. Weltkriegs einen erheblichen Beitrag geleistet. Für die militärische Planung muß es um so schwieriger werden, sich der politischen Ziel- und Zwecksetzung unterzuordnen, je weniger deutlich diese erkennbar ist. Hatte man auf deutscher Seite für den Feldzug gegen Polen noch annähernd klar umrissene politische Zielvorstellungen, so wurden diese mit Kriegsfortgang immer nebuloser, und für den deutschen Überfall auf die Sowjetunion existierten keine klaren Zielvorstellungen mehr. Auf seiten der westlichen Alliierten waren die Kriegszielvorstellungen nahezu identisch mit den Vorstellungen vom letzten *Kriegsakt,* nämlich dem Zerschlagen der deutschen Streitkräfte zur Zerstörung der nationalsozialistischen Herrschaft. Ein weitgespanntes, das Verhalten der siegreichen Besatzungsmächte mit direktiven Weisungen ausstattendes Kriegsziel hat es weder bei der deutschen Besetzung weiter Gebiete der UdSSR gegeben, noch existierte es bei der Besetzung Deutschlands auf seiten der westlichen Kriegsalliierten. Lediglich die Sowjetunion verfügte über eine politische Führung, der es nicht schwerfiel, im Rahmen der von ihr vertretenen weltanschaulichen Vorstellungen des Marxismus-Leninismus Kriegsziele zu formulieren, die dem Besatzungsregime von vornherein bestimmte Verhaltensrichtlinien vorzeichneten. Auf sowjetischer Seite ist daher die Kriegstheorie in Relation zur übergeordneten Politik- und Gesellschaftstheorie anscheinend der untergeordnete Theoriebereich geblieben. Dieser Vermutung entspricht die außerordentliche Hochschätzung, die v. Clausewitz im Rahmen der sowjetischen Militärdoktrin genießt. Wollte man aber vermuten, die sowjetische Militärdoktrin erfülle vollauf die Voraussetzungen, unter denen v. Clausewitz das Verhältnis von Kriegführung und Politik beschreibt, so wäre man dennoch im Irrtum befangen.

Die Richtlinien des politischen Verhaltens der sowjetischen Führung sind durch den Marxismus-Leninismus bestimmt. Der Marxismus-Leninismus ist aber von vornherein als Klassenkampftheorie in seinem innersten Kern eine permanente Feindlagen-Theorie. In ihm wird zwar nicht von vornherein die Feindlage zwischen Nationen, sondern zunächst nur die zwischen Klassen fixiert; aber mit dem Aufbau des ersten sozialistischen Staatswesens und konsequenterweise nach dem 2. Weltkrieg mit dem Aufbau des ersten sozialistischen Staatensystems mußte sich die Feindlagen-Fixierung zwischen Klassen in eine solche zwischen Staaten bzw. Staatenkoalitionen verwandeln.

Hinsichtlich dieser Feindlagen-Fixierung ist der von der sowjetischen Führung vertretene Marxismus-Leninismus vergleichbar mit allen weltanschaulichen Konzeptionen, die permanente Feindlagen-Fixierungen enthalten. Mögen die weltanschaulichen Inhalte auch noch so verschieden sein, so existieren doch im Blick auf die *Permanenz* der Feindlagen-Fixierung Gleichartigkeiten aller totalitären Weltanschauungssysteme. Insofern in der westlichen Demokratietradition derartig totalitäre Weltanschauungssysteme *nicht* zur Leitschnur politischen Führungsverhaltens werden konnten, bestand für die politischen Führungen der westlichen Demokratien von vornherein keine Chance, in den langfristigen Zielvorstellungen mit ihrem sowjetischen Kriegsalliierten zu konkurrieren. Selbst wenn die westlichen Kriegsalliierten klare und faßbare Kriegszielvorstellungen entwickelt hätten, so würden doch auch diese im Vergleich mit den langfristigen sowjetischen Geschichtsvorstellungen den Eindruck der Kurzfristigkeit erweckt haben. Die Fixierung von Feindlagen greift in der sowjetischen Theorie über jedes für westliche Vorstellungen noch kalkulierbare Ausmaß politischen Handelns hinaus und sieht erst mit dem Endsieg des Kommunismus – dem *Sieg des Sozialismus im Weltmaßstab,* wie es in der sowjetischen Propagandasprache der Nachkriegszeit heißt – die endgültige Auflösung der klassenmäßig bedingten, auf Staatensysteme übertragenen Feindlagen gegeben. Gegenüber diesen Langfristvorstellungen hätte jede westliche politische Konzeption kurzfristig, wenn nicht sogar kurzlebig wirken müssen.

Behält man im Blick, daß v. Clausewitz die Kriegführung der Politik als ein Hilfsmittel zuordnet, welches nur vorübergehend benutzt werden darf, dann sieht man, daß eine permanente Fixierung von Feindlagen zugleich auch eine Permanenz in der Verfügbarkeit und der Einsatzmöglichkeit des Hilfsmittels K. postuliert, für die in den Vorstellungen v. Clausewitz' kein Raum gegeben ist. Eine permanente Fixierung von Feindlagen aber hebt gleichzeitig die Möglichkeit einer rechtlichen Einhegung des K.s auf.

Seinem historischen Standort nach ist der Marxismus, und insbesondere der Marxismus-Leninismus, die erste mit einem totalen Geltungsanspruch vorgetragene Gesellschaftstheorie des Industriezeitalters, die einer permanenten Feindlagen-Fixierung Raum gibt. Im Hinblick auf die sozialen Lagen, die sich in allen Nationen, welche einen Industrialisierungsprozeß durchlaufen, insbesondere im 19. Jahrh. in Europa ergeben haben, ist die marxistische Art und Weise der Gesellschaftsbetrachtung sicherlich eine in hohem Maß berechtigte Wirtschaftsanalyse und Sozialdiagnose. Der Marxismus hat für diese Zeit einen unbestreitbaren, sozialgeschichtlich feststellbaren Geltungshorizont. Seine Tradierung über diesen historischen Geltungshorizont hinaus war aber zugleich mit seiner Verwandlung in eine militante Klassenkampftheorie, eine militante Revolutionsstrategie und mit seiner Ausuferung in die Kriegstheorie hin verbunden. Nahezu in derselben Weise, wie die Clausewitzsche Theorie – ausgehend vom jüngeren Moltke über Schlieffen und Ludendorff – von der reinen Kriegstheorie in eine totalitäre Gesellschaftstheorie umgebogen wurde, wurde über Marx, Engels, Lenin und Stalin (mit Ausnahme von Chruščev) und in einer interessanten Variante auch über Mao Tse-tung die marxistische Gesellschaftstheorie zu einer Kriegstheorie zugespitzt. Was auf der einen Seite die Ausuferung der Kriegstheorie in die Gesellschaftstheorie ist, das ist auf der anderen Seite die Zuspitzung einer militanten Gesellschaftstheorie zur Kriegstheorie. Was dann auf sowjetischer Seite wie Unterordnung der Kriegstheorie unter die Politiktheorie aussah, war in Wirklichkeit nur die

Verwendung der Kriegstheorie als der zugespitztesten Form der Gesellschaftstheorie; denn diese Gesellschaftstheorie hatte von vornherein einen militanten Charakter. Ausgestattet mit diesem Charakterzug, bildet das sowjetische Weltanschauungssystem die Grundlage für die Stiftung der wechselseitig aufeinander anwendbaren Verdächtigungsideologien, von denen politische Impulse ausgehen, die in Zusammenhang mit den technischen Errungenschaften des Atomzeitalters die Eigendynamik des Rüstungswettlaufs in der Nachkriegszeit hervorgebracht haben.

3. Probleme des Zusammenhangs von Kriegstheorie und Friedensforschung

Unter Chruščev hat die sowjetische Kriegstheorie ihre entscheidende Wende genommen. Es ist eingestanden worden, K. tauge im Atomzeitalter nicht länger als Mittel der Politik. Man erkannte, daß der Einsatz der modernen Massenvernichtungswaffen in seiner Wirkung jede Grenzziehung überspringt, die im Rahmen permanenter Feindlagen-Fixierungen Freund und Feind voneinander zu scheiden sucht. Von der ideologischen Seite her hat die politische Führung der UdSSR mit diesem Eingeständnis das Äußerste geleistet, was von ihr zu erwarten war. Kommt es doch einer einschneidenden Relativierung des bislang vorgetragenen totalen Geltungsanspruchs der Ideologie gleich. Die Voraussetzungen für eine erneute rechtliche Einhegung des K.s hätten von diesem Eingeständnis her gegeben sein können, wenn nicht in der Zwischenzeit, vom Kriegsende 1945 bis zum Zeitpunkt, in dem es 1956 abgegeben wurde, der Rüstungswettlauf bereits seine Eigendynamik erlangt hätte. Die glaubwürdige Versicherung beider Seiten, kein Interesse an einem großen K. zu haben, hat deshalb diese Eigendynamik nicht mehr bremsen können. Weder die Abrüstungsgespräche in Genf noch die Verhandlungen in Helsinki 1969 erlangten Vorzeichen, die eine Schubumkehr des Rüstungswettlaufs anzeigen.
Die Fülle an Literatur, in der Vorschläge gemacht werden, um der Eigendynamik Herr zu werden, hat bislang zu keiner wirklichen Problemlösung angeleitet. Das mit analytischem Scharfsinn vorgetragene Verdächtigen der einen oder der anderen Seite, insgeheim und aller öffentlichen Versicherungen zum Trotz nicht an einer Drosselung des Rüstungswettlaufs interessiert zu sein, ist seiner logischen Argumentationsstruktur nach möglicherweise nur die Verwissenschaftlichung, Verfeinerung und Internalisierung der Verdächtigungsideologie. Weder Protest noch analytisches Dekuvrieren der überlagernden Ideologie-Strukturen bringt den Ausbruch aus dem sich über die Lagergrenzen hinweg Impulse verleihenden Selbstbewegungsmechanismus, in den Ideologen, Politiker, Strategen und Rüstungstechniker verstrickt sind. Die Erweiterung dieses Kreises durch sich engagierende Wissenschaftler diverser Fakultäten führt wahrscheinlich nur zur Ausweitung des Wirkungsbereichs der Rüstungsdynamik, d.h. zu schleichend wachsender Militarisierung der Industriegesellschaften, statt zu einem Abbau der Militarisierungstendenzen.

Der von einer ganzen Reihe von Autoren inzwischen geführte Nachweis

(vgl. *Senghaas,* 1969), daß der Rüstungswettlauf von den gesellschaftspolitischen Grundstrukturen der Industriegesellschaft (gleichgültig, ob westlicher oder sowjetischer Prägung) her zu erklären ist, läuft in der Regel darauf hinaus, geschichtlich nicht mehr korrigierbare Hergänge unter Anklage zu stellen. Sofern diese auf Anklage hinauslaufenden Nachweise ihrer ganzen Argumentationsstruktur nach wiederum der in der Industriegesellschaft zur Anwendung kommenden Wissenschaftslogik entsprechen, kann von ihnen aus der durch die Verdächtigungsideologien in Gang gesetzte Selbstbewegungsmechanismus, d.h. also der *circulus vitiosus* einer Selbstregulierung des Rüstungswettlaufs, nicht durchbrochen werden. Die zwingenden Ursache-Wirkungs-Verhältnisse der Industriegesellschaft schlagen möglicherweise sogar jegliche moderne Friedensforschung in ihren Bann.
Die Problematik, die hinter der bisher als nicht bremsbar ausgewiesenen Eigendynamik sichtbar wird, liegt möglicherweise darin verborgen, daß Selbstregulierungsmechanismen, d.h. interdependent geschlossene Sozialsysteme mit *feed back*-Steuerung, allgemein akzeptiert werden, solange ihr *output* in wachsendem Wohlstand und zunehmender Gleichberechtigung besteht. Zeitigen die Selbstregulierungsmechanismen der modernen Sozialsysteme aber negative Auswirkungen, so setzt in der Regel – und in allen Fällen, die *unter* der Bedeutungsschwelle des Rüstungswettlaufs liegen, auch mehr oder weniger erfolgreich – eine Protestwelle ein, deren *feed back*-Effekt darin besteht, eine Umsteuerung des Selbstregulierungsmechanismus hervorzubringen, die zu einer Vermeidung von negativ eingestuften *outputs* führt bzw. führen soll. Das moderne, industriell arbeitsteilig organisierte Sozialsystem wird dabei nicht als Selbststeuerungsmechanismus an sich in Frage gestellt, sondern es werden lediglich Einzeleffekte dieses Selbststeuerungsmechanismus kritisiert. Im Fall der Eigendynamik des Rüstungswettlaufs hat sich aber bislang jeder Versuch der Umsteuerung, der kritischen Rückkoppelung also, als ein zusätzlicher Beitrag zur Stabilisierung der Eigendynamik erwiesen. Wenn es keinen Ausbruch gibt, jede kritische Rückkoppelung nur zu einem weiteren Hochsteuern führt, dann scheint nur noch die methodologische Analyse, die es wagt, die Selbststeuerungsmechanismen als solche in Frage zu stellen, einen Ausweg anzubieten. Ob dieser Ausweg jemals politisch, strategisch und rüstungstechnisch genutzt werden kann oder nur utopische Bedeutung hat, ist derzeit noch völlig ungewiß. Die Friedensforschung, in der man sich dieser Frage annehmen sollte, hat sich – soweit die bisherige Literatur das erkennen läßt – dieser Problematik noch gar nicht zugewandt. Die theoretischen Konzeptionen, die darauf hinauslaufen, die politischen Errungenschaften des modernen Industriesystems bestehen lassen zu wollen, unter gleichzeitiger Überwindung des Systems in bezug auf alle seine negativen Effekte, sind vorläufig nicht mehr als vielerorts als interessant empfundene neomarxistische Ausflüchte.
Solange die Menschen im nationalstaatlichen Organisationsverband noch vernünftige, d.h. begrenzte Kriegsziele zu formulieren wußten, war die Bedingung dafür der Wille zur Ausdehnung des von der Nation verfochte-

nen Rechtssystems *und* die Möglichkeit, für diese Ausdehnung Raum und Gelegenheit zu finden. Beides setzte eine Vielfalt von Nationen voraus. Diese Vielfalt schien über Jahrhunderte hinweg im Blick auf die politisch, sozial, kulturell und technisch differenzierten Völker und Stämme aller Erdteile stabil und unabschaffbar zu sein. Diese Vielfalt ist aber heute bereits von einer Reihe unifizierender Momente überlagert. Weltweite Verkehrs-, Handels- und Kommunikationssysteme machen ein in sich geschlossenes System der internationalen Beziehungen sichtbar. Alle kriegerischen Auseinandersetzungen können sich – vom Zeitpunkt der ersten Formierung dieses weltweit geschlossenen Staatensystems an – als Konflikte ausweiten, die auf dieses als Ganzes wirken. Jene antiquierten K.e, die nicht nur in regionaler Hinsicht, sondern auch in politischer Hinsicht begrenzt sind, treten sodann gegenüber sich global auswirkenden Konflikten immer mehr in den Hintergrund. Sie scheinen heute bereits in der Minderzahl zu sein; denn mit der Formierung eines sich immer enger zusammenschließenden globalen Staatensystems erhöht sich die Wahrscheinlichkeit nahezu bis zur Sicherheit, daß allen Konflikten ein globales Wirkungsfeld zukommt. Das bipolar geordnete Mächtesystem der Gegenwart ist nur *eine* Ausformungsmöglichkeit des in weltweiter Interdependenz in sich geschlossenen globalen Staatensystems. In einem solchen in sich geschlossenen System können keine Rechtsansprüche mehr nach außen hin durchgesetzt werden, da es ein solches Außen gar nicht mehr gibt. Sobald sich die Rechtsansprüche aller Nationen (zumindest prinzipiell) gleichen, können diese nur in irgendeiner unterschiedlichen Akzentsetzung miteinander konkurrieren. Nun gehört es zu den Charakteristika jedes in sich geschlossenen Sozialsystems, konkurrierende Momente auf zwei Wegen ungefährlich zu machen: Entweder werden die als überlegen deklarierten Konkurrenzmomente durch Anerkennung eingefriedet, so daß sich hierarchische Strukturen herausbilden, oder die Konkurrenzmomente werden in etablierten Konkurrenz-Ausgleichs-Mechanismen (z.B. Marktmechanismen) miteinander zum Vergleich gebracht und nach unterschiedlicher Bewertung bevorzugt bzw. zurückgewiesen. Wenn solche Konkurrenz-Ausgleichs-Mechanismen in Sozialsystemen etabliert sind, so kann das jeweils bedeuten, daß sie allgemein anerkannt, widerwillig anerkannt, umstritten, vielleicht auch im Umbruch befindlich sind: Sie sind zwar durchaus beweglich, aber vorhanden. Durch sie wird freilich ganz unabdingbar allen Konkurrenzmomenten eine prinzipiell gleich*artige* Konkurrenz*fähigkeit* eingeräumt. Selbst wenn sie mit unterschiedlichem Ergebnis in der Konkurrenz abschneiden, gehen sie mit gleichartiger Konkurrenzfähigkeit in die Konkurrenz hinein. Da in dem globalen Sozialsystem der modernen Staatenwelt unter den Bedingungen der Bipolarität der erste Weg zur Einfriedung konkurrierender Ansprüche, nämlich der über die Herausbildung *eines* hierarchischen Systems, nicht begehbar ist, scheint nur die Möglichkeit des Ausgleichs über einen international etablierten Konkurrenz-Ausgleichs-Mechanismus gegeben zu sein. Ein solcher existiert zwar nicht in Form einer sanktionsfähigen Weltregierung, aber in Form einer weltweit verbreiteten und genutzten Argumentationsmoral. Das Verfechten ein und derselben Rechtsansprüche durch alle Nationen ist doch überhaupt nur möglich, wenn die Argumentationslogik und -moral zuvor den Ansprüchen die Gleichartigkeit einräumt. Das aber ebnet die Konkurrenzmomente in gleichartige Konkurrenzfähigkeit ein und schafft die Vergleichsbasis, auf der nicht mehr nach historischer Schuld und Unschuld, nach geschichtlicher Würdigkeit und Unwürdigkeit, sondern nach aktueller Bedeutung abgewogen wird. Dadurch aber ergeben sich gravierende Einebnungen.

Eine Welt, die sich „freie Welt" nennt, wird auf dieser Vergleichsbasis bemerken müssen, daß ihr ein wesentlicher Freiheitsspielraum dadurch verlorengeht, daß sie beim Versuch der Durchsetzung ihrer Rechtsordnung als eines weltweit geltenden Konkurrenz-Ausgleichs-Mechanismus über Dezennien hinweg so enorme Anteile ihres Sozialprodukts für militärische Verwendung abzweigen muß, wie sie brauchte, um als eindeutig attraktiver zu überzeugen. Gegenseite: Die Verfechter des kommunistisch ausgerichteten Sozialsystems, die den Wert der Gleichheit herausstellen und ihre angeblich darauf hinzielende Rechtsordnung als weltweit geltenden Konkurrenz-Ausgleichs-Mechanismus etablieren wollen, müssen ebenfalls über Jahrzehnte hinweg so viele Mittel abzweigen, um das Ideal der Gleichheit überragend zu machen, daß am Ende die Gleichheitsvorstellungen durch das Vorrangigkeitsstreben begraben werden.

Auf dieselbe Weise, wie mit alledem durch die globale Geschlossenheit des Sozialsystems der modernen Staatenwelt die Konkurrenzmomente unterschiedlicher Rechtsansprüche (die ohnehin nur Akzentsetzungen innerhalb eines prinzipiell gleichartigen Rechtssystems bedeuten) ausgeglichen werden, gleichen sich auch alle Kriegszielvorstellungen, die solche Konkurrenzmomente noch zum Streitwert zu erheben suchen, über die Lager und Parteiungen hinweg aneinander an.

Im modernen K. der modernen Staatenwelt kann nicht mehr für vernünftige Kriegsziele gefochten werden, weil es gar keine vernünftig aufweisbare Differenz von Kriegszielen mehr gibt. Solange freilich die Sinnlosigkeit des modernen K.s vorwiegend nur deswegen in den Blick genommen wird, weil sich inzwischen die Möglichkeiten der totalen wechselseitigen Vernichtung ergeben haben, und solange die Sinnlosigkeit der modernen Kriegführung nicht von den Kautelen des Sozialsystems her bedacht wird, die mit dem weltweit geschlossenen Staatensystem gegeben sind, solange mangelt es zwar vielleicht nicht an einer technischen, wohl aber an einer echten gesellschaftlichen Bewältigung des Problems der Kriegführung.

Krieg. Stichwort in: Sowjetsystem und demokratische Gesellschaft. Eine vergleichende Enzyklopädie. Band III. Herder, Freiburg–Basel–Wien 1969, Sp. 1066ff. (Teil C). (Dort siehe auch Literaturangaben).

Kurzrezension

Klaus Hornung: Staat und Armee.
Studien zur Befehls- und Kommandogewalt und zum politisch-militärischen Verhältnis in der Bundesrepublik Deutschland. v. Hase & Koehler, Mainz 1975, 400 S.

Als letzte große Institution schuf sich der junge demokratische Rechtsstaat der Bundesrepublik Deutschland die Bundeswehr. Noch nie wurde wohl eine Armee unter derart ungünstigen Umständen ins Leben gerufen: die Nation nach einer Niederlage ohnegleichen staatlich geteilt, die Demokratie noch wenig eingeübt, der Beruf des Soldaten beargwöhnt und in der veröffentlichten Meinung diskriminiert, dazu der radikale Wandel des Kriegsbildes durch das Aufkommen der ABC-Waffen, der von der UdSSR und der „Dritten Welt" erstrebten Weltrevolution und die gleichzeitige Integration der Bundesrepublik in die NATO. Hinzu trat die meist einseitig beurteilte Vorstellung eines historischen Dualismus von allgemeinner Verfassung und Wehrverfassung in der preußisch-deutschen Geschichte. In einem solchen Klima mußte die öffentliche Diskussion um den neuen deutschen Soldaten und seine Einordnung in das Verfassungsgefüge der Demokratie nicht selten realitätsfern werden. Das Parlament wollte die Streitkräfte geradezu demokratischer haben als den Staat selbst. Viele Bildungswünsche, die man in Schule, Universitäten, Gewerkschaften und anderswo nicht lupenrein verwirklichen zu können glaubte, wurden nun an die Armee herangetragen.
Nachdem die Bundeswehr bereits seit mehr als zwanzig Jahren besteht und trotz unzureichender Grundlagen in der Gesellschaft allmählich Konturen

anzunehmen beginnt, hat ein kritischer Kenner der Entwicklung, der in Reutlingen lehrende Politikwissenschaftler Klaus Hornung, den Lesern der „INITIATIVE" durch seine Beiträge in den Bänden 3, 10 und 13 bekannt, das Verhältnis von Staat und Armee am Beispiel des Ringens um die Befehls- und Kommandogewalt und die Gliederung und Organisation des BMVG umfassend untersucht. Sein Buch kann als Standardwerk bezeichnet werden; es ist unentbehrlich für die Kenntnis dieses verfassungsrechtlich und verfassungsgeschichtlich eminent wichtigen Vorganges. Man wird Hornung recht geben, wenn er schreibt:
„Der Einbau militärischer Streitkräfte in die politische Ordnung der zweiten deutschen Republik und die durch Nationalsozialismus, Krieg und totale Niederlage tief umgepflügte politisch-gesellschaftliche Wirklichkeit unseres Landes kann wohl als das bedeutsamste innenpolitische Ereignis der deutschen Nachkriegsgeschichte bewertet werden." Hornung verfolgt die Entwicklung von 1955 bis 1966 und liefert ergänzend einen Überblick bis zum Beginn der Ära Helmut Schmidt.
Über wenige Gebiete herrscht soviel Unklarheit und fallen so leicht laienhafte Urteile wie über Soldat und Armee. Hornungs breit angelegte, mit Akribie und Leidenschaft geschriebene Untersuchung bietet dem interessierten Staatsbürger eine Basis für ein tieferes Eindringen in die Zusammenhänge von Verfassungsordnung und Heer. Die Erfolge und Mißerfolge auf diesem Gebiet sind ausschlaggebend auch für den weiteren Bestand der freiheitlich-rechtsstaatlichen Ordnung der Bundesrepublik überhaupt.

Heinz Karst

Wenn der Gegner unsern Willen erfüllen soll, so müssen wir ihn in eine Lage versetzen, die nachteiliger ist als das Opfer, welches wir von ihm fordern; die Nachteile dieser Lage dürfen aber natürlich, wenigstens dem Anscheine nach, nicht vorübergehend sein, sonst würde der Gegner den besseren Zeitpunkt abwarten und nicht nachgeben. Jede Veränderung dieser Lage, welche durch die fortgesetzte kriegerische Tätigkeit hervorgebracht wird, muß also zu einer noch nachteiligeren führen, wenigstens in der Vorstellung. Die schlimmste Lage, in die ein Kriegführender kommen kann, ist die gänzlicher Wehrlosigkeit. Soll also der Gegner zur Erfüllung unseres Willens durch den kriegerischen Akt gezwungen werden, so müssen wir ihn entweder faktisch wehrlos machen oder in einen Zustand versetzen, daß er nach aller Wahrscheinlichkeit damit bedroht sei. Hieraus folgt, daß die Entwaffnung oder das Niederwerfen des Feindes, wie man es nennen will, immer das Ziel des kriegerischen Aktes sein muß.

Clausewitz: Vom Kriege

Weiterführende neuere Literatur

Allardt, Hellmut: Vom Baume der Entspannung. In: Die Welt, Nr. 301, 29. Dezember 1975, S. 6.

Altmann, Rüdiger: Der Feind und der Friede. In: EPIRRHOSIS. Festgabe für Carl Schmitt. Duncker & Humblot, Berlin 1968, S. 413–422 (auch in: Späte Nachrichten vom Staat. Politische Essays. Seewald, Stuttgart 1968, S. 62–78).

Arendt, Hannah: Über die Revolution. Piper, München o. J. (ca. 1964), 426 S.

Arendt, Hannah: Macht und Gewalt. Piper, München 1970, 107 S.

Arnold, Theodor: Der revolutionäre Krieg. Ilmgau, Pfaffenhofen 1961, 233 S.

Aron, Raymond: Der permanente Krieg. S. Fischer, Frankfurt a. M. 1953, 460 S.

Aron, Raymond: Frieden und Krieg. Eine Theorie der Staatenwelt. Aus dem Französischen von Sigrid von Massenbach. Frankfurt a. M. 1963, 928 S.

Aron, Raymond: Einführung in die Atomstrategie. Kiepenheuer & Witsch, Köln – Berlin 1964, 274 S.

Ball, George: Kapitulation in Helsinki. In: Die Welt, 31. Juli 1975, S. 6.

Bammel, F.: Die Religionen der Welt und der Friede auf Erden. München 1957.

Bandulet, Bruno: Adenauer zwischen Ost und West. Alternativen der deutschen Außenpolitik. Weltforum, München 1970, 315 S.

Bandulet, Bruno: Die Getreidewaffe. In: Zeitbühne, Jg. 4, H. 2 (Februar 1975), S. 20–26.

Beaufre, André: Totale Kriegskunst im Frieden. Propyläen, Frankfurt a.M. – Berlin 1964, 189 S.

Beaufre, André, Abschreckung und Strategie. Propyläen, Berlin 1966, 209 S.

Beaufre, André: Die Nato und Europa. Seewald, Stuttgart 1967, 188 S.

Beaufre, André: Die Revolutionierung des Kriegsbildes. Neue Formen der Gewaltanwendung. Seewald, Stuttgart 1973, 235 S.

Benckiser, Nikolas: Bürgerkriegsähnliches. In: Frankfurter Allgemeine Zeitung, Nr. 285, 9. Dezember 1975, S. 1.

Besson, Waldemar: Die großen Mächte. Strukturfragen der gegenwärtigen Weltpolitik. Rombach, Freiburg i. Br. 1966, 88 S.

Bigler, Rolf R.: Der einsame Soldat. Huber, Frauenfeld ³1968, 266 S.

Bigler, Rolf R.: Möglichkeiten und Grenzen der Psychologischen Rüstung. 33 S. (Themen 8, Reihe von Carl-Friedrich-von-Siemens-Stiftung, München 1964).

Bigler, Rolf R.: Fetisch der Sicherheit. In: Monat, H. 257 (Februar 1970), S. 71–74.

Blumenwitz, Dieter: Feindstaatenklauseln. Die Friedensordnung der Sieger. Langen-Müller, München – Wien 1972, 141 S. (Stichworte 4).

Böckenförde, Ernst-Wolfgang, Robert Spaemann: Christliche Moral und atomare Kampfmittel. In: E.-W. Böckenförde: Kirchlicher Auftrag und politische Entscheidung. Rombach, Freiburg i. Br. 1973, S. 123–171.

Bouthoul, Gaston: Kindermord aus Staatsräson. Der Krieg als bevölkerungspolitischer Ausgleich. Deutsche Verlags-Anstalt, Stuttgart 1972, 223 S.

Bredow von, Wilfried: Vom Antagonismus zur Konvergenz? Studien zum Ost-West-Problem. Alfred Metzner, Frankfurt a.M. 1972, 218 S.

Buchan, Alastair: Der Krieg in unserer Zeit. C. H. Beck, München 1969, 228 S.

Burnham, James: Die Strategie des Kalten Krieges. Union, Stuttgart 1950, 343 S.

Burnham, James: Begeht der Westen Selbstmord? Ein Verscch über Bedeutung und Zukunft des Liberalismus. Econ, Düsseldorf – Wien 1965, 360 S.

Clausewitz, Karl von: Vom Kriege. Vollst. Ausg. im Urtext. Dümmler, Bonn 1973, XVI, 1312 S.

Clausewitz, Carl von: Geist und Tat. Das Vermächtnis des Soldaten und Denkers. Hrsg. von Walther Malmsten Schering. Kröner, Stuttgart 1941, XXXV, 382 S. (Kröners Taschenausgabe 167).

Coser, Lewis A.: Theorie sozialer Konflikte. Luchterhand, Neuwied – Berlin 1965, 195 S. (Soziologische Texte 30).

Coudenhove-Kalergi, Richard: Stalin & Co. Paneuropa-Verlag, Leipzig – Wien 1931, 54 S.

Coudenhove-Kalergi, Richard: Der Schatten der Militärdiktatur. In: Zeitbühne, Jg. 1, H. 3 (August 1972), S. 20–30.

Däniker, Gustav: Neue Dimensionen der atlantischen Strategie. In: Neue Zürcher Zeitung, Nr. 34, 11. Februar 1975, S. 4.
Deschner, Günther: Menschen im Ghetto. Mit einem Vorwort von Jean Améry. Bertelsmann Sachbuch, Gütersloh 1969, 192 S.
Deschner, Karlheinz (Hrsg.): Das Jahrhundert der Barbarei. Desch, München 1966, 530 S.
Dettling, Warnfried: Friedensforschung – ein Versteckspiel für Utopisten? Für und Wider einer neuen Disziplin. In: Die Welt, Nr. 106, 8. Mai 1971.
Deutsch, Karl W.: Analyse internationaler Beziehungen. Konzeptionen und Probleme der Friedensforschung. Europäische Verlagsanstalt, Frankfurt a.M. 1971, 303 S.
Dinerstein, Herbert S.: Der Krieg und die Sowjetunion. Kiepenheuer & Witsch, Köln 1960.
Dregger, Alfred: Selbstgemachte Sicherheit? Europas Verteidigung im nuklearen Zeitalter. In: Deutsche Zeitung, Nr. 33, 8. August 1975, S. 4.
Dror, Yehezkel: Crazy States. A Counterconventional Strategic Problem. Heath Lexington Books. Lexington (Mass., USA) 1971, 118 S.
Ebert, Theodor: Weltinnenpolitik: Futuristische Ideologie oder konkrete Utopie? In: Futurum, Jg. 3 (1970), H. 3, S. 373–392.
Eberwein, Wolf Dieter, Peter Reichel: Friedens- und Konfliktforschung. Eine Einführung. Piper, München 1976, 180 S.
Eckstein, Harry (Hrsg.): International War. Problems and Approaches. The Free Press of Glencoe. New York 1964, 339 S.
Eibl-Eibesfeld, Irenäus: Krieg und Frieden aus der Sicht der Verhaltensforschung. Piper, München 1975, 316 S.
Engels, Friedrich: Ausgewählte militärische Schriften. Dietz, Berlin (Ost) 1958, 2 Bde. und Registerbd.
Erasmus von Rotterdam: Querela pacis undique gentium ejectae profligataeque. In: Opera. Bd. 2 Leiden 1703, Sp. 625–642.
Etzioni, Amitai: Der harte Weg zum Frieden. Eine neue Strategie. Mit einem Vorwort von C. F. v. Weizsäcker. Vandenhoeck & Ruprecht, Göttingen 1965, 261 S.
Fack, Fritz Ullrich: In Sachen Entspannung. In: Frankfurter Allgemeine Zeitung, 13. Mai 1975, S. 1.
Feldmann, Josef: Betrachtungen zur militärischen Lage. In: Schweizer Rundschau, Jg. 74, H. 2 (März/April 1975), S. 105–112.
Freud, Sigmund: Warum Krieg? In: Das Unbewußte. Schriften zur Psychoanalyse. S. Fischer, Frankfurt a.M. 1960, S. 417–431.
Freund, Ludwig: Koexistenz und Entspannung. Holzner, Würzburg 1966, 286 S.
Freund, Ludwig: Deutschland im Brennpunkt. Die amerikanische Politikwissenschaft und die deutsche Frage. Seewald, Stuttgart 1968, 196 S.
Friedenswarte, Die. Zeitschrift. Basel 1899 ff.
Fuller, F. C.: Die entartete Kunst, Krieg zu führen. Verlag Wissenschaft und Politik, Köln 1964, 420 S.

Funke, Manfred (Hrsg.): Friedensforschung – Entscheidungshilfe gegen Gewalt. List, München 1975, 463 S.
Galtung, Johan: Peace: Research, Education, Action. Ejlers, Copenhagen 1975, 405 S.
Garcia-Arias, L.: Die politische Funktion der Streitkräfte. In: EPIRRHOSIS. Festgabe für Carl Schmitt. Duncker & Humblot, Berlin 1968, S. 237–244.
Geist, Manfred: Der kurze Draht nach Moskau. In: Die Welt, Nr. 255, 1. November 1975.
Gerstenmaier, Eugen: Etikettenschwindel „Entspannung". In: Zeitbühne, Jg. 3, H. 4 (April 1974), S. 15–21.
Ghirinelli, Antonio: Die „innere Aggression" gegen Italien. In: Criticón, H. 33 (Januar/Februar 1976), S. 16–19.
Görres, Joseph: Der allgemeine Frieden, ein Ideal. Koblenz 1798. Wiederveröffentlicht in: Gesammelte Schriften. Hrsg. im Auftrage der Görres-Gesellschaft. Bd. 1, Köln 1928, S. 11–63.
Groß, H.: Die Idee des ewigen und allgemeinen Weltfriedens im Alten Orient und im Alten Testament. Trier 1956.
Grossner, Claus u. a. (Hrsg.): Das 198. Jahrzehnt. Eine Team-Prognose für 1970 bis 1980. Wegner, Hamburg 1969, 552 S. (mit Beiträgen von Raymond Aron, Zbigniew Brzezinski, Alastair Buchan, Herman Kahn, George F. Kennan u. a.).
Guevara, Ernesto: Guerilla – Theorie und Methode. Wagenbach, Berlin 1968, 157 S.
Guevara, Ernesto: Brandstiftung oder Neuer Friede? Reden und Aufsätze. Rowohlt, Reinbek 1969, 185 S.
Guz, Eugeniusz, Hans Achim Westerloh: Der Kongreß von Helsinki. Konferenz über Sicherheit und Zusammenarbeit in Europa. Bonn aktuell, Stuttgart 1975, 94 S. (Bonn aktuell 35).
Haas, Leonhard: Kritische Zwischenbilanz über Europa. In: Schweizer Rundschau, Jg. 74, H. 5 (September/Oktober 1975), S. 295–314.
Hahlweg, Werner: Lehrmeister des kleinen Krieges. Von Clausewitz bis Mao Tse-tung und Che Guevara. Verlag Wehr und Wissen, Darmstadt 1968, 275 S.
Hahlweg, Werner: Guerilla – Krieg ohne Fronten. Stuttgart 1968.
Hart, Lidell: The Strategy of Indirect Approach. New York 1954.
Hart, Lidell: Strategie. Übers. von Horst Jordan. Rheinische Verlags-Anst. Wiesbaden (um 1956), 462 S.
Hennis, Wilhelm: Sozialismus – Medizin für Deutschland? In: Deutsche Zeitung, Nr. 40, 26. September 1975, S. 3.
Hentig, Hans von: Terror. Zur Psychologie der Machtergreifung. Propyläen, Frankfurt a. M. – Berlin 1970, 207 S.
Hepp, Marcel: Der Atomsperrvertrag. Die Supermächte verteilen die Welt. Seewald, Stuttgart 1968, 128 S.
Herz, John H.: Staatenwelt und Weltpolitik. Hoffmann & Campe, Hamburg 1974, 200 S.

Heydte, Friedrich August Frhr. v. d.: Der moderne Kleinkrieg als wehrpolitisches und militärische Phänomen. Holzner, Würzburg 1972, 280 S.

Hinsley, F. H.: Power and the Pursuit of Peace. Theory and Practice in the History of Relations between States. Cambridge University Press, London 1963, 416 S.

Höpker, Wolfgang: Weltmacht zur See. Die Sowjetunion auf allen Meeren. Seewald, Stuttgart 1971, 211 S.

Hornung, Klaus: Koexistenz – Sowjetisierung ohne Krieg. In: Politische Welt, 1964.

Hornung, Klaus: Entspannung – Mythos und politische Wirklichkeit. In: Politische Welt, 1967.

Hornung, Klaus: Staat und Armee. Studien zur Befehls- und Kommandogewalt und zum politisch-militärischen Verhältnis in der Bundesrepublik Deutschland. v. Hase & Koehler, Mainz 1974, 400 S.

Horovitz, Irving L.: The Idea of War and Peace in Contemporary Philosophy. New York 1957.

Huber, Wolfgang: Johannes Schwerdtfeger (Hrsg.): Kirche zwischen Krieg und Frieden. Studien zur Geschichte des deutschen Protestantismus. Klett, Stuttgart 1976, 600 S.

Huber, Wolfgang, Johannes Schwerdtfeger (Hrsg.): Frieden, Gewalt und Sozialismus. Studien zur Geschichte der sozialistischen Arbeiterbewegung. Klett, Stuttgart 1976, 950 S.

Huyn, Hans Graf: Europa als sowjetisches Protektorat? In: Criticón, H. 28 (März/April 1975), S. 51–54.

Jackson, Henry M.: Entspannung und Menschenwürde. In: Zeitbühne, Jg. 2, H. 11 (November 1973), S. 30–34.

Jaspers, Karl: Die Atombombe und die Zukunft des Menschen. dtv, München 1961, 369 S.

Jouvenel, Bertrand de: Über die Staatsgewalt. Die Naturgeschichte ihres Wachstums. Rombach, Freiburg i. Br. 1972, 464 S.

Jünger, Ernst: Der Kampf als inneres Erlebnis. Mittler & Sohn, Berlin 1922, 116 S. (^{5}1933).

Jünger, Ernst: Der Friede. Ein Wort an die Jugend Europas und an die Jugend der Welt. Hanseatische Verlagsanstalt, Hamburg 1945, 50 S.

Jünger, Ernst: Die totale Mobilmachung. Verlag für Zeitkritik, Berlin 1931, 22 S.

Jünger, Ernst: Der Arbeiter. Herrschaft und Gestalt. Hanseatische Verlagsanstalt, Hamburg 1932, 300 S.

Jünger, Ernst: Der Weltstaat. Klett, Stuttgart 1960, 75 S.

Kahn, Hermann: Eskalation. Die Politik mit der Vernichtungsspirale. Propyläen, Berlin 1966, 376 S.

Kant, Immanuel: Zum ewigen Frieden. Ein philosophischer Entwurf. Königsberg 1975 (2., verm. Aufl. 1796). Auch in Reclams Universal-Bibliothek (Nr. 1501).

Karst, Heinz: Das Bild des Soldaten. Harald Boldt, Boppard/Rhein ^{3}1969, 423 S.

Karst, Heinz: Armee ohne Auftrag? In: Zeitbühne, Jg. 4, H. 7 (Juli 1975), S. 19–25.

Kasdorff, Hans: Ludwig Klages und der Friede. In: Hestia 1972/73. Bouvier, Bonn 1974, S. 268–284.

Kesting, Hanno: Geschichtsphilosophie und Weltbürgerkrieg. Carl Winter, Heidelberg 1959, XXIV, 328 S.

Kimminich, Otto: Völkerrecht im Atomzeitalter. Der Atomsperrvertrag und seine Folgen. Rombach, Freiburg i. Br. 1969, 392 S.

Kimminich, Otto: Humanitäres Völkerrecht – humanitäre Aktion. Kaiser, München – Grünewald, Mainz 1972, 136 S.

Kimminich, Otto: Einführung in das Völkerrecht. Verlag Dokumentation, Pullach 1975, 326 S. (Uni-Taschenbücher 469).

Kirsch, Botho: Kalter Friede – was nun? Die Konfliktstrategie der Sowjets. Edition Interfrom, Zürich 1974, 81 S. (Texte + Thesen 53).

Kishon, Ephraim: Solschenizyns Söhne. In: Die Welt, Nr. 261, 8. November 1975, S. 6.

Kissinger, Henry: Kernwaffen und auswärtige Politik. Oldenbourg, München 1959, XX, 420 S. (²1974).

Kissinger, Henry: Die Entscheidung drängt. Grundfragen der westlichen Außenpolitik. Econ, Düsseldorf – Wien 1961, 416 S.

Kissinger, Henry: Großmacht Diplomatie (A World Restored). Ullstein, Frankfurt a. M. – Berlin – Wien 1972, 412 S.

Klages, Helmut: Was heißt „Frieden"? Zum Verhältnis von Friedens- und Konfliktforschung. In: Futurum, Jg. 3 (1970), H. 3, S. 320–328.

Kleist, Peter: Endlösung für die freie Welt. Der Verfall der westlichen Politik. National, Hannover 1972, 163 S.

Kohler, Georg: Friede – abstraktes Ideal und konkretes Ziel. In: Neue Zürcher Zeitung, Nr. 487, 9./10. November 1974, S. 37.

Kraatz, Birgit: Partisanen – nicht Soldaten. In: Monat, H. 257 (Februar 1970), S. 75–79.

Krämer-Badoni, Rudolf: Anarchismus: Geschichte und Gegenwart einer Utopie. Fritz Molden, Wien – München – Zürich 1970, 288 S.

Kreisky, Bruno: Neutralität und Koexistenz. Aufsätze und Reden. Mit einem Nachwort von Irving Fetscher. List, München 1975, 200 S.

Kremp, Herbert: Liebe Grüße aus der Provinz. Hat die Bundesrepublik noch einen Begriff von Außenpolitik? In: Die Welt, Nr. 82, 9. April 1975, S. 4.

Kremp, Herbert, Werner Kahl: Leben wir im Weltbürgerkrieg? Serie in: Die Welt, Nr. 241 ff., 16. Oktober 1975 ff.

Krippendorf, Ekkehart (Hrsg.): Friedensforschung. Kiepenheuer & Witsch, Köln – Berlin ²1970, 596 S.

Krüger, Herbert: Finis belli pax est. In: Staat – Wirtschaft – Völkergemeinschaft. Ausgewählte Schriften aus vierzig Jahren. Zum 65. Geburtstag des Autors in Verbindung mit ihm herausgegeben von Hellmuth Hecker, Knud Krakau und Thomas Oppermann. Alfred Metzner,

Frankfurt a. M. – Berlin 1970, S. 177–191 (Erstveröffentlichung: Festschrift Rudolf Laun, 1962, S. 200ff.).
Krüger, Herbert: Die deutsche Friedensnote. Würdigung – Widerhall – Einordnung in die weltpolitische Großlage. In: Staat – Wirtschaft – Völkergemeinschaft, S. 215–234 (Erstveröffentlichung: Moderne Welt, 1966, S. 349ff.).
Laun, Rudolf: Der dauernde Friede. Hamburg 1947 ([2]1960).
Lemberg, Eugen: Reformation im Kommunismus? Ideologische Wandlungen im Marxismus-Leninismus Ostmitteleuropas. Klett, Stuttgart 1967, 111 S.
Lenin, Wladimir Iljitsch: Clausewitz' Werk „Vom Krieg". Auszüge und Randglossen. Dietz, Berlin (Ost) 1957.
Lewin, Leonard C. (Hrsg.): Verdammter Friede. Scherz, Bern – München – Wien 1968, 148 S.
Lindemann, Helmut (Hrsg.): Ist der Krieg noch zu retten? Scherz, Stuttgart 1963, 180 S.
Löwenthal, Richard: Der unstabile Weltfriede. In: Neue Rundschau, Jg. 85, H. 4 (1974), S. 533–546.
Lohausen, H. Jordis von: Ozeanische und kontinentale Hegemonie. In; Criticón, H. 4 (Januar/Februar 1971), S. 54–58.
Lohausen, H. Jordis von: Die Oder-Neiße-Grenze strategisch betrachtet. In: Criticón, H. 10 (März/April 1972), S. 58–61.
Luttwak, Edward: Der Coup d'État oder Wie man einen Staatsstreich inszeniert. Mit einer Einführung von S. E. Finer. Rowohlt, Reinbek 1969.
Maizière, Ulrich de: Wehrdienst und Zivildienst dürfen nicht gleich viel gelten. In: Frankfurter Allgemeine Zeitung, Nr. 230, 4. Oktober 1974, S. 11.
Malinowski, Bronislaw: Kultur und Freiheit. Humboldt, Wien – Stuttgart 1951, 319 S. (Die Universität 17).
Mann, Ulrich: Lorbeer und Dornenkrone. Vorwerk, Stuttgart o. J., 340 S.
Mao Tse-tung: Theorie des Guerilla-Krieges oder Strategie der Dritten Welt. Einleitender Essy von Sebastian Haffner, Rowohlt, Reinbek 1966, 205 S. (rororo A 886).
Mao Tse-tung: Vom Kriege. Die kriegswissenschaftlichen Schriften. Bertelsmann, Gütersloh 1969, 352 S.
Martini, Winfried: Das Ende aller Sicherheit. Eine Kritik des Westens. Deutsche Verlags-Anstalt, Stuttgart 1954, 369 S.
Martini, Winfried: Die westliche Gesellschaft und die kommunistische Drohung. Zur Psychologie der Aufweichung. In: Bergedorfer Protokolle, Bd. 5, Hamburg und Berlin 1964.
Maunz, Theodor: Die innerstaatliche Sicherung des äußeren Friedens durch das Grundgesetz der Bundesrepublik Deutschland. In: EPIRRHOSIS. Festgabe für Carl Schmitt. Duncker & Humblot, Berlin 1968, S. 285–300.
Mead, Margaret: Alternativen zum Krieg. In: Neue Rundschau, Jg. 82, H. 3 (1971), S. 401–415.

Meany, George: Traum und Wirklichkeit: Entspannung. Kurzfassung der Erklärung des amerikanischen Gewerkschaftsführers vor dem Ausschuß für auswärtige Angelegenheiten des Senats der USA. Studiengesellschaft für Information und Fortbildung, Stuttgart 1975, 16 S.
Menke-Glückert, Peter: Methoden und Ziele der Friedensforschung. In: Futurum, Jg. 2 (1969), H. 2, S. 172–197.
Miksche, Ferdinand Otto: Atom-Waffen und Streitkräfte. Westunion, Bonn 1956, XV, 199 S.
Miksche, Ferdinand Otto: Der Atomkrieg findet nicht statt. Das Versagen der Atomstrategie. Vorwerk, Stuttgart 1958, 256 S.
Miksche, Ferdinand Otto: Kapitulation ohne Krieg. Die Jahre 1970–1980. Seewald, Stuttgart 1965, 258 S.
Miksche, Ferdinand Otto: Rüstungswettlauf. Ursachen und Auswirkungen. Seewald, Stuttgart 1972, 452 S.
Mitscherlich, Alexander: Die Idee des Friedens und die menschliche Aggressivität. Vier Versuche. Suhrkamp, Frankfurt a. M. 1969, 137 S.
Mohler, Armin: Von rechts gesehen. Seewald, Stuttgart 1974, 344 S.
Moniac, Rüdiger: Das Schwert in der Balance. In: Die Welt, Nr. 12, 15. Januar 1976, S. 6.
Moss, Robert: The Collapse of Democracy. Maurice Temple Smith, London 1975, 300 S.
Moynihan, Daniel Patrick: Es ist Blut im Wasser und die Haie werden rasend. Warum die westlichen Demokratien in Verruf geraten sind. In: Frankfurter Allgemeine Zeitung, Nr. 259, 7. November 1975, S. 9.
Mühlmann, Wilhelm E.: Krieg und Frieden. Ein Leitfaden der politischen Ethnologie. Carl Winter, Heidelberg 1940, VIII, 252 S.
Müller-Borchert, Hans-Joachim: Guerilla im Industriestaat. Ziele, Ansatzpunkte und Erfolgsaussichten. Hoffman & Campe, Hamburg 1973, 182 S.
Muggeridge, Malcom: Der große liberale Todeswunsch. In: Monat, H. 269 (Februar 1971), S. 61–73.
Nerlich, Uwe (Hrsg.): Krieg und Frieden im industriellen Zeitalter. Bertelsmann, Gütersloh 1966, 480 S.
Noack, Paul: Friedensforschung – ein Signal der Hoffnung? Eurobuch August Lutzeyer, Freudenstadt 1970, 150 S. (Bonn aktuell 1).
Nolte, Ernst: Deutschland und der Kalte Krieg. Piper, München 1974, 755 S.
Ørvik, Nils: Sicherheit auf finnisch. Finnland und die Sowjetunion. Seewald, Stuttgart 1972, 210 S.
Osanka, Franklin Mark (Hrsg.): Der Krieg aus dem Dunkel. 20 Jahre kommunistische Guerilla-Kämpfe in aller Welt. Markus, Köln 1963.
Papke, Sven: Progressive Gewalt. Studien zum sozialen Widerstandsrecht. Fischer Taschenbuch Nr. 6501.
Perroux, François: Feindliche Koexistenz? Schwab, Stuttgart 1961, XIX, 639 S.

Pfeifenberger, Werner: Die Friedensidee einst und heute. In: Schweizer Rundschau, Jg. 74, H. 1 (Januar/Februar 1975), S. 18–28.

Pfister, Hermann, Alfred Walter: Friedensforschung in der Bundesrepublik Deutschland. Waldkircher Verlagsanstalt, Waldkirch 1975, 262 S.

Picht, Werner: Vom Wesen des Krieges und von Kriegswesen der Deutschen. Vorwerk, Stuttgart o. J., 268 S.

Politicus (= Karl Gruber): Die letzte Chance der Freien. Selbstbesinnung oder Untergang des Westens. Molden, Wien – München – Zürich 1975, 224 S.

Proudhon, Pierre-Joseph: La Guerre et la Paix. Paris 1861.

Prutz, H.: Die Friedensidee. München 1917.

Rattinger, Hans: Rüstungswettlauf in Europa: Mythos oder Realität? In: Aus Politik und Zeitgeschichte. Beilage zur Wochenzeitung „Das Parlament", Nr. 44, 1. November 1975, S. 3–14.

Raumer, K. v.: Ewiger Friede. Friedensrufe und Friedenspläne seit der Renaissance. Alber, Freiburg i. Br. – München 1953. (Mit vollständigen oder gekürzten Texten von S. Franck, W. Penn, J.-J. Rousseau, J. Bentham, F. Gentz u. a.).

Révész, László: Militärische Ausbildung in Osteuropa. Verlag SOI, Bern 1975, 302 S.

Ritter, Gerhard: Staatskunst und Kriegshandwerk. Das Problem des „Militarismus" in Deutschland. Oldenbourg, München 1964–1968, 4 Bde.

Röling, B. V. A.: Einführung in die Wissenschaft von Krieg und Frieden. Neukirchener Verlag 1970, 276 S.

Rohrmoser, Günter: Revolution – unser Schicksal? Seewald, Stuttgart 1974, 49 S.

Samkowoj, Wladimir Iwanowitsch: Krieg und Koexistenz in sowjetischer Sicht. Neske, Pfullingen 1969, 185 S. (Politik in unserer Zeit 12).

Saner, Hans: Kants Weg vom Krieg zum Frieden. Bd. 1: Widerstreit und Einheit. Wege zu Kants politischem Denken. Piper, München 1967, 427 S.

Schatz, Oskar (Hrsg.): Der Friede im nuklearen Zeitalter. Eine Kontroverse zwischen Realisten und Utopisten. Manz, München 1970, 280 S. (Reflexion 8).

Scheler, Max: Über Gesinnungs- und Zweckmilitarismus. Eine Studie zur Psychologie des Militarismus. In: Schriften zur Soziologie und Weltanschauungslehre. Francke, Bern–München [2]1963, S. 187–203.

Scheler, Max: Die Idee des Friedens und der Pazifismus. Hrsg. mit einem Nachwort von Manfred S. Frings. Francke, Bern [2]1974, 68 S.

Schickel, Alfred: Die rote Saat der Gewalt. Literarische Ursprünge des politischen Terrorismus und Linksextremismus. In: Rheinischer Merkur, Nr. 4, 23. Januar 1976, S. 14.

Schickel, Joachim (Hrsg.): Guerilleros, Partisanen. Theorie und Praxis. Hanser, München 1970.

Schickel, Joachim: China in der Welt. Ein außenpolitisches Dossier. Hanser, München 1973, 131 S.

Schlamm, William S.: Die Grenzen des Wunders. Ein Bericht über Deutschland. Europa Verlag, Zürich 1959, 255 S.

Schlamm, William S.: Die jungen Herren der alten Erde. Vom neuen Stil der Macht. Seewald, Stuttgart 1962, 303 S.

Schlamm, William S.: In den Krieg? Ins Exil? In: Zeitbühne, Jg. 3, H. 1 (Januar 1974), S. 1–7.

Schmid, Hans Heinrich: šalôm. „Frieden“ im alten Orient und im Alten Testament. Stuttgart 1971.

Schmid, Hans Heinrich: Frieden ohne Illusion. Theologischer Verlag, Zürich 1971.

Schmid, Peter: Die Uniform als Entwicklungshilfe. Ordnungsfaktor Militär. In: Monat, H. 257 (Februar 1970), S. 80–84.

Schmidt, Helmut: Verteidigung oder Vergeltung. Ein deutscher Beitrag zum strategischen Problem der NATO. Seewald, Stuttgart 1961, XLII, 291 S.

Schmidt, Helmut: Strategie des Gleichgewichts. Seewald, Stuttgart 1969, 328 S.

Schmitt, Carl: Der Nomos der Erde im Völkerrecht des Ius Publicum Europaeum. Freven, Köln 1950, 308 S.

Schmitt, Carl: Theorie des Partisanen. Zwischenbemerkungen zum Begriff des Politischen. Duncker & Humblot, Berlin 1963, 96 S.

Schmitt, Carl: Der Begriff des Politischen. Text von 1932 mit einem Vorwort und drei Corollarien. Duncker & Humblot, Berlin 1963, 124 S.

Schroers, Rolf: Der Partisan. Ein Beitrag zur politischen Anthropologie. Kiepenheuer & Witsch, Köln 1961, 344 S.

Schulz, Klaus-Peter: Die ehrbaren Erpresser. Herder, Freiburg i. Br. 1976, 123 S. (Herderbücherei 558).

Schwarzkopf, Dietrich: Atomherrschaft. Politik und Völkerrecht im Nuklearzeitalter. Seewald, Stuttgart 1969, 279 S.

Senghaas, Dieter: Abschreckung und Frieden. Studien zur Kritik organisierter Friedlosigkeit. Europäische Verlagsanstalt, Frankfurt a. M. 1969, 320 S.

Senghaas, Dieter: Drohpolitik in internationalen Beziehungen. In: Futurum, Jg. 3 (1970), H. 3, S. 393–407.

Senghaas, Dieter (Hrsg.): Zur Pathologie des Rüstungswettlaufs. Beiträge zur Friedens- und Konfliktforschung. Rombach, Freiburg i. Br. 1970, 396 S.

Solschenizyn, Alexander: Wie verhindern wir den vierten Weltkrieg? In: Die Welt, Nr. 145, 26. Juni 1975, S. 6.

Solschenizyn, Alexander: Der amoralische Prozeß des endlosen Nachgebens. In: Frankfurter Allgemeine Zeitung, Nr. 173, 30. Juli 1975, S. 6f.

Spaemann, Robert: Moral und Gewalt. In: Rehabilitierung der praktischen Philosophie. Hrsg. von Manfred Riedel. Bd. 1. Rombach, Freiburg i. Br. 1972, S. 215–241.

Spengler, Oswald: Jahre der Entscheidung. Deutschland und die weltgeschichtliche Entwicklung. dtv, München 1961, 215 S.
Stamm, J. J., H. Bietenhard: Der Weltfriede im Alten und Neuen Testament. Stuttgart – Zürich 1959.
Steinhoff, Johannes: Wohin treibt die NATO? Probleme der Verteidigung Westeuropas. Hoffmann & Campe, Hamburg 1976, 280 S.
Steinmetz, S. R.: Soziologie der Krieges. Leipzig 1929.
Ströhm, Carl Gustaf: Entspannung als Lehrstück. In: Die Welt, Nr. 258, 5. November 1975, S. 6.
Ströhm, Carl Gustaf: Jeder fünfte Rubel für die Rüstung Rußlands. In: Die Welt, Nr. 272, 22. November 1975, S. 1.
Ströhm, Carl Gustaf: Lenins Staatsstreich. Seit 1917 wird der Begriff „Konterrevolution" systematisch verfälscht. In: Die Welt, Nr. 22, 27. Januar 1976, S. 6.
Studnitz, Hans Georg von: Bundeswehr und Gesellschaft. In: Criticón, H. 6 (Mai/Juni 1971), S. 114f.
Studnitz, Hans-Georg von: Vom Krieg der Friedensforscher. In: Zeitbühne, Jg. 3, H. 7 (Juli 1974), S. 15–19.
Sulzbach, Walter: Die Inhaltslosigkeit der internationalen Politik. In: Zeitschrift für die gesamte Staatswissenschaft, Bd. 124, H. 2 (1968), S. 312–348.
Sun Tze: Die dreizehn Gebote der Kriegskunst. Einleitung von Günter Maschke. Rogner & Bernhad, München 1972, 108 S.
Taylor, Maxwell: Und so die Posaune einen undeutlichen Ton gibt – wer wird sich zum Streite rüsten? Bertelsmann, Gütersloh 1962.
Tenbruck, Friedrich: Friede durch Friedensforschung? In: Frankfurter Allgemeine Zeitung, Nr. 298, 22. Dezember 1973.
Topitsch, Ernst: Machtkampf und Humanität. In: Gottwerdung und Revolution. Beiträge zur Weltanschauungsanalyse und Ideologiekritik. Verlag Dokumentation, Pullach 1973, S. 135–217 (Uni-Taschenbücher 288).
Topitsch, Ernst: Der Westen kapituliert. In: Deutsche Zeitung, Nr. 16, 11. April 1975, S. 2.
Toynbee, Arnold: Krieg und Kultur. Kohlhammer, Stuttgart 1950, X, 169 S.
Vetterlein, Thomas G.: Militärische Leistung und demokratische Industriegesellschaft. Seewald, Stuttgart 1974, 370 S.
Vilmar, Fritz: Sozioökonomische Grundlagen kritischer Friedensforschung. Anmerkungen zu einem systematischen Entwurf. In: Futurum, Jg. 3 (1970), H. 3, S. 356–372.
Walden, Matthias: Helsinki oder der Geist, der stets verneint. In: Die Welt, Nr. 46, 24. Februar 1976, S. 6.
Wallach, Jehuda L.: Die Kriegslehre von Friedrich Engels. Europäische Verl. Anst., Frankfurt a.M. 1968, 78 S.
Wallach, Jehuda L.: Kriegstheorien. Bernard & Graefe, Frankfurt a.M. 1972, 403 S.

Weiler, Rudolf, Valentin Zsifkovits (Hrsg.): Unterwegs zum Frieden. Herder, Wien 1973, 633 S.

Weingart, Peter: Friedensforschung und Futurologie. In: Futurum, Jg. 3 (1970), H. 3, S. 329–355.

Weinstein, Adelbert: Eine Armee bricht zusammen. Gründe und Hintergründe der Katastrophe in Vietnam. In: Frankfurter Allgemeine Zeitung, Nr. 89, 17. April 1975, S. 11.

Weinstein, Adelbert: Angola: vorprogrammierte Niederlage? In: Frankfurter Allgemeine Zeitung, Nr. 36, 12. Februar 1976, S. 1.

Weizsäcker, Carl Friedrich von: Der ungesicherte Friede. Vandenhoeck & Ruprecht, Göttingen 1969, 118 S.

Weizsäcker, Carl Friedrich von (Hrsg.): Kriegsfolgen und Kriegsverhütung. Hanser, München [2]1971, 699 S.

Wendland, Heinz-Dietrich (Hrsg.): Politik und Ethik. Wissenschaftliche Buchgesellschaft, Darmstadt 1969, 487 S. (Wege der Forschung, Bd. CXXXIX).

Werner, Victor: Die letzte Warnung. Kann der dritte Weltkrieg verhindert werden? Seewald, Stuttgart 1974, 356 S.

Wette, Wolfram: Kriegstheorien deutscher Sozialisten. Kohlhammer, Stuttgart 1971, 255 S.

Willms, Bernard: Entspannung und friedliche Koexistenz. List, München 1974, 216 S.

Wirsing, Giselher: Der abwendbare Untergang. Die Herausforderung an Menschen und Mächte. Econ, Düsseldorf – Wien 1975, 453 S.

Wittig, Peter: Die Kontrolle der atomaren Rüstungen. Carl Heymanns Verlag, Köln 1967, XI, 410 S.

Wörner, Manfred: Wir brauchen eine offensive Politik. Der Westen muß die machtpolitische Herausforderung aus dem Osten auf allen Feldern beantworten. In: Rheinischer Merkur, Nr. 4, 23. Januar 1976, S. 10.

Woller, Rudolf: Der unwahrscheinliche Krieg. Eine realistische Wehrkonzeption. Seewald, Stuttgart 1970, 318 S.

Wright, Quincy: A Study of War. Chicago 1942 (Neudruck 1965).

Zumwalt, Elmo R., Worth Bagley: Einseitige Ernte der Entspannung. In: Die Welt, Nr. 263, 11. November 1975, S. 5.

Notizen über die Autoren

JULIEN FREUND, geboren 1921 in Lothringen, o. Prof. der Soziologie und Direktor des Instituts für Polemologie an der Universität Straßburg. Wichtigste Veröffentlichungen: L'essence du Politiqie (Paris 1965), Europa ohne Schminke (Goslar 1966), La sociologie de Max Weber (Paris 1966), Qu'est-ce que la Politique? (Paris 1968), Le Nouvel Age (Paris 1970), Le droit d'aujourd'hui (Paris 1971), Les théories des sciences humaines (Paris 1973), Vilfredo Pareto (Paris 1974). Außerdem Übersetzungen von Werken Max Webers ins Französische.

WALTER HILDEBRANDT, geboren 1912 in Leipzig. Vgl. INITIATIVE Nr. 2, 5 und 9.

KLAUS HORNUNG, geboren 1927. Vgl. INITIATIVE Nr. 3 und 10.

HELMUT IBACH, geboren 1912 in Ludwigshafen. Ab 1947 Mitglied der Redaktionen von „Rheinischer Merkur" und „Wort der Wahrheit". Ab 1956 Dozent für Politikwissenschaft an Offiziersakademien. 1962–1965 Tätigkeit im Bundesverteidigungsministerium, seit 1974 in der Führungsakademie der Bundeswehr in Hamburg.
Wichtigste Veröffentlichungen: Leben und Schriften des Konrad von Megenberg (Berlin 1938), Wortschatz und Begriffswelt der althochdeutschen Benediktinerregeln (Halle 1956–1961), Soldatische Richtbilder aus drei Jahrtausenden (Osnabrück 1961), Lechfeld – Schicksalsfeld (Augsburg 1966).

HENNING JÄDE, geboren 1948 in Hof/Saale. Nach Ablegung der Reifeprüfung (1967) Studium der Rechtswissenschaften in Erlangen und München. Chefredakteur einer überregionalen Studentenzeitung. Vgl. INITIAVE Nr. 5, 11 und 12.

OTTO KIMMINICH, geboren 1932, studierte Rechtswissenschaft und Nationalökonomie in Deutschland und den USA. Nach dem Assessorexamen Dienst in der Bayerischen Inneren Verwaltung. 1961 Habilitation an der Universität Würzburg für die Fächer Völkerrecht, Staats- und Verwaltungsrecht, Politische Wissenschaften. 1963 Berufung auf den ordentlichen Lehrstuhl für Öffentliches Recht an der Ruhruniversität Bochum, 1967 auf den Lehrstuhl für Öffentliches Recht (insbesondere Völkerrecht, Staatsrecht und Politik) an der Universität Regensburg. 1966–1971 Präsident der Deutschen Nansen-Gesellschaft. Mitbegründer der Arbeitsgemeinschaft für Friedens- und Konfliktforschung. Mitherausgeber und Schriftleiter der Zeitschrift „Wissenschaftsrecht, Wissenschaftsverwaltung, Wissenschaftsförderung" und Mitglied des Arbeitskreises „Entwicklung und Frieden" in Bonn.
Wichtigste Veröffentlichungen: Völkerrecht im Atomzeitalter (Freiburg i. Br. 1969), Einführung in das Öffentliche Recht (Freiburg i. Br. 1972), Humanitäres Völkerrecht – humanitäre Aktion (München – Mainz 1972), Einführung in das Völkerrecht (Pullach b. München 1975).

ERNST TOPITSCH, geboren 1919 in Wien. Vgl. INITIATIVE 1 und 3.

HEINZ TRETTNER, geboren 1907 in Minden (Westfalen), 1925 Eintritt in die Reichswehr, 1929 Offizier, 1932–1935 fliegerische Ausbildung, 1935 Übernahme in die Luftwaffe. 1945 Divisionskommandeur einer Fallschirmjägerdivision. 1948 Entlassung aus amerikanisch-englischer Kriegsgefangenschaft. Danach kaufmännische Tätigkeit und Studium der Volkswirtschaft an der Universität Bonn (1956 Dipl. Volkswirt). 1956 Eintritt in die Bundeswehr, bis 1959 Tätigkeit im NATO-Hauptquartier. 1959–1963 Kommandierender General des I. Korps in Münster (Westfalen), 1964–1966 Generalinspekteur der Bundeswehr.